Devenir coach

Amanda Vickers
&
Steve Bavister

LAROUSSE
21 rue du Montparnasse 75283 Paris Cedex 06

Direction de la publication
Isabelle Jeuge-Maynart

Coordination éditoriale
Thierry Olivaux, assisté de Julie Lecomte

Traduction
Marianne Bouvier

Relecture-correction et mise en pages
Edire

Informatique éditoriale
Marion Pépin, Serge Boucher, Philippe Cazabet

Adaptation graphique
Cynthia Savage

Couverture
Véronique Laporte

Fabrication
Annie Botrel

Pour l'édition originale

Titre original : *Coaching*
Première publication en anglais par Hodder Education,
338 Euston Road, London, NW1 3BH.

ISBN : 978-2-03-584350-0

sommaire

1 Le coaching aujourd'hui

Dans ce chapitre,
vous apprendrez :

- ce qui peut vous inciter à devenir coach ;
- quelle est la réalité du métier ;
- ce que représente le coaching pour l'entreprise ;
- pourquoi le coaching est de plus en plus prisé ;
- en quoi consiste réellement le coaching ;
- quels sont les bienfaits du coaching.

Un métier en plein essor

Une explosion, un ouragan, un raz-de-marée... Quelle que soit la manière dont vous le qualifiez, l'engouement pour le coaching a connu une extraordinaire expansion ces dernières années. Les rayons des librairies ploient sous la quantité d'ouvrages qui lui sont consacrés. On en parle régulièrement dans les médias. C'est le dernier mot en vogue dans le monde des affaires. Il n'est donc guère étonnant que le coaching ait suscité l'intérêt de tant de personnes. D'ailleurs si vous lisez ce livre, vous en faites sans doute partie. Peut-être avez-vous vu ces publicités pour des formations de coach de vie qui laissent entendre que vous pourrez gagner de l'argent tout en faisant un travail gratifiant. Peut-être rêvez-vous d'échapper à la concurrence acharnée qui est votre lot quotidien, de pouvoir lever le nez du guidon ? Ou peut-être travaillez-vous dans une entreprise où vous encadrez une équipe – ou aimeriez le faire. Vous êtes conscient qu'il s'agit d'une compétence de management importante à l'heure actuelle, que vous devrez développer pour obtenir les résultats à court et long terme auxquels vous pouvez prétendre.

Si vous travaillez dans un service de ressources humaines ou de formation, vous êtes probablement en quête d'informations pour aider les cadres à créer une culture de coaching – un environnement où chacun apprend naturellement des autres et où les objectifs de l'individu, de l'équipe et de l'entreprise sont intégrés. Si elle était auparavant un choix personnel, cette façon de fonctionner devient de plus en plus indispensable aux sociétés qui souhaitent réussir de manière durable. Si c'est ce que vous recherchez, vous trouverez ici une foule de renseignements qui vous aideront à développer les compétences de votre encadrement. Toutefois, faute de place nous ne pourrons aborder en détail le contexte de l'entreprise. Peut-être souhaitez-vous simplement en savoir davantage sur l'un des outils les plus efficaces qui existent pour favoriser votre développement personnel ou professionnel – ainsi que les répercussions bénéfiques qu'il peut avoir sur tous les domaines de votre vie ? Quelle que soit la raison pour laquelle vous avez ouvert ce livre, vous y trouverez une quantité d'informations essentielles qui vous permettront d'appréhender la théorie et la pratique du coaching.

Pourquoi devenir coach ?

Comme pour bien des choses, on peut s'engager dans le coaching pour toutes sortes de raisons. En voici trois qui figurent parmi les plus courantes.

L'épanouissement

Exercer le métier de coach peut être extrêmement épanouissant et valorisant. C'est un immense privilège de pouvoir travailler avec quelqu'un sur les aspects les plus intimes et les plus déterminants de sa vie. Vous le constaterez aussi bien en tant que coach en entreprise qu'en tant qu'indépendant.

Bien des gens décident de devenir coach dans l'idée de changer quelque chose dans le monde. Rien ne vaut la satisfaction que l'on retire pour avoir aidé quelqu'un à opérer un changement, à gérer un problème, à atteindre un objectif ou simplement à être plus heureux.

Les clients font appel au coaching pour une quantité de raisons, mais le plus souvent du fait de l'écart entre une situation donnée et celle qu'ils souhaiteraient. Le rôle du coach est de les aider à combler le fossé. Peut-être souhaitent-ils gagner davantage d'argent, développer leurs relations, avoir un mode de vie plus équilibré ou progresser dans leur carrière…

Le coaching opère également à un niveau bien plus profond. Souvent, les clients développent une meilleure conscience d'eux-mêmes ainsi qu'une sensibilité accrue. En fin de compte, ils s'assument mieux, sont plus motivés et parviennent davantage à réguler leur comportement. En somme, ils gagnent en intelligence émotionnelle, selon l'expression utilisée de nos jours.

Qui plus est, tout en faisant progresser ses clients, le coach développe lui aussi toutes ces qualités.

Réflexions d'un client sur les bienfaits du coaching

Le coaching m'a aidé à clarifier ce qui est important pour moi, dans ma vie comme dans mon travail. Ce qui m'a permis de progresser bien plus vite que je ne l'espérais. J'ai l'impression d'avoir changé ma manière de faire par un certain nombre de détails, mais je n'en ai même plus conscience tellement ils font partie de moi. Un certain nombre de différences tangibles sont apparues dans ma façon de travailler. Je suis bien plus organisé et j'emploie mon temps bien plus efficacement qu'avant. Toutefois, le plus grand changement est sans doute la conscience que j'ai acquise de ce qui me motive et de ce qui m'importe dans mes relations avec les autres. Je suis devenu bien plus souple et tolérant envers moi-même, ce qui semble avoir un effet bénéfique sur mon comportement vis-à-vis de mon entourage.

L'aspect financier

Comparé à d'autres professions, le coaching peut s'avérer financièrement intéressant. Les tarifs sont très variables, mais il est tout à fait possible de gagner en une heure ce que d'autres touchent en une journée. Il n'est guère étonnant que cette perspective attire de nombreux candidats.

L'indépendance

Certains sont attirés par l'idée de devenir leur propre patron. Au lieu d'exécuter les ordres d'un supérieur, le coach mène lui-même sa barque. Il peut ainsi s'extraire de la concurrence sans merci qui règne dans le monde de l'entreprise, travailler lorsqu'il le souhaite et prendre ses propres décisions.

La réalité des choses

Cependant, la réalité n'est pas toujours à la hauteur des espérances. Loin de nous l'idée de briser tous vos rêves, mais nous nous sentons obligés de vous dresser un portrait réaliste du monde du coaching.

La bonne nouvelle est que la couverture médiatique consacrée au coaching a fait naître une demande. Des milliers de séances de coaching sont prodiguées chaque semaine. Le public sait qu'il est possible de mener une vie plus satisfaisante et plus valorisante, et que le coaching est l'un des moyens pour y parvenir. Par conséquent, les clients potentiels cherchent activement ce type de professionnels.

La mauvaise nouvelle est que la demande n'est pas aussi abondante que le laissent souvent entendre les publicités des établissements de formation. Il y a maintenant énormément de coachs sur le marché, si bien que la concurrence est rude. Si vous vous installez comme coach, il faudra prévoir un certain temps avant de pouvoir payer vos factures avec vos revenus. Si vous songez à démissionner de votre poste pour vous mettre à votre compte, nous vous conseillons d'abord de lire ce livre.

Les qualités requises

Il ne suffit pas d'être un bon coach

Vous devez savoir que vos compétences en coaching ne suffiront pas à elles seules. Il vous faut également être motivé et avoir le sens des affaires. En fait, celui qui ne brille pas particulièrement pour ses qualités de coach mais qui excelle en marketing s'en sortira mieux qu'un bon coach qui ne sait pas se vendre. En moyenne, un coach indépendant passe un tiers de son temps à démarcher sa clientèle.

Par ailleurs, même s'il rencontre ses clients, en face-à-face ou au téléphone, le coach a une activité relativement solitaire. Vous travaillerez vraisemblablement seul, et non au sein d'une équipe, ce qui ne convient pas à tout le monde.

En outre, vous ne serez pas rémunéré lorsque vous prendrez des vacances. Et puisque vous serez votre propre patron, toutes les tâches vous incomberont.

Énergie et courage

Après vous avoir obligé à regarder la réalité en face, nous voudrions tempérer notre propos en vous disant, que si vous en avez l'énergie, le courage et la capacité, créer votre propre cabinet de coach peut vous permettre de réaliser votre rêve. Pour cela, le chapitre 4 vous expliquera comment vous installer, tandis que le chapitre 19 vous présentera les aspects commerciaux et financiers de cette aventure.

Le coaching et l'entreprise

Par certains côtés, les choses sont plus simples dans le cas d'une entreprise. Nombre d'entre elles reconnaissent le coaching comme l'un des moyens les plus rentables pour mettre en valeur leur personnel. Au lieu de traiter tous les employés de la même manière en leur faisant suivre des formations identiques, elles recourent au coaching qui répond aux besoins de chaque individu. Ce qui est particulièrement utile pour les personnes plus expérimentées qui ont déjà suivi toutes les formations existantes. Voici quelques-uns des multiples avantages que représente le coaching pour l'entreprise :

- performance optimisée,
- évolution rapide du personnel,
- fidélité renforcée des salariés les plus importants,
- productivité supérieure et meilleur service client,
- motivation accrue et meilleur engagement envers l'entreprise,
- capacités de leadership augmentées.

L'entreprise recourt au coaching principalement de deux manières :

1. en demandant à ses cadres de savoir coacher leurs équipes,
2. en proposant à ses cadres supérieurs de travailler avec un coach externe.

Les chapitres 5 et 6 traiteront ces questions en détail. Parmi les changements qui ont favorisé l'essor du coaching dans le monde de l'entreprise figurent un intérêt accru pour les compétences en leadership, ainsi qu'une tendance à réduire le personnel et à développer le travail à distance. En outre, les cadres trouvent utile d'avoir quelqu'un à qui parler.

La méfiance à l'égard du coaching a presque disparu dans le monde de l'entreprise. En effet, ceux qui en ont bénéficié ont, pour la plupart, compris que le coaching constituait un énorme avantage pour faire évoluer leur carrière – au lieu de penser qu'il leur avait été proposé suite à un quelconque échec. Aujourd'hui, de nombreuses entreprises entretiennent une culture de coaching ou envisagent d'en instaurer une, afin que chacun puisse en bénéficier quel que soit son niveau hiérarchique.

Une époque passionnante

Le coaching vit une époque passionnante. Certains avaient dit qu'il ne durerait pas – qu'il s'agissait simplement d'une mode éphémère. Mais l'engouement prolongé qu'il suscite a démontré le contraire. Le coaching est là pour durer, et nous pensons qu'il gagnera encore en reconnaissance au cours des années à venir. Vous pouvez y contribuer. Que vous décidiez de devenir coach ou que vous préfériez adopter certaines de ses compétences pour améliorer des aspects de votre vie, vous changerez les choses – non seulement pour ceux avec qui vous entrerez en contact, mais aussi pour vous-même.

À vous de jouer

- Interrogez des coachs sur la réalité du métier.
- Passez en revue les raisons pour lesquelles vous souhaitez devenir coach ou améliorer vos compétences en la matière.
- Examinez les inconvénients que représente le statut de coach indépendant, et imaginez comment vous pourriez les surmonter.

2 Être coach par nature

**Dans ce chapitre,
vous apprendrez :**

- que beaucoup de gens sont naturellement des coachs ;
- que le coaching est un genre particulier de conversation ;
- quelles sont les qualités d'un bon coach ;
- si vous avez les qualités nécessaires pour devenir un bon coach.

Certains sont coachs par instinct

Christian dirige avec succès une équipe de vingt personnes. Dans l'ensemble, celles-ci sont motivées, enthousiastes et semblent aimer ce qu'elles font – même si elles ne manquent pas de se plaindre lorsqu'on leur en donne l'occasion. Il y a un bruit de fond permanent dans le bureau qui peut friser le désordre, mais le travail est fait sans qu'il soit besoin de manier le fouet – et les objectifs sont toujours atteints, voire dépassés. Comment Christian y parvient-il ? L'un de ses secrets consiste à prendre tous les matins le temps de dire bonjour à chaque membre de l'équipe. Ce n'est pas toujours facile car, dès qu'il passe le seuil de la porte, un million de choses semblent réclamer son attention. Cependant, il juge extrêmement important de consacrer du temps à ses collaborateurs. Bien qu'il ne veuille pas le reconnaître, son équipe est un peu sa famille, pour laquelle il fait tout ce qui est en son pouvoir. Lorsqu'il en a le temps, Christian adore discuter avec eux. Il s'intéresse sincèrement à eux, non seulement à ce qu'ils ressentent dans leur travail, mais aussi à ce qui passe dans le reste de leur vie. Et puisque ceux-ci le respectent et lui font confiance, ils sont généralement ouverts et honnêtes dans ce qu'ils disent. Ils vont même parfois vers lui et l'utilisent comme référence – car la manière qu'il a de remettre en cause leur réflexion les aide à y voir plus clair. Il est très rare qu'il essaye de résoudre le problème à leur place ou qu'il leur indique ce qu'il faut faire. Excepté dans les situations extrêmes, il encourage ses collaborateurs à trouver leurs propres solutions. Il n'est donc guère surprenant que Christian soit un supérieur apprécié. Les membres de son équipe seraient désolés de le voir partir s'il était un jour promu à un autre poste.

Certaines personnes sont coachs par nature. Elles sont d'un abord facile et se lient rapidement avec les autres. Elles s'intéressent à la manière dont les autres fonctionnent et sont même curieuses, voire inquisitrices. Mais leur curiosité vient du cœur. Il s'agit d'une volonté, d'un désir d'aider les gens qui les entourent à s'épanouir le plus possible. Elles ont le don pour poser la bonne question au bon moment et pour aider les autres à résoudre leurs problèmes par eux-mêmes, sachant qu'en procédant de la sorte, elles aussi apprennent et progressent.

Sarah a déjà occupé différents postes où elle a généralement su faire ses preuves. Cependant, aucun ne l'a vraiment satisfaite. Elle rêve d'un travail plus valorisant qui lui permettrait de changer les choses. On lui dit souvent qu'elle sait écouter. Au travail comme dans la vie courante, les gens se confient spontanément à elle – même de parfaits inconnus rencontrés dans le train ! Peut-être est-ce dû au fait qu'elle ne semble pas encline à juger ou à critiquer. Sarah adore laisser les autres parler. Cela semble leur permettre de comprendre ce qui se passe. Si, de temps à autre, elle pose une question ou fait un commentaire, elle a le plus souvent tendance à garder son opinion pour elle. Elle se demande comment elle pourrait transformer cette « passion » qu'elle a pour les gens afin d'en faire son métier.

Parce qu'il les respecte, le coach par nature accepte les gens tels qu'ils sont. Il n'impose pas son point de vue à la personne qui se débat avec un problème. Il juge préférable qu'elle trouve elle-même la solution, car elle seule peut savoir ce qui lui convient vraiment. Bien sûr, il se peut qu'elle s'empêtre dans sa réflexion et qu'elle finisse par tourner en rond. C'est là que le coach posera une question pertinente qui lui permettra d'envisager d'autres possibilités.

En revenant sur votre passé, vous vous rappellerez des occasions où vous avez encouragé quelqu'un et cru en lui, alors que celui-ci doutait de lui-même. Vous vous souviendrez peut-être avoir posé des questions à un collègue qui souhaitait obtenir une promotion, l'aidant ainsi à préciser ce qu'il recherchait. Ou encore, vous vous rappelez avoir écouté une connaissance qui avait besoin de s'épancher à propos d'un changement important auquel elle devait faire face – un divorce, une séparation, un départ à la retraite ou les enfants quittant la maison.

En réfléchissant à vos expériences passées, vous constaterez que, dans certaines relations ou dans certaines situations, cela se produit plus naturellement ou plus fréquemment. Cela peut être le cas avec un ami proche, l'homme ou la femme qui partage votre vie, un membre de votre famille, un enfant ou une personne avec qui vous faites du sport. Vous penserez peut-être à des gens que vous croisez à votre cours de gym ou à votre cours de théâtre. Au travail, vous vous rendrez compte que des collègues viennent vers vous pour que vous les aidiez à prendre une décision concernant leur carrière.

À tout moment, il peut vous arriver de pratiquer le coaching de manière involontaire. Lorsqu'une personne vous fait part d'un problème, vous pouvez vous retrouver à l'aider pour trouver la solution qui lui convient. Ainsi, vous avez sans doute joué instinctivement le rôle de coach depuis votre plus jeune âge.

À l'inverse, peut-être vous souvenez-vous d'avoir bénéficié de l'aide d'un coach instinctif ? À un moment où vous étiez désorienté ou ne saviez pas quelle direction prendre, l'une de vos connaissances vous a posé précisément la bonne question. Comme cela se produit dans ces cas-là, la solution idoine a soudain surgi dans votre esprit et tout vous a alors paru simple et lumineux. Si vous avez déjà un peu d'expérience en tant que coach, vous pouvez réfléchir à ces moments où vos clients vous ont inspiré par leur capacité à effectuer des changements dans leur vie. Que ce soit dans le cadre de votre vie personnelle ou professionnelle, les changements sont souvent plus faciles à appréhender si vous avez la possibilité d'examiner leur signification avec l'aide d'une personne en qui vous avez confiance. Ces différents exemples illustrent comment l'on peut utiliser ses capacités de coach dans la vie de tous les jours.

Plus qu'une simple conversation

Le coaching est une conversation d'un genre particulier. Le coach écoute et parle en gardant un certain nombre d'objectifs à l'esprit. Il est motivé par l'idée de permettre à son client d'atteindre un but, de résoudre un problème, de clarifier ce qui est important pour lui – et bien plus encore. De nombreuses personnes le font naturellement, poussées par un désir sincère de comprendre et d'aider. Tandis que d'autres cherchent à submerger leur interlocuteur de conseils – comme s'ils répandaient d'innombrables graines dans l'espoir que l'une d'elles tombe sur un sol fertile et prenne racine. Au lieu d'imposer une solution, le coach s'efforce de faire en sorte que le client la découvre en lui-même. La conversation avec le coach permet au client de s'assumer et de donner le meilleur de lui-même.

Lorsqu'elle réfléchit à sa décision de devenir coach, Rachel affirme : « J'ai le sentiment de toujours avoir été un coach, d'une certaine manière. Dans tous les postes que j'ai occupés, c'est l'aspect humain que j'ai préféré. La seule différence, c'est que j'ai maintenant mis un nom sur ce que je pratiquais depuis longtemps – le coaching. Il fait partie de mon identité. Je me retrouvais à servir de coach dans toutes sortes de situations, de manière formelle ou informelle. Que ce soit lors d'une réunion avec des clients ou dans le cadre d'un projet collectif, mon plus grand plaisir a toujours été d'aider les autres à accomplir quelque chose. » Les clients de Rachel témoignent qu'elle a vraiment le don pour mettre les gens à l'aise. Elle ne sait pas exactement comment elle y parvient, car elle a le sentiment d'avoir inconsciemment affiné cette capacité tout au long de sa vie.

Tout le monde peut-il devenir coach ?

Oui et non. De la même manière que n'importe qui peut apprendre le piano, mais que seuls certains ont un talent pour progresser aisément, certaines personnes développent les capacités du coaching plus facilement et y excellent plus rapidement.

Sachant que le coaching consiste essentiellement à discuter avec son client, en face-à-face ou au téléphone, on pourrait penser que n'importe qui est capable de le faire. Cependant, l'expérience montre que, pour être efficace, le coach doit avoir un état d'esprit particulier. Si vous n'êtes pas naturellement porté sur le relationnel et que vous vous sentez plus à l'aise avec des projets qu'avec des hommes, vous aurez sans doute du mal à réussir dans le monde du coaching. Les clients risquent de vous trouver froid.

Même si vous acquérez les compétences propres au coaching, les clients percevront rapidement que vous ne vous intéressez pas véritablement à eux. Au contraire, si vous adorez travailler avec les autres et si vous prenez plaisir à les voir s'épanouir et progresser, vous êtes en bonne voie de devenir un praticien accompli.

Toutefois, les coachs diffèrent tous par leur âge, leurs origines et leur personnalité, et proviennent des horizons professionnels les plus divers. Certains ont quitté un métier sans aucun rapport, comme ceux de la vente, en cherchant un moyen plus valorisant de gagner leur vie. D'autres veulent simplement développer leurs compétences en coaching afin d'être plus efficaces dans leur poste actuel. Il peut être utile d'avoir une formation commerciale, notamment si vous souhaitez devenir coach de dirigeants (voir chapitre 5), un intérêt pour la psychologie et le développement personnel, ou même une orientation spirituelle si cet aspect est important pour une partie de votre clientèle. Cependant, dans la pratique, aucun de ces bagages n'est vraiment essentiel. Quel que soit votre point de départ en termes d'expérience et de capacités naturelles, vous pouvez devenir un coach si vous êtes déterminé.

Les qualités d'un bon coach

Dans une certaine mesure, elles dépendent du type de coach que vous souhaitez devenir. Comme nous le verrons au chapitre 3, il existe différentes sortes de coaching, qui exigent des talents divers. Cela dit, les capacités de base restent à peu près les mêmes quelle que soit l'approche adoptée. Cette liste n'a pas la prétention d'être exhaustive, mais elle vous servira de référence et vous indiquera vers quoi tendre. Et ne vous laissez pas impressionner si vous ne possédez pas toutes ces qualités – nous ne connaissons aucun coach qui les cumule toutes !

Perception des autres et sens de l'observation

Pour être un coach efficace, vous ne pouvez pas vous contenter de traverser la vie en somnambule. Vous devez être conscient de ce qui se passe autour de vous. En particulier, il importe que vous perceviez les autres comme des personnes uniques ayant chacune ses propres rêves, craintes, talents, problèmes, etc. Car c'est la matière première du coaching. Vous avez également intérêt à être observateur, en décelant les thèmes récurrents dans ce que vos clients disent et font – ou ne disent pas et ne font pas.

Curiosité et patience

Le travail du coach consiste à aider son client à examiner le problème auquel il est confronté. Loin de penser détenir la réponse, il l'interroge dans un esprit de sincère curiosité. Il est essentiel qu'il sache écouter, car c'est le client qui doit parler. En outre, la patience est une vertu à cultiver.

Empathie et bons rapports

En faisant preuve d'empathie, le coach instaure un espace sûr où le client peut s'ouvrir et confier en toute sincérité ce qu'il ressent. Si vous éprouvez un véritable intérêt pour votre client, vous établirez rapidement de bons rapports avec lui.

Respect, confiance et intégrité

Il est indispensable que vous ayez du respect pour la personne que vous coachez, afin d'instaurer un climat de confiance. Le client s'attend à ce que vous soyez intègre – que vous agissiez en accord avec vos paroles et que vous respectiez la confidentialité des entretiens.

Clairvoyance, assurance et abord facile

En ayant l'esprit parfaitement clair, vous serez d'une grande aide pour votre client. Celui-ci viendra parfois à une séance dans un état confus, en attendant que vous le guidiez. En paraissant sûr de vous, vous lui ferez sentir qu'il est en de bonnes mains. Néanmoins, en restant prêt à admettre vos erreurs, vous autoriserez implicitement votre client à rester humain lui aussi.

Priorité à la résolution et détachement

Bien que la vie et les problèmes des autres puissent s'avérer fascinants, pour être un coach efficace vous devez mettre l'accent sur la recherche d'une solution. Vous travaillez avec votre client pour le mener où il le souhaite, mais sans chercher à comprendre ce qui n'a pas fonctionné par le passé. Vous devez en outre rester détaché, c'est-à-dire ne pas vous impliquer dans l'histoire du client afin de conserver un point de vue objectif.

Optimisme

L'attitude positive du coach aura tendance à déteindre sur son client, ce qui permettra d'aborder les problèmes de manière originale et créative.

Sens du défi, franchise et encouragement

Un bon coach doit également savoir pousser son client à donner le meilleur de lui-même et se montrer franc dans son feed-back. Il aime prendre des risques et encourage son client à quitter sa zone de confort et à placer la barre plus haut.

Compassion, tolérance et admiration

Parmi les qualités les plus importantes que tout coach doit posséder figure la compassion, autrement dit la capacité à accepter le client tel qu'il est, avec ouverture d'esprit et sans préjugé. Si vous ne portez aucun jugement sur lui et vous montrez tolérant quant à ses décisions, quelque chose de magique se produira souvent.

Il existe des coachs qui disent ne pas apprécier certains de leurs clients. Selon nous, ils ne devraient pas les coacher. Nous estimons que, pour être efficace, le coach doit quelque part admirer son client, croire en sa capacité à atteindre son objectif.

Décontraction

Si vous prenez une attitude décontractée, votre client aura plus de facilité à jongler avec les idées nouvelles et obtiendra ainsi de meilleurs résultats.

Conscience de soi

L'une des qualités les plus étonnantes qui nous aient été données, à nous autres êtres humains, est la conscience que nous avons de nous-mêmes. Nous sommes capables de réfléchir à notre expérience intérieure.

Si vous vous connaissez bien vous-même, que vous vous sentez bien dans votre peau, relativement équilibré, et que vous êtes stable sur le plan émotionnel, vous devriez faire un bon coach. C'est extrêmement important, car vous serez parfois amené à travailler avec des clients qui ont des problèmes personnels.

Authenticité

Un grand coach est par-dessus tout une personne authentique. Il ne se comporte pas de la manière dont il pense qu'un coach devrait agir. Il est tout d'abord lui-même, avant d'être coach.

Exercice

Évaluez votre propension à devenir un bon coach. Pour chacune des qualités énumérées ci-dessous, attribuez-vous une note entre 0 et 4. La note 0 correspond à « je n'ai absolument pas cette qualité », tandis que la note 4 signifie « je possède parfaitement cette qualité ». Si vous vous situez à mi-chemin, vous choisirez le 2. Ensuite, additionnez tous vos scores.

Qualité	Absente (0)	Peu développée (1)	Dans la moyenne (2)	Développée (3)	Très développée (4)
Conscience de soi					
Perception des autres					
Encouragement					
Tolérance					
Empathie					
Patience					
Écoute					
Sens de l'observation					
Bon relationnel					
Chaleur et compassion					
Respect					

Qualité	Absente (0)	Peu développée (1)	Dans la moyenne (2)	Développée (3)	Très développée (4)
Intégrité					
Sens du défi					
Abord facile					
Franchise					
Optimisme					
Curiosité					
Ouverture d'esprit					
Créativité					
Priorité à la résolution					
Détachement					
Clairvoyance					
Assurance					
Équilibre émotionnel					
Décontraction					
Authenticité					

Vous totalisez plus de 80 points

Impressionnant ! Vous avez tout pour devenir un virtuose du coaching – à moins que vous ne le soyez déjà. Ou bien vous n'avez pas une appréciation exacte de vous-même ! Même ceux qui frisent la sainteté ont quelques points à améliorer. Vérifiez tous vos scores. Si vous trouvez toujours le même total, concentrez-vous sur ce qu'il vous reste à parfaire pour mériter l'auréole.

Total compris entre 61 et 80 points

Vous disposez visiblement d'un solide bagage qui vous permettra sans aucun doute d'être un bon coach. Toutefois, il n'y a pas de quoi pavoiser. Comment pourriez-vous lever la barre encore plus haut ? Après tout, c'est ce que vous demanderez à vos clients de faire. Examinez vos scores attentivement et déterminez les obstacles qu'il vous reste à surmonter.

Total compris entre 41 et 60 points

Vous possédez certaines des qualités requises pour devenir un bon coach, mais d'autres restent encore à améliorer. Observez vos scores et repérez les qualités qui laissent à désirer. Peut-être est-ce la patience ou l'écoute qui vous fait défaut, ou bien l'empathie, la chaleur ou la compassion ? Tout en lisant ce livre, gardez à l'esprit les qualités sur lesquelles il vous faut travailler. Ainsi, tout se mettra en place.

Total compris entre 21 et 40 points

Ce résultat ne signifie pas nécessairement que vous deviez abandonner l'idée d'exercer un jour le métier de coach, mais vous avez encore du chemin à parcourir. Toutefois, vous avez déjà certaines des capacités propres au coach par nature. La lecture de cet ouvrage vous sera d'une grande aide. Il est important que vous fassiez tous les exercices proposés. Si vous souhaitez vraiment devenir un bon coach, vous y parviendrez.

Total inférieur à 20 points

Ne laissez pas tomber votre travail actuel ! Selon nous, vous n'êtes pas fait pour le coaching. Il existe sans doute d'autres métiers qui correspondraient mieux aux talents dont vous disposez. Ce qui n'exclut toutefois pas que vous puissiez recourir aux capacités de coaching qui sont présentes en vous.

Quel que soit le résultat obtenu, ce test vous aidera à savoir sur quels points vous devez vous concentrer pour améliorer vos talents de coach.

À vous de jouer

- Observez les occasions où vous, ou d'autres personnes, agissez instinctivement comme un coach. Qu'est-ce qui rend ce coaching naturel ?
- Demandez à une personne en qui vous avez confiance et qui vous connaît bien, d'évaluer chez vous les qualités de coach énumérées dans l'exercice. Comparez ensuite ses résultats aux vôtres.

3

Qu’est-ce que le coaching ?

Dans ce chapitre, vous apprendrez :

- quelles sont les origines du coaching ;
- quelles sont les différentes manières d’aborder le coaching ;
- en quoi le coaching se distingue des métiers de formation, de conseil et de thérapie ;
- quels sont les différents types de coaching ;
- quels sont les mythes les plus répandus concernant le coaching.

Pour progresser, il vous faut un coach

Lorsqu'un joueur de tennis sort vainqueur de la finale de Roland-Garros, il ne fête pas sa victoire seul. Lorsqu'une équipe de foot remporte la Coupe du monde, quelqu'un d'autre a contribué à son succès. Les grands sportifs ont pratiquement tous leur coach. De même que les stars de la pop avec leurs coachs pour la voix, la danse ou le style.

Pourquoi ? Tout simplement parce que le coaching fonctionne. Non seulement en termes de performances physiques ou d'apprentissage de nouvelles compétences, mais aussi en termes de préparation mentale et émotionnelle. Voilà ce qui peut faire la différence, quel que soit l'objectif qu'une personne cherche à atteindre. Pour aller de l'avant, vous devez faire appel à un coach.

Bref historique du coaching

L'origine du mot « coach » est aussi surprenante qu'intéressante. Emprunté à l'anglais, ce mot vient en fait du français « coche », qui est lui-même issu du nom d'une petite ville hongroise, Kòcs, où la première voiture destinée au transport des voyageurs fut construite au XVIe siècle. L'anglais *coach* se transforma rapidement en verbe, et les conducteurs qui transportaient ainsi les gens d'un point à un autre se mirent à qualifier leur travail de « coaching ». Puis, par l'un de ces glissements qui sont propres à la langue, ce mot fut utilisé dans le domaine de l'enseignement pour décrire le travail des professeurs qui « menaient » leurs élèves jusqu'à l'obtention de leurs examens.

L'association du coaching avec le sport prit naissance aux États-Unis à la fin du XIXe siècle lorsque les étudiants commencèrent à faire appel à un coach pour obtenir de meilleurs résultats. Timothy Gallwey, ancien joueur de tennis, jeta les bases du coaching tel que nous le connaissons aujourd'hui. Dans son célèbre ouvrage publié en 1974, *The Inner Game of Tennis*, publié en français sous le titre *Tennis et psychisme : comment progresser par la concentration*, il émit une idée révolutionnaire – à savoir que la meilleure façon d'aider un sportif à améliorer son jeu consistait non pas à lui faire des suggestions, mais à lui poser des questions qui lui permettront d'apprendre à partir de sa propre expérience. Ce qui est l'essence même du coaching tel qu'il est pratiqué actuellement.

Les principes du coaching furent rapidement adoptés par le monde de l'entreprise, avant d'être introduits en Europe par l'un des étudiants de Timothy Gallwey, sir John Whitmore, avec la publication de son livre *Coaching for Performance* en 1992 (paru en français sous le titre *Le guide du coaching*).

Toutefois ce fut la création, la même année, de la Coach University par Thomas Leonard, planificateur financier à San Francisco, qui marqua l'avènement du coaching. Dans le monde entier, de nombreuses autres écoles de coaching firent ensuite leur apparition. Depuis, le coaching n'a cessé de se développer. En 2004, une étude réalisée par l'organisme britannique Chartered Institute of Personnel and Development (CIPD) montrait que 79 % des entreprises avaient recours au coaching.

Différentes approches du coaching

Comme le coaching n'en est encore qu'à ses débuts, il n'a fait l'objet d'aucune réglementation ou normalisation. Si bien que les diverses approches employées créent une certaine confusion. Ce chapitre a pour objet d'éclaircir la situation en définissant quelques-unes de ces approches.

Le modèle coactif

Même s'il n'y a pas de vérité absolue en matière de coaching, nous pensons qu'actuellement la meilleure pratique consiste en un processus de collaboration où le client découvre les réponses par lui-même grâce aux questions du coach.

Le modèle coactif est décrit par Whitworth dans son ouvrage intitulé *Co-active Coaching* (1998). Il repose sur quatre principes :

1. Le client est naturellement inventif et plein de ressources.
2. Le coaching aborde la vie du client dans sa globalité.
3. Le programme est défini par le client.
4. La relation consiste en une alliance conçue entre le coach et le coaché.

Cette approche suppose que le client ne soit pas un être « brisé » – c'est-à-dire qu'il fonctionne normalement. Ce n'est pas au coach de résoudre ses problèmes personnels. Le client se connaît lui-même. La compétence et le rôle du coach sont de lui permettre de trouver ses propres solutions. Cela ne signifie nullement que le coach n'apporte rien – il dispose de méthodes, d'exercices et de questions pour aider son client à avancer. Néanmoins, les compétences du coach se fondent sur les processus, et non sur les solutions.

Tous les coachs ne souscrivent pas au modèle coactif. Certains préfèrent faire des suggestions à leurs clients, leur proposer des solutions, voire même les aider concrètement à mettre quelque chose en œuvre. De nombreux coachs se situent à mi-chemin entre ces deux extrêmes : ils travaillent toujours selon le programme du client en recourant principalement au questionnement, mais ils sont prêts à faire part de leur avis et de leur expérience lorsque cela peut être utile.

Approche directive ou non

Le coaching peut donc prendre une forme directive, lorsque le coach agit en expert et fournit des solutions à son client, ou bien non-directive lorsqu'il fait en sorte que le client comprenne les choses par lui-même.

Directif, non-directif

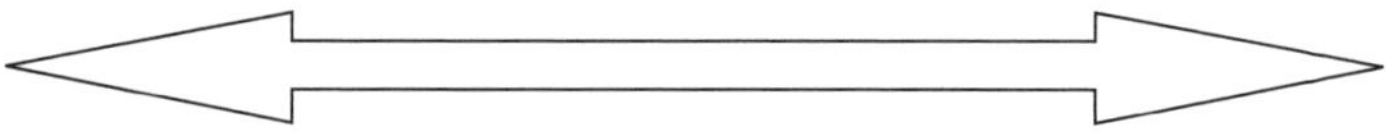

Directif — Dicte, forme, enseigne

Non directif — Écoute, questionne, oriente

Figure 1. Coaching directif ou non-directif.

Dans cet ouvrage, nous partons du principe que dès lors que le coach dicte, forme ou enseigne, il ne pratique pas réellement le coaching.

Exemple de dialogue

Coaching directif

Coach	Ainsi, vous souhaiteriez être à l'aise pour parler en public ?
Client	Oui, c'est bien cela.
Coach	Le plus important est de vous préparer et de bien penser la structure de votre intervention afin que l'auditoire vous suive aisément.
Client	Par où dois-je commencer ?
Coach	Je vous suggère tout d'abord de définir clairement le but de votre discours et le message que vous voulez faire passer.

Lorsqu'un coach recourt à un style directif, il donne de nombreux conseils inspirés de ses connaissances et de son savoir-faire. Le langage directif a son utilité. Si vous ignorez comment mettre en marche un magnétoscope et souhaitez l'apprendre, une approche non-directive du coaching ne vous mènera pas bien loin.

Coach Vous voudriez donc savoir comment l'on programme un magnétoscope ?

Client Tout à fait.

Coach Selon vous, quelle est la première opération à effectuer ?

Client Si je le savais, je n'aurais pas besoin de vous le demander !

Dans un cas pareil, il vaut mieux donner des instructions précises.

En revanche dans le cas du coaching non-directif, la responsabilité incombe essentiellement au client, et non au coach. C'est l'approche que nous utiliserons le plus souvent dans cet ouvrage.

Exemple de dialogue

Coaching non-directif

Coach Ainsi, vous souhaiteriez être à l'aise pour parler en public ?

Client Oui, c'est bien cela.

Coach Qu'est-ce qui vous en empêche ?

Client Je me mets à avoir le trac.

Coach À quel moment commencez-vous à le ressentir ?

Client L'appréhension augmente tout au long de la journée qui précède, surtout si je n'ai pas eu suffisamment de temps pour me préparer.

Coach Alors, quand vous êtes bien préparé, vous avez moins peur ?

Client Un peu, mais je suis quand même nerveux jusqu'à ce que je commence.

Coach Qu'est-ce qui vous permettrait de bien amorcer votre discours ?

Client [*Après un temps de réflexion*] En prévoyant exactement ce que je vais dire au début, j'aurais sans doute moins peur de me tromper.

Grâce à l'approche non-directive, le client se sentira à l'avenir plus assuré pour trouver lui-même la solution.

Qu'est-ce qui distingue le coach ?

Il importe de connaître précisément ce qui distingue le coach d'autres praticiens tels que le mentor, le formateur, le consultant, le conseiller ou le thérapeute. Bien qu'ils travaillent tous en tête-à-tête avec leur client, leurs méthodes et leurs philosophies diffèrent.

Mentor

Le nom de mentor provient de la mythologie grecque. Dans l'*Odyssée*, Ulysse confie à son ami Mentor le soin de veiller sur sa maison et sur l'éducation de son fils. « Apprends-lui tout ce que tu sais », lui demanda le grand voyageur. D'où l'idée que l'on se fait couramment du mentor, qui a pour rôle de « transmettre l'expérience et la connaissance ». Dans le monde de l'entreprise, de nombreux dirigeants expérimentés font office de mentors en transmettant leur sagesse, les ficelles du métier et les secrets de leur réussite à leur successeur, en aidant celui-ci à modeler ses valeurs et croyances de manière positive. Contrairement au coach, le mentor prodigue souvent des conseils. Toutefois, il recourt également aux compétences propres au coaching.

Formateur

Le formateur a pour rôle de mener une personne jusqu'à un certain niveau de compétence par le biais de l'instruction et de la pratique. Il transmet des informations, des compétences et un savoir. Il aide ses élèves à développer leurs capacités cognitives. Il travaille généralement avec des groupes sur des sessions pouvant durer entre une demi-journée et plusieurs semaines. Quoique souvent directif – « Faites ceci de telle manière » –, le formateur fait parfois appel aux techniques du coaching en posant des questions. Toutefois, cela ne fait pas de lui un coach. Il existe en effet une différence essentielle entre le formateur et le coach : le premier transmet des informations, tandis que le second fait ressortir les connaissances existantes de son client. L'avantage du coaching sur la formation est que l'apprentissage est susceptible d'être plus durable car le coach poursuit ses séances jusqu'à ce que le client ait atteint son objectif. En outre, le coach peut s'adapter aux besoins précis de chaque individu.

Consultant

Lorsqu'une entreprise se trouve face à un problème ou souhaite se développer, elle fait appel à un consultant qui observe, analyse, enquête, propose des solutions et indique comment procéder. Une fois qu'il a expliqué les tenants et les aboutissants du problème, le consultant laisse l'entreprise le régler, parfois en lui donnant un manuel auquel se référer. Au contraire, le coach assiste généralement l'entreprise durant toute la phase de mise en œuvre.

Traditionnellement, le consultant joue le rôle d'un expert. Mais de plus en plus, les consultants adoptent une approche centrée sur le client qui s'apparente davantage au coaching. Ils proposent d'ailleurs parfois explicitement des prestations de coaching. Au lieu d'indiquer à leurs clients ce qu'ils doivent faire, de nombreux consultants s'attachent maintenant à les aider à dégager différentes solutions et à leur présenter un éventail de décisions possibles.

Conseiller

À l'instar du coach, le conseiller instaure un espace où le client peut s'ouvrir et parler de ses problèmes. La principale différence réside dans le fait que le conseiller s'occupe surtout d'aider les gens à surmonter des difficultés, tandis que le coach s'intéresse à leur faire accroître leurs performances. Le conseiller a tendance à chercher dans le passé les raisons pour lesquelles son client se comporte comme il le fait. Son but est de lui faire comprendre la cause initiale d'un problème ancien. En revanche, le coach regarde davantage vers le futur. Le conseiller pose souvent des questions commençant par « pourquoi » (« Pourquoi continuez-vous à procéder ainsi ? »), tandis que le coach demandera plutôt « que voudriez-vous faire à la place ? ».

Psychothérapeute

Le thérapeute traite les problèmes psychologiques tels que les phobies, les angoisses, les obsessions ou les traumatismes. Tandis que le coach part du principe que son client fonctionne déjà normalement et cherche à le faire progresser dans son efficacité.

Les différents types de coaching

La confusion qui règne autour du coaching est partiellement due au fait qu'il en existe de nombreuses sortes. Nous vous présentons ici les principales d'entre elles.

Coaching de vie

Le coach personnel travaille avec des particuliers sur toutes sortes de problèmes. Bien que le coaching ne soit pas censé être thérapeutique, dans les faits, nombreux sont les clients qui y ont recours pour résoudre des problèmes personnels – lorsqu'ils veulent gagner davantage d'argent ou qu'ils cherchent l'âme sœur. D'après notre expérience en tant que coachs, seule une petite minorité de clients ont déjà une vie comblée qu'ils voudraient encore améliorer.

Coaching de dirigeants

Ce type de coaching s'adresse aux dirigeants et cadres supérieurs. S'il aborde essentiellement des problématiques liées à l'entreprise, il repose, comme la plupart des types de coaching, sur le principe que toute chose appartient à un système. Si bien que les problèmes personnels – tels que l'influence des longues journées de travail sur la vie privée – sont également pris en compte. Néanmoins, l'accent est généralement mis sur des domaines tels que le leadership, la stratégie, l'esprit d'entreprise, la cohésion d'équipe (*team-building*) et la gestion du changement. Le plus souvent, les coachs de dirigeants sont extérieurs à l'entreprise et possèdent une expérience antérieure de l'encadrement. Quelques sociétés emploient leurs propres coachs en tant que salariés, qui sont parfois également associés aux départements de ressources humaines, de formation et de développement de l'entreprise.

Coaching en entreprise

Ce type de coaching s'adresse à plusieurs personnes et traite les problèmes de l'ensemble de l'entreprise. Généralement utilisé par les grosses sociétés, il consiste, entre autres, à coacher des équipes ainsi que les relations internes. Le travail du consultant qui aide à créer une culture de coaching tombe également dans cette catégorie. Le coach d'entreprise doit avoir une connaissance approfondie de la culture de l'organisation et une bonne compréhension de la dynamique des systèmes. Autrement dit, il examine l'ensemble du système en adoptant une approche holistique (globale).

Coaching d'affaires

Le coach d'affaires travaille généralement avec des créateurs d'entreprise et des chefs de PME (petites et moyennes entreprises) pour leur permettre d'amplifier leur réussite. Ses clients cherchent à définir leurs objectifs commerciaux à court et long terme, à élaborer leurs plans de développement, à faire évoluer leurs plans marketing et à revoir les processus de l'entreprise. Bien qu'il soit qualifié de coach, il tend à porter différentes casquettes en agissant comme consultant et comme mentor.

Coaching de performance

On attend souvent des cadres en charge d'une équipe qu'ils coachent leurs collaborateurs. Lorsque des objectifs de performance sont fixés, les compétences en coaching permettent au cadre d'aider son équipe à surmonter les obstacles qui les freinent et de pousser les bons éléments à donner leur maximum. Le but est d'accroître l'efficacité et la productivité de l'équipe. Le coaching de performance se pratique au jour le jour, et non uniquement une ou deux fois par an lors des bilans.

Coaching spécialisé

Si la plupart des coachs de vie et des coachs professionnels travaillent sur un large éventail de problématiques, certains se spécialisent dans un ou deux domaines particuliers – comme, par exemple, la gestion du temps ou les relations privées.

De plus en plus, des professionnels offrant un service spécifique s'arrogent le titre de « coach ». Des formateurs en affirmation de la personnalité se présentent comme des coachs de confiance en soi, tandis que des conseillers financiers se targuent d'être des coachs de la fortune. Il n'y a rien de mal à cela, mais cela peut créer la confusion parmi le public. Certains coachs spécialisés se plient aux principes du coaching en suivant le programme du client et en recourant au questionnement, tandis que d'autres ont une approche plus directive.

Coaching de carrière

Le coach de carrière permet à ses clients d'accroître la satisfaction que leur procure leur travail, de changer de poste ou de faire évoluer leur situation professionnelle. Il a pour but de les aider à y voir plus clair dans l'orientation qu'ils veulent donner à leur vie professionnelle. Il les aide également à mieux se connaître eux-mêmes afin de parvenir à élaborer la carrière qui leur convient. Le coach de carrière recourt souvent à des instruments qui lui permettent de mesurer les compétences du client et fournissent des perspectives de carrière auxquelles aucun des deux n'avait pensé.

Quand le coaching ne se justifie pas

Le coaching ne constitue pas la meilleure solution pour tout le monde et dans tous les cas. Si vous suspectez qu'un client potentiel souffre de problèmes psychologiques importants ou si, après avoir commencé à travailler avec lui, vous vous rendez compte que ses problèmes sont plus profondément ancrés que vous ne le pensiez, suggérez-lui de se tourner plutôt vers la psychothérapie. Vous n'avez pas besoin d'une connaissance approfondie de la psychodynamique pour être coach, mais vous devez être attentif aux signes qui indiquent que vous devriez renvoyer votre client vers un psychothérapeute.

Les mythes associés au coaching

Dès à présent, nous pouvons remettre en cause bon nombre de mythes qui sont souvent associés au coaching.

Mythe **Le coaching est un soutien destiné aux personnes peu performantes.**

Réalité Si le coaching peut parfois venir en aide à ceux qui n'utilisent pas au mieux leurs possibilités, la formation donne souvent de meilleurs résultats dans ce cas, notamment si la personne ne sait pas précisément ce qu'on attend d'elle ou si certaines compétences lui manquent. En règle générale, le coaching permet aux personnes qui font déjà bien leur travail de le faire encore mieux, en accélérant leur évolution.

Mythe **Le coaching ne donne pas de résultats avant longtemps.**

Réalité Certains ont l'impression que le coaching est un processus très lent. Rien n'est plus faux. Il n'est pas rare que des clients fassent un grand pas en avant dès la première séance, et continuent à progresser de manière significative au cours des suivantes.

Mythe **Le coaching s'adresse uniquement aux cadres supérieurs et aux jeunes loups.**

Réalité Il est vrai que ce sont surtout eux qui bénéficient des services d'un coach. Mais cela s'explique par le fait que les entreprises prennent de plus en plus conscience de l'intérêt du coaching et qu'elles ont les moyens d'en assurer le coût. Cela ne signifie nullement que la majorité des gens ne puisse pas profiter des bienfaits du coaching. Ce qui est formidable avec le coaching, c'est qu'il fonctionne à peu près pour tout le monde.

Mythe **Les gens veulent des conseils, et non des questions.**

Réalité Dans notre culture, nous avons tendance à proposer des solutions à toute personne qui fait état d'un problème. Mais ce n'est pas pour autant que cela correspond à la volonté ou au besoin des gens. Lorsqu'ils se trouvent exposés à la méthode du questionnement employée dans le coaching, les clients se rendent compte qu'ils détenaient déjà la plupart des réponses – ce qui leur permet de progresser en ayant confiance en eux-mêmes.

Mythe **Le coaching demande trop de temps.**

Réalité On entend souvent des dirigeants brandir cet argument. Il est vrai que si vous êtes à la tête d'une équipe importante et que vous vous attachez à coacher chacun de vos collaborateurs de manière formelle, cela peut exiger beaucoup de temps. Cependant, vous vous apercevrez que l'investissement en vaut la peine.

Mythe **Les retombées du coaching ne sont pas mesurables.**

Réalité Peu d'études ont été menées pour mesurer l'efficacité du coaching, mais celles qui existent persuadent les plus sceptiques. Par exemple, une étude réalisée sur 100 cadres américains pour une période de quatre ans a fait état d'un rendement multiplié par 5,45.

À vous de jouer

- En lisant la presse, tenez-vous au courant des dernières réflexions sur le coaching.
- Commencez à pratiquer en adoptant une approche non-directive dans vos conversations de tous les jours, afin de ressentir la différence que provoque votre attitude.

4 Devenir coach de vie

Dans ce chapitre, vous apprendrez :

- pourquoi vous devez vous former ;
- pourquoi les gens font appel à un coach de vie ;
- comment vous installer ;
- combien vous pouvez espérer gagner ;
- comment trouver votre créneau et vous faire une clientèle ;
- pourquoi vous devez être capable d'expliquer ce qu'est le coaching de vie.

N'importe qui peut se déclarer coach de vie

L'immense avantage de cette profession est que vous pouvez l'adopter en toute liberté. Ce qui n'est pas le cas des métiers de dentiste ou de médecin par exemple, qui nécessitent des diplômes et une affiliation auprès d'un ordre professionnel. Pour devenir coach de vie, il suffit de poser une plaque sur sa porte. Rien ne vous empêche de refermer ce livre tout de suite, de vous déclarer coach et de prendre votre premier rendez-vous – sans la moindre formation. Cependant, nous vous le déconseillons formellement. Ce chapitre vous fera comprendre pourquoi.

Pourquoi se former ?

Voudriez-vous d'un dentiste qui aurait appris son métier par correspondance ou d'un médecin qui se serait contenté de parcourir deux ou trois livres d'anatomie ? Certainement pas. C'est la même chose avec le coaching. Étant donné que ce métier repose sur une interaction avec d'autres personnes, vous ne pouvez acquérir les compétences nécessaires en lisant simplement quelques manuels. Pour atteindre un niveau professionnel, il vous faut de la pratique ainsi que le feed-back d'un coach expérimenté.

Si vous êtes quelqu'un de sérieux, suivez une formation. Ainsi, vous serez certain d'avoir atteint le niveau nécessaire pour proposer vos services. Les clients se tournent vers le coaching pour résoudre toutes sortes de problèmes. Vous devez être capable non seulement de les aider à y remédier, mais aussi de savoir quoi faire lorsque les choses se compliquent ou si vous vous sentez dépassé. Au chapitre 20, nous vous indiquons les critères à prendre en compte pour choisir une formation de coaching.

Pourquoi fait-on appel à un coach de vie ?

Les gens recourent aux services d'un coach de vie pour diverses raisons. Certains cherchent un soutien pour définir leurs objectifs et les atteindre. D'autres veulent simplement aborder une question particulière. Il peut s'agir d'une idée générale telle que le souhait de construire sa vie, ou de problèmes plus spécifiques :

- **Renforcer son amour propre** – de nombreux clients voudraient disposer d'une plus grande confiance en eux dans différentes situations.

- **Gérer son argent** – faire face à une situation financière dont on a perdu le contrôle.
- **Réagir à un changement important** – divorce, création d'entreprise, changement de travail, licenciement.
- **Gérer ses relations plus efficacement** – avec son conjoint, un membre de la famille, des amis, un patron ou des collègues.
- **Apprendre à s'organiser** – notamment, mieux gérer son temps et limiter les hésitations.
- **Savoir ce que l'on veut dans la vie** – le coaching peut parfois s'appliquer à des questions existentielles.
- **Prendre la vie du bon côté** – mener le style de vie de son choix.
- **S'épanouir dans son travail** – trouver l'emploi de ses rêves.
- **Gérer les conflits** – résoudre les mésententes au travail et à la maison, apaiser une querelle de famille.
- **Perdre du poids** – changer pour mieux se sentir dans son corps.

Comment démarrer ?

Souhaitez-vous travailler à plein temps comme coach ? Ou préférez-vous exercer ce métier à temps partiel afin de compléter votre revenu actuel ? Envisagez-vous de changer brusquement d'activité en quittant votre emploi actuel ? Ou bien de vous installer petit à petit et de sauter le pas seulement lorsque vous aurez une clientèle suffisante ? Examinons toutes ces possibilités.

Coacher sur son temps libre

Certains souhaitent devenir coachs sans pour autant exercer ce métier à plein temps. Peut-être sont-ils contents de leur activité actuelle, mais cherchent un peu de variété. Ou peut-être aimeraient-ils faire un travail plus valorisant ? Quelles que soient vos raisons, vous pouvez tout à fait vous lancer dans le coaching à temps partiel. Nombreux sont les nouveaux coachs qui ont déjà une autre activité et profitent des soirées et week-ends pour organiser leurs séances.

S'installer progressivement

Vous pouvez vous contenter de quelques séances de coaching par semaine sans vouloir aller plus loin. En revanche, si vous souhaitez exercer à plein temps, il vous faudra un jour ou l'autre quitter votre emploi actuel. Nombreux sont ceux qui ont peur de se jeter à l'eau tout de suite. Ils préfèrent s'accorder une période de transition en commençant à exercer tout en conservant leur activité précédente.

Passer à temps partiel

Si votre tentative se révèle une réussite et que vous n'avez plus assez de place pour vos séances le soir et le week-end, vous pouvez envisager de réduire votre emploi principal à un temps partiel – trois jours par semaine, par exemple. Cela vous permettra de prévoir davantage de séances – y compris durant la semaine, ce que les clients indépendants préfèrent souvent – et vous laissera également du temps pour la prospection.

Sauter le pas

Une telle transition progressive ne conviendra pas à tout le monde. Certains préféreront se lancer d'un seul coup. Mais c'est un risque. S'installer comme coach prend du temps, et vous ne gagnerez pas tout de suite suffisamment d'argent pour payer vos factures ou faire bouillir la marmite.

Il se peut que vous n'ayez pas le choix. Si vous avez été licencié et souhaitez prendre une nouvelle orientation, il paraîtra logique que vous vous consacriez au coaching à plein temps. Si vous avez été convenablement indemnisé, vous aurez le temps de démarrer votre activité et les moyens de financer votre formation ainsi que votre publicité. En revanche si vous n'avez pas assez d'argent en banque, vous devrez sans doute contracter un prêt.

Audrey travaillait dans une grosse entreprise depuis de nombreuses années lorsqu'elle a décidé qu'il était temps pour elle de prendre son envol. Ces années lui ont permis de parfaire ses compétences, et l'expérience qu'elle en a tiré s'est avérée précieuse par la suite. En outre, son employeur l'a soutenue dans son projet en lui accordant un temps partiel afin qu'elle trouve ses marques dans sa nouvelle activité. À l'époque, son patron disait qu'il n'avait jamais vu personne d'aussi déterminé. Petit à petit, Audrey s'est constitué un réseau de contacts. Les propositions de travail ont rapidement suivi. Durant cette période, elle s'est rendu compte combien il était important qu'elle continue à améliorer ses compétences de coach. En se remémorant cette époque, elle ressent encore l'excitation que lui procurait le sentiment de frayer son propre chemin dans le monde. Elle se rappelle également à quel point cette période de transition lui a été précieuse, notamment sur le plan financier.

Pour certains, la transition n'est pas nécessaire. C'est le cas des retraités, qui disposent déjà d'un revenu, ou de ceux qui peuvent être soutenus financièrement par leur conjoint pendant la période initiale, souvent difficile.

La situation est un peu différente pour les parents au foyer qui décident de reprendre le travail. Certains souhaitent prendre un nouveau départ – et pour cela le coaching est à la mode. Du fait qu'il n'est pas aisé d'assurer des séances de coaching à la maison lorsque les enfants sont là, la plage horaire idéale se situe entre 9 h et 16 h lorsque ceux-ci sont à l'école. Une fois la clientèle établie, les horaires de travail pourront être élargis lorsque les enfants seront plus grands.

Combien peut-on gagner ?

Certes, vous pouvez gagner de l'argent en exerçant le métier de coach. Mais pourrez-vous en vivre ? Cela dépend bien sûr du niveau de rémunération auquel vous aspirez. À dire vrai, rares sont ceux qui réussissent à payer leurs factures grâce au coaching de vie. La plupart travaillent également comme formateurs ou comme consultants, ou bien complètent leurs revenus en publiant des livres ou des cédéroms.

À l'heure actuelle, il y a trop de coachs et pas assez de travail. Cela peut changer plus tard, à mesure que le coaching deviendra plus connu et que la demande augmentera. Mais le nombre de personnes qui se forment au coaching laisse augurer que le secteur restera très concurrentiel.

Un calcul rapide vous aidera à déterminer si l'aventure peut être viable. Additionnez toutes vos dépenses actuelles sur un an, auxquelles vous ajouterez celles qui seront occasionnées par votre activité de coach – fournitures de bureau, cartouches d'imprimante, téléphone, etc. Vous obtiendrez le revenu annuel dont vous avez besoin. Divisez-le par 47 – si vous envisagez de prendre cinq semaines de vacances. Pensez-vous être capable de gagner cette somme chaque semaine ?

Comment déterminer son tarif ?

De nombreux facteurs entrent en ligne de compte dans l'établissement de vos tarifs, y compris l'endroit où vous exercez. Vos qualifications peuvent également influer sur votre rémunération. En outre, en vous faisant connaître grâce à un livre ou à une émission télévisée, vous pourrez revoir encore vos tarifs à la hausse.

Puisque la plupart de vos clients passeront un contrat pour un certain nombre de séances, vous pouvez leur demander de s'engager à vous régler chaque mois par avance. Le montant exact dépendra du nombre de séances en face-à-face, de leur durée, et d'éventuelles prestations supplémentaires – par exemple, entretiens par téléphone ou par courrier électronique.

Pour connaître les tarifs pratiqués, cherchez sur Internet les termes « coach de vie » ou « life coach ». En consultant les sites de différents coachs, vous aurez une idée de la manière dont vous pouvez présenter vos propres tarifs. Vous pouvez également téléphoner aux coachs qui exercent près chez vous, en vous faisant passer pour un client, pour connaître leurs tarifs.

Comment trouver son créneau ?

Au départ, vous pouvez avoir tendance à proposer vos services de coach dans tous les domaines imaginables. Mais ce n'est pas forcément une bonne idée, car vos clients potentiels risquent de penser que vous êtes un touche-à-tout, et donc vraiment bon nulle part. Voilà pourquoi les coachs se spécialisent de plus en plus. Il vous sera plus facile de vous faire une réputation si vous proposez quelque chose de précis.

Pour choisir votre créneau, vous pouvez partir d'un centre d'intérêt ou d'une passion, ou encore d'un domaine dans lequel vous avez déjà de l'expérience. En vous spécialisant, vous deviendrez plus crédible et trouverez davantage de clients. En outre, vous pourrez augmenter vos tarifs. Paradoxalement, plus le public ciblé sera restreint, plus vous aurez de travail, car les gens préfèrent s'adresser à un spécialiste.

Si vous vous intéressez aux relations familiales, vous pouvez envisager de travailler avec les parents qui souhaitent améliorer leurs rapports avec leurs enfants. Si vous aimez la bonne chère et l'exercice, vous pouvez coacher les gens dans le secteur de la santé et de la forme physique. Réfléchissez aux domaines de la vie qui vous attirent et à la manière dont vous pouvez les relier au coaching. Par ailleurs, certains coachs se spécialisent dans plusieurs créneaux afin de ne pas mettre tous leurs œufs dans le même panier.

Comment se faire une clientèle ?

Dès que possible, il vous faudra constituer votre carnet d'adresses. Voici quelques idées de départ. Vous en trouverez d'autres au chapitre 19.

- Faites appel à vos amis et à votre famille, tout en restant prudent. Le fait de bien connaître la personne peut vous empêcher, l'un comme l'autre, de vous sentir à l'aise dans une relation de coaching. Le mieux est de demander à vos proches de vous indiquer leurs connaissances qui pourraient être intéressées par vos services.
- Faites une liste de 100 personnes que vous connaissez – y compris des relations de travail – et adressez-leur un courrier dans le style de la lettre de Jane Smart pour présenter ce que vous faites. Inspiré de la lettre de prospection créée par feu Thomas Leonard, fondateur des écoles CoachU et CoachVille, à l'attention de ses étudiants qu'il surnommait Jane Smart, ce courrier est fourni en annexe à la fin de ce livre.
- Rédigez un tract que vous déposerez dans les boîtes aux lettres dans un rayon de deux ou trois kilomètres autour de chez vous. Vous pouvez le réaliser à peu de frais sur votre ordinateur ou en confier la conception à un imprimeur pour un coût assez faible.
- Réalisez des affichettes que vous déposerez chez les commerçants de votre quartier, dans les salles de sport, etc.
- Créez votre site Internet afin que les clients à la recherche d'un coach puissent vous trouver en surfant sur la Toile. Si vous n'avez pas le temps ou les capacités pour le faire vous-même, faites appel à un professionnel.

Savoir expliquer ce qu'est le coaching

Vous devrez être capable d'expliquer succinctement en quoi consiste le coaching et quels bénéfices le client peut en retirer. Si le coaching est déjà bien établi aux États-Unis, il est encore mal connu en Europe. Racontez ce que vous faites à tous les gens que vous rencontrez. Apprenez une demi-douzaine de façons de présenter votre métier, en faisant en sorte de paraître le plus naturel possible. Par exemple, vous pourriez décrire ainsi votre travail : « J'aide mes clients à clarifier ce qu'ils attendent de la vie. »

À vous de jouer

- Établissez une liste des gens de votre connaissance qui seraient susceptibles d'être intéressés par le coaching de vie, et proposez-leur vos services.
- Faites une liste de toutes les démarches que vous allez entreprendre pour vous faire connaître en tant que coach de vie.

5 Devenir coach de dirigeants

Dans ce chapitre, vous apprendrez :

- en quoi consiste le travail d'un coach de dirigeants ;
- combien vous pouvez espérer gagner en tant qu'indépendant ;
- quels sont les avantages et les inconvénients du statut de coach externe ;
- quelle place occupe le commanditaire dans la relation de coaching ;
- comment surmonter les obstacles pour devenir coach de dirigeants.

À propos du coaching de dirigeants

Bien des coachs de vie – et plus d'une personne dans le monde de l'entreprise – caressent l'idée de devenir coach de dirigeants. Ce métier est en effet séduisant pour plusieurs raisons, parmi lesquelles l'aspect financier occupe une place importante. Il est aussi passionnant qu'exigeant – et ce d'autant plus que vous gravissez les échelons –, si vous aimez l'idée de travailler avec des cadres supérieurs et des directeurs généraux.

Cependant, le coaching de dirigeants ne convient pas à tout le monde. Certes les honoraires sont bien plus élevés, mais les exigences vont de pair. Ce chapitre vous permettra de savoir si vous souhaitez réellement exercer ce type d'activité et si vous en possédez l'étoffe. Vous y découvrirez le monde du coaching de dirigeants, y compris les rémunérations que vous pouvez espérer, les problématiques typiques que vous soumettront les clients, les relations à entretenir avec les entreprises commanditaires et les obstacles à surmonter.

Comment mettre un pied dans ce milieu

Nous tenons à être francs avec vous : si vous n'avez pas une brillante carrière en entreprise derrière vous ou une expérience en tant que consultant ou formateur, vous aurez beaucoup de mal à vous faire une place dans ce milieu, à moins d'être extrêmement motivé. Pour se frayer un chemin dans cet univers, le plus simple est de commencer par faire ses preuves en travaillant avec des cadres moyens ou de jeunes dirigeants.

Les entreprises font appel à des coachs pour aider leurs cadres à résoudre divers types de problèmes.

- **Rapports humains** – le cadre se comporte de manière trop rude, ou bien il a du mal à communiquer.
- **Délégation** – de nombreux dirigeants rechignent à déléguer une part de leurs tâches.
- **Impact personnel** – le cadre peut améliorer son rapport aux autres afin de leur inspirer confiance.
- **Gestion des conflits** – le coach peut travailler avec les deux parties séparément puis conjointement pour remédier à des incompatibilités de caractères.
- **Organisation** – certains clients souhaitent rationaliser leur manière de traiter l'information.
- **Résolution de problèmes** – le coach encourage le recours à la pensée analytique.

Le plus souvent, l'entreprise envoie ses cadres supérieurs en stage. Mais, dans certains cas, elle décide de se concentrer sur un problème ou un comportement particulier et fait appel à un coach de dirigeant. Parfois, les objectifs du coaching ont trait à l'évaluation par l'entreprise du comportement de ses cadres. Il arrive également que l'entreprise recoure à des coachs externes pour soutenir ses cadres dans leur propre évolution de carrière ou les aider lors d'un changement de poste. Certaines sociétés recrutent des coachs pour s'occuper de l'*outplacement* du personnel dans le cadre d'une restructuration. S'il est plus aisé d'obtenir ce dernier type de travail, celui-ci requiert toutefois de bonnes références.

Les compétences nécessaires

Les entreprises qui font appel à des coachs externes s'inquiètent de plus en plus de l'absence de réglementation de cette profession. En effet, n'importe qui peut s'installer comme coach de dirigeants sans posséder la moindre expérience, formation ou qualification. Les clients souhaiteraient avoir l'assurance que les coachs qu'ils engagent soient correctement formés et capables de mener à bien la mission proposée. Tentant de combler ce vide, l'ICF (International Coach Federation) a établi une liste des compétences qui sont nécessaires au coach de dirigeants :

- des bases solides concernant les connaissances et compétences du monde des affaires,
- une connaissance approfondie de l'environnement du dirigeant,
- une connaissance générale du leadership et de son évolution,
- une bonne compréhension de la dynamique des systèmes,
- une connaissance des modes de développement de l'adulte,
- une éthique personnelle et professionnelle élevée,
- une forte capacité à communiquer permettant au coach d'intervenir dans l'environnement du dirigeant,
- des compétences avancées en coaching,
- une envergure et une réputation inspirant le respect,
- un engagement à apprendre tout au long de sa vie, à l'instar du dirigeant (client).

Vous ne les possédez pas toutes ?

Cette liste vous impressionnera sans doute si vous débutez dans le coaching. Cependant, ne vous découragez pas si certaines de ces compétences vous manquent. Vous pourrez tout de même coacher des dirigeants. La liste représente un idéal vers lequel il faut tendre.

Néanmoins, il est essentiel que vous soyez crédible pour travailler dans le monde de l'entreprise, qui plus est au niveau supérieur. Les entreprises attacheront souvent de l'importance au fait que vous ayez derrière vous une expérience appropriée. Si vous n'avez jamais occupé de poste de direction, elles ne vous prendront sans doute pas au sérieux. En revanche, si vous avez travaillé avec toutes sortes de personnes dans diverses sociétés, ce sera un bon point pour vous. Davantage de portes vous seront alors ouvertes.

Si vous avez travaillé auparavant dans un secteur particulier comme la banque ou l'industrie pharmaceutique, vous parviendrez plus facilement à obtenir des missions de coaching dans ce domaine. De même si vous avez une expérience dans le secteur public, vous aurez intérêt à cibler d'abord ce type de clientèle. Bien qu'il ne soit pas impossible de passer du public au privé, la plupart des entreprises préfèreront un coach qui connaît bien leur univers et leur culture.

Cela ne veut pas dire qu'un coach de dirigeants doive posséder les compétences de la personne qu'il accompagne. Si vous coachez un comptable, vous n'êtes pas obligé de connaître toutes les ficelles de la comptabilité et de la finance.

En fait, la connaissance du secteur peut même être gênante. Le client peut avoir intérêt à ce que son coach ne soit pas totalement imprégné de la culture de l'entreprise ou du secteur. Il lui sera alors plus facile de remettre en cause l'état des choses. Cependant, les entreprises ne sont pas toujours de cet avis. Beaucoup exigeront des coachs spécialisés dans leur secteur, estimant que sinon, le coaché perdrait du temps à expliquer un certain nombre de choses évidentes pour un initié.

Les attentes de l'entreprise

Il convient de savoir que bien souvent, les entreprises ne font guère de différence entre le coaching et le mentorat. Elles attendent du coach qu'il fasse tout ce qui est en son pouvoir pour aider la personne à progresser aussi vite que possible – y compris en la faisant bénéficier de son éventuelle expérience du domaine. Vous n'y pouvez rien. Si vous avez une approche puriste de votre métier et ne souhaitez pas travailler sur une telle base, faites-le savoir dès le début. Outre votre expérience dans le monde du travail, les secteurs et entreprises dans lesquels vous avez exercé et les niveaux auxquels vous avez pratiqué le coaching, les sociétés susceptibles d'acheter vos services s'intéresseront peut-être à la durée et à la qualité de votre formation, à votre affiliation à une fédération de coachs reconnue ou à toute autre qualification appropriée. Ces critères ne vous ouvriront pas à eux seuls les portes du coaching de dirigeants, mais ils constitueront des arguments convaincants une fois que vous serez entrés. Vous devrez en outre posséder d'excellentes compétences en coaching et faire preuve d'une parfaite éthique personnelle et professionnelle.

L'aspect pécuniaire

En entendant les tarifs que vous pouvez pratiquer comme coach de dirigeants, vous vous imaginez déjà détenir la planche à billets. Toutefois, les choses ne sont pas aussi simples. Certes, vous pouvez parvenir à bien gagner votre vie. Mais n'espérez pas vous acheter tout de suite la Porsche de vos rêves.

Sachez qu'il vous faudra vous rendre chez le client, ce qui pourra facilement vous prendre une heure, voire plus. Vous ne pourrez facturer ce temps, quoique les frais de voiture ou de train soient généralement remboursés. Ainsi, une séance d'une heure vous prendra trois ou quatre heures de votre journée – ce qui veut dire qu'en facturant 250 € de l'heure, vous serez en réalité payé 250 € la demi-journée. Voilà pourquoi il est préférable de prévoir des séances plus longues afin de rentabiliser vos déplacements.

Par ailleurs, si vous coachez plusieurs clients dans une même entreprise, vous aurez intérêt à les recevoir le même jour afin d'avoir trois séances de deux heures au même endroit. Le problème ne se pose pas pour le coaching par téléphone, toutefois les entreprises préfèrent souvent les séances en face-à-face pour les dirigeants de haut niveau.

En outre, rappelez-vous que vous ne pourrez facturer la totalité de votre temps de travail. Vous devrez rencontrer vos clients, formuler vos offres et promouvoir vos services.

Les relations avec l'entreprise commanditaire

La principale différence entre le coach de dirigeants et le coach de vie est que le premier a deux clients. L'un est la personne qu'il coache, et l'autre est l'employeur qui décide de recourir à ses services.

Le commanditaire est généralement le directeur des ressources humaines, le directeur général ou tout autre cadre supérieur chargé de trouver un coach pour l'un de ses collaborateurs. Avant de lui présenter son client, le commanditaire expose au coach son point de vue sur la situation.

Dans l'esprit du commanditaire, le coaching fait gagner un temps précieux à l'employé par rapport à une formation qui ne répond pas exactement à ses besoins. Nombreux sont les cadres expérimentés qui ont déjà suivi tous les stages imaginables. Ceux-ci ne leur servent guère qu'à rafraîchir leurs connaissances, tandis que le coaching constitue un processus rapide et ciblé.

Lorsque vous travaillez avec un employé dont votre commanditaire pense qu'il a un problème, soyez attentif au fait que le patron lui-même ou la culture de l'entreprise peuvent aussi entraîner des difficultés. En posant un certain nombre de questions pertinentes, vous découvrirez probablement ce qu'il en est. Il ne vous restera alors plus qu'à convaincre le patron – qui sera parfois votre commanditaire – de se faire lui aussi aider par un coach, ou à attirer son attention sur la pesanteur qui englue son entreprise – procédures dépassées, culture d'entreprise inadaptée, etc.

Si le P-DG fait appel à vous en se plaignant que son équipe ne prenne aucune initiative, et que l'entreprise exerce un style de leadership autocratique, c'est lui-même qui a besoin d'être coaché et non ses collaborateurs. Souvent, le commanditaire est trop impliqué dans la situation pour percevoir la réalité des choses.

Une entreprise peut recourir à un coach externe pour un collaborateur qui :

- vient d'être promu à un poste de direction important,
- est chargé pour la première fois de diriger plusieurs services,
- est recruté pour une nouvelle fonction qui n'a pas été clairement définie,
- est pressenti pour un poste à haute responsabilité,
- est muté à l'étranger et va devoir s'adapter à une autre culture,
- passe d'un poste technique à une fonction de gestion.

Un coach externe peut également être nécessaire lorsqu'une entreprise croît rapidement et manque de personnes qualifiées, si bien que les collaborateurs doivent évoluer très vite. Ou dans le cadre d'une restructuration subite qui appelle l'adoption d'une nouvelle culture.

En bref, le coach considèrera parfois sa relation avec le client et son employeur comme un véritable exercice d'équilibrisme – s'efforçant en permanence de satisfaire les besoins des deux parties.

S'élever dans la hiérarchie

Certains coachs de dirigeants sont recrutés pour suivre les cadres qui viennent de bénéficier d'une formation. Par exemple, des stages de développement des diplômés, de gestion des talents ou de perfectionnement du leadership sont destinés aux hauts potentiels pour les aider à s'élever encore dans la hiérarchie de l'entreprise. Ils incluent parfois des prestations de coaching et/ou de mentorat afin de renforcer l'apprentissage et d'en faire perdurer les résultats. Ce travail est assuré soit par des coachs internes à l'entreprise, soit par des coachs de dirigeants indépendants.

De tels projets offrent au coach un travail varié et passionnant. Pour avoir la chance d'y participer, il devra posséder une expérience suffisante dans le domaine concerné. Ces programmes de formation sont souvent consacrés à des sujets tels que l'impact personnel, le leadership, la gestion du changement et la relation client.

Pour obtenir ce type de mission, vous devrez faire preuve d'une solide connaissance théorique de ces domaines de manière à paraître crédible lorsque vous discuterez, avec le coaché, du contenu de la formation – et à savoir convaincre le commanditaire que vous êtes la personne qu'il lui faut. Vous devrez en outre impérativement vous tenir au courant des dernières évolutions du sujet en question. Ainsi, certains coachs de dirigeants se spécialisent dans un domaine tel que le leadership ou la stratégie d'entreprise.

Vous possédez une expérience en formation

Si vous souhaitez devenir un coach indépendant alors que vous exercez actuellement une profession connexe comme celles de formateur ou de consultant, le plus important est que vous pratiquiez le plus possible en tant que coach. Ayant déjà une crédibilité auprès de vos clients potentiels, vous devez ensuite leur faire savoir que vous avez d'autres services à leur offrir. Vous pouvez également associer vos deux casquettes et proposer un programme alliant formation ou conseil avec le coaching. C'est une excellente manière d'accroître votre expérience et de commencer à accumuler les heures de coaching. Toutefois, l'inconvénient de ce type de travail est que vous passerez sans doute moins de temps avec chaque personne, parfois guère plus de deux heures.

Le coaching d'équipe

Afin d'ajouter une corde à votre arc, vous pouvez pratiquer le coaching d'équipe. Celui-ci consiste à coacher une équipe entière en même temps, à l'instar d'un coach de football. Le coach d'équipe en entreprise demande au groupe de décider ce qu'il veut améliorer ou réussir. Par exemple, les membres de l'équipe souhaiteraient mieux communiquer entre eux, ou encore accélérer leur progression vers un objectif de vente difficile à atteindre.

Non seulement le coach d'équipe aide chacun d'eux à accroître leur conscience de soi, mais il explore également la dynamique de la relation qui les unit. Ce faisant, il guide les individus et l'ensemble du groupe vers le succès.

Pour prétendre à ce type de travail, vous devez avoir une connaissance approfondie du fonctionnement d'une équipe. Il existe de nombreux ouvrages de qualité sur le sujet. Si vous connaissez des gens qui pratiquent déjà le coaching d'équipe, peut-être vous laisseront-ils observer leur manière de travailler.

Les outils du métier

Nombreux sont les coachs de dirigeants qui ont recours à des outils psychométriques tels que Extended DISC, MBTI et Firo-B. Ceux-ci peuvent servir de point de départ pour une session unique d'une demi-journée ou pour une série de séances de coaching. Ils fonctionnent à peu près tous bien avec des équipes et permettent de prendre conscience des raisons pour lesquelles les gens se comportent comme ils le font les uns envers les autres. Certaines entreprises pratiquent en outre le retour d'information à 360 ° (360 ° feedback) pour permettre à leurs cadres de savoir comment ils sont perçus au lieu de se contenter de leur propre auto-évaluation. Cela implique que le cadre demande à ses subordonnés et à son supérieur de remplir un questionnaire sur la manière dont ils ressentent son comportement. Si vous voulez devenir coach de dirigeants, vous devrez apprendre à travailler avec ce type d'outils.

Combien pouvez-vous espérer gagner ?

Si les gros contrats signés avec des entreprises peuvent être extrêmement lucratifs, leur obtention nécessite beaucoup d'efforts – et notamment une proposition écrite détaillée (voir chapitre 19). En outre, vous serez parfois en concurrence avec des coachs plus expérimentés. Pour une journée complète, vous pourrez facturer entre 600 et 2 500 €.

Coacher au plus haut niveau

Au sommet de l'organigramme se trouvent les directeurs, P-DG et les entrepreneurs, sans parler des vedettes et des sportifs qui ont tous leur coach. Cependant, vous ne décrocherez pas si facilement de tels clients. Il vous faudra témoigner d'une expérience au plus haut niveau, d'un talent exceptionnel et d'un CV à faire pâlir d'envie.

Sinon, ne vous faites pas d'illusion. Si vous n'avez jamais occupé de poste de direction, comment pouvez-vous espérer gagner le respect de votre client et lui parler d'égal à égal ? Parmi les coachs de dirigeants qui briguent ce genre de clientèle, nombreux sont ceux qui ont déjà dirigé des entreprises internationales. Ils possèdent une expérience inestimable aux yeux de leurs clients. À ce niveau, il n'est pas rare que le coach se double d'un mentor en faisant part à son client de la manière dont il a résolu des situations similaires par le passé. Non seulement le coach travaillant avec de hauts dirigeants doit faire office de caisse de résonance, mais il doit aussi faire face à des clients au caractère bien trempé – ce qui nécessite une grande confiance en soi-même.

Combien peut-on gagner ?

En coachant à un tel niveau, vous pourrez aisément facturer 4 000 € la journée, voire un pourcentage du salaire de votre client. Vous gagnerez ainsi beaucoup d'argent. Toutefois vous ne l'aurez pas volé, car le coaching de hauts dirigeants est l'un des plus difficiles qui soient.

Un cercle vicieux

Pour devenir coach de dirigeants, vous avez besoin d'expérience, mais pour acquérir cette expérience il vous faut pratiquer. C'est le serpent qui se mord la queue. Toutefois avec beaucoup de détermination, vous parviendrez sans doute à vous faire une place dans le monde de l'entreprise. Quoi qu'il en soit, pour arriver en haut de l'échelle et coacher les plus hauts dirigeants, il est indispensable que vous ayez vous-même occupé un poste important.

À vous de jouer

- Revoyez la liste des compétences nécessaires au coach de dirigeants qui a été établie par l'ICF et faites une liste des points qu'il vous faut améliorer.
- Lisez la presse spécialisée afin d'accroître votre connaissance du monde des affaires.
- Faites-vous connaître auprès des entreprises qui proposent les services de coachs à leurs dirigeants.
- Décidez à quel niveau vous souhaitez exercer comme coach de dirigeants, puis établissez un plan d'action pour y parvenir.

6

Coacher au sein d'une entreprise

Dans ce chapitre, vous apprendrez :

- comment coacher votre équipe ;
- comment identifier et surmonter les obstacles ;
- quand faire appel au coaching externe ou à celui d'un pair ;
- comment tirer parti des plans de mentorat.

Le coaching en entreprise aujourd'hui

Ces dernières années, les conceptions du leadership et du management ont considérablement changé. L'époque où l'autorité régnait n'est presque plus qu'un souvenir, tandis que les entreprises se tournent de plus en plus vers un style de management inspiré du coaching – envisageant même parfois de créer une culture de coaching. D'un bout à l'autre de la hiérarchie, chaque cadre exerce alors une fonction de coach.

Peut-être lisez-vous ce livre parce que vous êtes l'un de ces cadres et que vous souhaitez améliorer vos compétences en matière de coaching ? Ou peut-être vous l'a-t-on conseillé afin de continuer à être efficace ou de progresser dans la hiérarchie ? Ou encore, peut-être travaillez-vous en entreprise comme coach à plein temps – ou souhaiteriez-vous le faire ? En effet, certaines sociétés ont des salariés en interne qui jouent le rôle de coachs de dirigeants. Toutefois, leurs attributions recouvrent souvent celles d'un responsable de la formation ou des ressources humaines.

Quelles que soient vos motivations, vous découvrirez dans cet ouvrage en quoi le coaching peut être considéré comme un style de management, vous comprendrez pourquoi il est difficile, voire impossible, pour un patron de coacher son équipe dans le véritable sens du terme, et vous apprendrez comment employer vos compétences en coaching « à la volée » dans la conversation de tous les jours. Nous aborderons aussi brièvement le rôle du mentor, qui existe depuis de nombreuses années mais connaît actuellement un renouveau. En effet, le mentorat constitue une manière de plus en plus appréciée de partager ses connaissances et son expérience au sein d'une entreprise.

Le coaching en tant que style de management

Le rôle du patron a énormément évolué ces dernières années. Aujourd'hui, l'accent est davantage mis sur son aptitude à faire évoluer une équipe plutôt que sur sa capacité à manier le fouet pour qu'une tâche soit exécutée. En observant le comportement de près de 4 000 cadres, la société de conseil Hay-McBer (2000) a étudié comment ceux-ci motivaient les gens qui se trouvaient immédiatement sous leurs ordres. Ils ont ainsi dégagé six styles de leadership qui reposent sur un large éventail de ressorts émotionnels.

- **Autoritaire** – exige l'obéissance : « Faites ce que je dis. »
- **Galvanisant** – mobilise les autres en fonction d'une vision : « Suivez-moi ! »

- **Partenaire** – vise à atteindre l'harmonie : « Nous formons tous une grande famille. »
- **Démocratique** – recherche le consensus : « Qu'en pensez-vous ? »
- **Meneur** – incite les autres à atteindre de hauts niveaux de performance : « Faites comme moi. »
- **Entraîneur** – fait progresser les autres : « Et si vous procédiez ainsi ? »

Hay et McBer affirment que tous ces styles peuvent être utiles dans certaines situations, et qu'un leader efficace et souple est capable d'employer chacun d'eux en fonction des circonstances. Daniel Goleman, en 1998, compare ces six styles à la série de clubs qui garnit le sac du joueur de golf. Chaque coup exige une canne différente et le professionnel sait quand les utiliser. Chacun a une préférence naturelle pour un ou deux styles de leadership. En tant que dirigeant, vous devez apprendre à maîtriser les autres styles, sinon vous jouerez avec un jeu de clubs incomplet.

Curieusement, le style le moins employé selon l'étude Hay-McBer est le style entraîneur (*coaching* en anglais), alors qu'il est l'un des plus efficaces. Le médecin, coach et auteur Manya Arond-Thomas, en 2004, en résume admirablement les bienfaits : « Le cadre qui fonctionne sur le mode du coaching aide les membres de son équipe à identifier leurs propres forces et faiblesses et à les relier à leurs aspirations personnelles et professionnelles. Grâce à une telle approche, l'employé sait ce que l'on attend de lui. On constate alors un engagement mutuel à accroître les performances. »

Le manager peut-il être un coach ?

Le coaching est donc essentiel au leadership. Mais l'une des raisons pour lesquelles il n'est pas si couramment employé est qu'il ne fait pas toujours bon ménage avec une fonction de direction. Comme le fait observer Myles Downey dans son ouvrage *Effective Coaching* (2001), « le management et le coaching sont à certains égards incompatibles ». En effet, si vous êtes en position d'autorité par rapport à votre interlocuteur, il subsistera toujours un conflit d'intérêts. Le supérieur, ayant son mot à dire quant aux récompenses accordées à ses subalternes, peut influer sur leurs perspectives de carrière dans l'entreprise.

C'est pourquoi nous estimons qu'un dirigeant ne pourra jamais être un coach au vrai sens du terme. Son « client » ne se sentira jamais suffisamment confiant pour se livrer entièrement. Or c'est l'un des principes fondamentaux de la relation de coaching.

Néanmoins le manager peut – et devrait – adopter un style entraîneur et recourir à ses compétences en coaching pour mener son équipe. Il peut en effet encourager ses collaborateurs à proposer leurs propres solutions et à penser par eux-mêmes, au lieu de se contenter de suivre les instructions à la lettre. En déléguant ainsi et en responsabilisant ses subalternes, le dirigeant les rendra capables de faire face par eux-mêmes à toutes sortes de situations.

Changer de casquette

Certains patrons contournent cette incompatibilité en signalant clairement à leurs collaborateurs le moment où ils changent de casquette. Ils leur font ainsi savoir quand ils recourent au mode du coaching et quand, par exemple, ils sont en train de contrôler les performances. Mais cela ne résout pas entièrement le problème.

Seriez-vous prêt à dire à votre chef que vous avez des problèmes personnels ou que vous n'êtes pas sûr de vous dans certains domaines ? Vous préféreriez sans doute vous confier à un coach indépendant. Quand bien même votre « patron coach » vous promettrait sincèrement de ne rien divulguer de ce que vous lui diriez et de ne jamais utiliser aucune de vos déclarations à votre encontre, vous resteriez sceptique – à juste titre.

La solution serait sans doute de commencer de manière modeste et d'utiliser vos compétences en coaching au quotidien, comme l'un de vos styles de management de prédilection. Au fil du temps, vous établirez une confiance et vos collaborateurs s'engageront plus volontiers dans un processus de coaching formel.

Comment mettre le pied à l'étrier

Dans la plupart des entreprises, vous pouvez tout à fait, si vous le souhaitez, mener votre équipe en vous basant sur le coaching. À son niveau le plus rudimentaire, celui-ci consistera à poser des questions plutôt que d'asséner des instructions. Chaque jour, vous aurez maintes occasions de mettre en œuvre vos capacités. Les exemples qui suivent vous donneront des idées sur la manière dont vous pourrez commencer.

Un collaborateur vous demande conseil

Lorsqu'un membre de votre équipe vient vous demander conseil, vous avez une excellente occasion de pratiquer le coaching. Ne cédez pas à la tentation de lui fournir votre solution. Ce serait bien sûr la méthode la plus rapide et la plus aisée, mais certainement pas la meilleure. Demandez-lui plutôt d'examiner avec vous les différentes possibilités envisageables. Souvent, les gens connaissent déjà la réponse ou bien savent où la trouver, mais ils n'ont pas suffisamment confiance en eux pour le faire par eux-mêmes. Si vous utilisez cette méthode à plusieurs reprises, vos collaborateurs se mettront à résoudre eux-mêmes leurs problèmes. Ils ne viendront plus vous déranger aussi souvent, ce qui vous fera gagner beaucoup de temps.

Exemple de dialogue

Patricia Je ne sais pas vraiment comment rédiger ce rapport.

Manager Comment l'envisages-tu pour l'instant ?

Patricia Eh bien, il me faut une sorte d'introduction pour présenter les trois options. Ensuite, il faudrait sans doute que je recommande l'une d'elles.

Manager Cela me paraît bien. Que faudrait-il d'autre ?

Patricia En lisant le rapport de l'année dernière, je me suis dit que je pourrais ajouter une partie décrivant l'étendue du projet avec une analyse des coûts.

Manager Autre chose encore ?

Patricia Non, je crois que c'est tout.

Manager Parfait. J'ai hâte de lire ce rapport.

Vous avez un problème de délai

Lorsqu'un problème survient, il est très facile, pour vous, dirigeant, d'intervenir pour y remédier. Cependant, à l'avenir les membres de votre équipe se reposeront encore davantage sur vous pour trouver les réponses. Essayez plutôt une approche relevant du coaching. Demandez-leur comment, selon eux, le problème devrait être abordé. Insistez jusqu'à ce qu'ils trouvent la solution par eux-mêmes.

Exemple de dialogue

Au lieu d'adopter l'attitude suivante :

Rachid Nous avons beaucoup de retard dans la compilation des données pour le mailing de ce mois-ci.

Manager Voyons ce qui se passe. Rachid, demandez les informations au service marketing. Florence, commencez à rassembler les données. J'irai chercher les enveloppes et je jetterai un coup d'œil à la lettre.

Essayez plutôt celle-ci :

Rachid Nous avons beaucoup de retard dans la compilation des données pour le mailing de ce mois-ci.

Manager Qu'y a-t-il à faire ?

Rachid Florence a contacté le service marketing pour avoir les brochures et j'ai validé la lettre. Mais je ne sais pas si nous aurons terminé avant la levée de cet après-midi.

Manager Quelles solutions avez-vous envisagées ?

Rachid Nous allons devoir mettre la pression sur le marketing pour être sûrs de recevoir les brochures, et je pense que nous allons nous passer de déjeuner pour terminer à temps.

Quand les choses se passent bien

Le coaching ne sert pas uniquement dans les cas où les choses vont mal. Vous pouvez aussi y recourir pour tirer profit des succès obtenus, apprendre d'eux et les renouveler. En prenant le temps de fêter les réussites, vous en attirerez d'autres. Par exemple, vous pouvez questionner vos collaborateurs afin de mettre au jour la suite d'événements qui a conduit au succès. Bien souvent, les gens ne savent pas exactement ce qui a été efficace parmi leurs actions. Il peut s'avérer utile de les aider à en prendre conscience.

Exemple de dialogue

Manager J'ai appris que la présentation s'était bien passée. C'était un gros contrat et le client n'est pas facile. Comment avez-vous fait ?

Catherine C'est sans doute grâce à toutes les recherches que j'ai faites en amont. Et aussi parce que j'ai établi une bonne relation avec mon interlocuteur.

Manager Parfait. Comment y êtes-vous parvenue ?

Catherine En fait, je me suis contentée de bavarder avec lui. Il m'a raconté les problèmes qu'il avait avec son fils. J'ai donc commencé à mieux le connaître. Je pense qu'il a maintenant beaucoup plus confiance en moi, car il sent que je suis de son côté. [*Elle s'interrompt puis se met à rire.*] Je devrais peut-être essayer la même chose avec Simon – c'est un dur à cuire, celui-là !

Aller au devant de l'information

En tant que dirigeant, vous devez vous tenir au courant de ce qui se passe. Mais plutôt que d'arriver bille en tête, observez ce qui se déroule autour de vous et demandez ensuite plus d'informations. Sur quels projets vos collaborateurs travaillent-ils ? Dans quels domaines ont-ils le plus besoin d'aide ? Comment pouvez-vous les soutenir ? Si Maurice a une présentation importante à faire à un client, questionnez-le afin qu'il soit sûr d'aborder le sujet sous tous ses angles.

Exemple de dialogue

Manager Une occasion pareille ne se présente pas si souvent. Il faut que nous en parlions. Dites-moi comment vous avez l'intention d'aborder les choses.

Maurice Merci, tous les conseils sont les bienvenus.

Manager Vous connaissant, j'imagine que vous avez tout prévu.

Maurice Eh bien, je pense d'abord leur faire comprendre qu'ils ne peuvent pas se permettre de refuser cette offre. Puis je leur fournirai quelques chiffres pour leur montrer jusqu'où leur part de marché risque de descendre s'ils ne font pas affaire avec nous. [*Il continue à décrire sa proposition en détails.*]

Manager Comment pourriez-vous les convaincre que notre entreprise est la meilleure ?

Maurice Je pourrais leur fournir les témoignages d'autres clients comparables pour leur montrer que nous avons déjà fait ce type de travail.

Une telle conversation de coaching dure quelques minutes à peine. S'il vous faut davantage de temps, vous pouvez prendre rendez-vous avec votre collaborateur pour examiner le problème de façon plus détaillée.

Analyser les possibilités

Que vous coachiez votre propre équipe ou que vous travailliez en tant que coach indépendant dans le cadre d'une entreprise, le tableau Compétence/Motivation vous sera utile pour évaluer la capacité et la volonté d'une personne à accomplir une tâche ou atteindre un objectif. Il vous permettra de choisir le mode d'intervention le plus approprié. Il vous sera d'un grand secours pour décider comment soutenir votre équipe. La compétence désigne leurs capacités, leurs connaissances et leur expérience, tandis que la motivation fait référence à leur détermination à atteindre l'objectif visé.

Motivation forte	Former	Coacher / Déléguer
Motivation faible	Diriger / Muter	Stimuler
	Compétence faible	Compétence élevée

Figure 2. Le tableau Compétence/Motivation.

Ce tableau s'inspire du travail présenté par Paul Hersey et Kenneth Blanchard dans *Management of Organizational Behaviour: Utilizing Human Resources* (1977).

Le manager doit pouvoir déterminer si les membres de son équipe sont motivés et prêts à apprendre (forte motivation), ou s'ils ont l'esprit ailleurs (faible motivation). Il doit connaître ceux qui sont nouveaux dans leur poste ou qui exercent une fonction inappropriée (compétence faible) et savoir dans quels domaines ses collaborateurs sont compétents et expérimentés (compétence élevée). Ceux qui sont peu qualifiés mais très motivés auront besoin d'être formés pour acquérir les connaissances et les compétences nécessaires. Quant à ceux qui ne sont ni compétents ni motivés, il vaudra mieux les changer de poste ou leur donner des instructions précises sur les tâches à accomplir. En revanche pour ceux qui sont très expérimentés mais peu motivés, le patron devra créer un environnement de travail qui les stimule davantage. Enfin, pour ceux qui sont à la fois compétents et motivés, le coaching est le moyen idéal pour les inciter à donner le meilleur d'eux-mêmes – en les laissant libres de procéder à leur manière.

Travailler dans le cadre d'une culture de coaching

Certaines entreprises ont déjà mis en place une culture de coaching, dont tous les cadres possèdent les compétences de base. L'ambiance générale favorise le recours au coaching dans toute l'entreprise. À tous les niveaux hiérarchiques, les collaborateurs acceptent volontiers les retours d'informations et se critiquent les uns les autres de manière constructive. Le coaching est considéré comme une opportunité de progression et non comme un remède. Les cadres qui recourent au coaching en sont récompensés et reçoivent un feed-back pour leur permettre d'accroître encore davantage leurs compétences. Les cadres supérieurs font office de modèles et cherchent à supprimer tout obstacle sur la voie de la réussite.

Travailler dans une entreprise qui accorde de l'importance au coaching vous aidera à développer vos compétences, de la même manière qu'une graine plantée dans un sol fertile avec beaucoup d'eau et de soleil deviendra rapidement une belle plante.

Les entreprises qui souhaitent adopter une culture de coaching font souvent appel aux services de spécialistes en développement organisationnel pour les aider à introduire un changement aussi important. Il faut en effet s'assurer de l'intégration de l'apprentissage au niveau de l'individu, de l'équipe et de l'entreprise, et veiller à ce que chaque employé comprenne clairement ce qu'on attend de lui. Si une telle démarche est en cours dans votre entreprise, vous pouvez y contribuer en vous initiant au coaching et en répercutant vos connaissances sur les membres de votre équipe.

Si cette culture manque dans votre entreprise

S'il n'existe pas de culture de coaching dans la société où vous travaillez, cherchez à en connaître les raisons. Si l'encadrement supérieur fonctionne selon un mode autocratique – en recourant essentiellement au style de leadership autoritaire ou de meneur qui consistent à dire aux gens ce qu'ils doivent faire –, vous trouverez sans doute la tâche ardue au départ.

Toutefois, cela ne doit pas vous empêcher d'instaurer votre propre culture de coaching . Il vous suffira de vous imprégner de la signification du coaching et de l'apprentissage, et de montrer au jour le jour l'importance que vous leur accordez. Si vous obtenez de bons résultats, d'autres services suivront sans doute votre exemple. La culture de coaching pourrait ensuite s'étendre à toute l'entreprise.

Pousser plus loin vos compétences en coaching

Si vous souhaitez tirer pleinement parti de vos compétences en coaching, un jour ou l'autre vous devrez faire davantage qu'y recourir de manière ponctuelle. Ce qui implique de consacrer du temps au développement du personnel – en généralisant par exemple les entretiens en tête-à-tête. Si vous envisagez d'instaurer de véritables séances de coaching, commencez par informer votre équipe de vos intentions. Il est important de les tenir au courant et de calmer les inquiétudes qu'ils pourraient avoir.

Le choix des premières personnes à coacher peut se révéler difficile. Pourquoi commencer par celles-ci en particulier ? Parce qu'elles ont besoin d'aide, ou au contraire parce qu'elles s'en sortent bien ? C'est le genre de questions que votre équipe va se poser.

Vous pourriez être tenté de choisir le collaborateur qui selon vous en a le plus besoin – mais cela pourrait donner l'impression que le coaching s'adresse aux gens peu performants. À l'inverse, si vous sélectionnez l'un des meilleurs éléments, les autres seront déçus de ne pas faire partie de l'élite. Une solution habile consiste à expliquer qu'afin d'améliorer vos compétences en coaching, vous avez besoin de volontaires désireux d'accroître leur efficacité. Une fois qu'ils auront compris ce que peut signifier être coaché par son supérieur, ils en accepteront bien mieux l'idée. Au fil du temps, vous pourrez ainsi attirer d'autres membres de votre équipe.

Trouver le temps pour coacher

Trouver les personnes à coacher sera sans doute relativement facile. Mais dégager le temps pour le faire sera plus ardu. Si vous dirigez une petite équipe, vous avez certainement déjà du mal à recevoir tout le monde en entretien individuel. Si vous avez un personnel important sous vos ordres et s'il est disséminé géographiquement, la tâche vous paraîtra encore plus difficile. Vous devez donc être réaliste.

Dans une étude réalisée en 2004 par le Center for Coaching and Mentoring, 80 % des dirigeants interrogés disaient consacrer au moins quatre heures par semaine au coaching. « Si vous y croyez, a déclaré l'un d'eux, vous trouverez le temps nécessaire. » Pour être sûr de donner la priorité au coaching, planifiez vos séances comme n'importe quelle autre réunion.

Au départ, vous aurez peut-être du mal à trouver des créneaux libres dans votre emploi du temps. Mais cela deviendra de plus en plus facile au fil du temps, car vos collaborateurs seront progressivement plus autonomes et vous dérangeront de moins en moins souvent.

Si vous n'arrivez pas à coacher tout le monde

Si vous avez une équipe nombreuse sous vos ordres ou si vos collaborateurs sont dispersés géographiquement, vous aurez beaucoup de mal à planifier rapidement des entretiens avec chacun d'eux. Le plus simple est de vous y mettre. Au fur et à mesure, vous apprendrez ce qui fonctionne le mieux pour eux comme pour vous. Vous pouvez également – notamment si certains de vos collaborateurs se trouvent loin – mettre en place des séances de coaching d'une demi-heure par téléphone.

Faire appel à une aide extérieure

Si vous travaillez en étroite collaboration avec quelqu'un, vous risquez fort de manquer d'objectivité envers lui et ses performances. Vous devez être capable de mettre de côté l'opinion que vous avez de lui afin d'aborder la relation de coaching sans a priori. Si, pour une raison ou pour une autre, vous n'y parvenez pas, vous n'êtes sans doute pas le coach qu'il lui faut. Il vous faudra demander l'aide d'un autre manager, d'un coach interne ou d'un coach de dirigeant indépendant.

Coaching entre pairs

Certaines entreprises, essentiellement de taille importante, ont instauré des relations de coaching entre pairs afin de contourner les obstacles que rencontrent la plupart de ceux qui veulent pratiquer le coaching à part entière. Ce système permet aux cadres d'un service ou d'une zone géographique d'instaurer un échange avec une autre entité de l'entreprise.

Coaching externe

Dans les sociétés plus petites, ou celles qui ne disposent pas de coach interne, vous pouvez avoir besoin de recourir à un coach externe. Bien qu'en matière de coaching les entreprises ne budgétisent les formations que pour les hauts dirigeants, essayez de plaider votre cause pour obtenir un financement. Certains ne peuvent parler vraiment à leur aise qu'avec une personne extérieure qui est tout à fait objective et n'a aucun lien avec l'entreprise.

Mentorat

Nombreuses sont les entreprises qui ont instauré des plans de mentorat. Un collaborateur chevronné, qui a une certaine ancienneté dans l'entreprise, sert de guide à une personne moins expérimentée. Il peut s'agir d'une relation dynamique qui répond aux besoins à court et à long terme de l'individu et de la société. Le plus souvent, le mentor se voit attribuer, pour une période donnée, un « protégé» provenant d'une autre entité de l'entreprise. La plupart des mentors recourent aussi bien au coaching qu'au conseil. Afin de développer vos compétences en coaching, vous pouvez ainsi offrir vos services en tant que mentor. Ces plans de mentorat étant généralement destinés aux éléments prometteurs, ils vous donneront l'occasion de pratiquer vos compétences de coaching auprès de gens brillants et stimulants.

Coacher votre patron et vos collègues

Le coaching ne sert pas uniquement à faire progresser vos subalternes. Il peut aussi être très utile dans vos rapports avec votre supérieur et vos collègues. En effet, vous pouvez travailler efficacement avec eux en les écoutant attentivement, en les questionnant pour clarifier les choses et en leur fournissant un feed-back. Par exemple, si vous n'êtes pas sûr d'avoir compris ce que votre patron attend de vous, interrogez-le jusqu'à ce que tout soit clair. Il peut arriver que votre interlocuteur ne sache pas lui-même ce qu'il veut exactement. Il sera alors heureux que vous l'aidiez à préciser sa pensée.

À vous de jouer

- Planifiez une série de séances de coaching avec chaque membre de votre équipe.
- Réunissez l'ensemble de votre équipe pour lui faire connaître ce qu'est le coaching.
- Pratiquez le coaching chaque fois que l'occasion se présente.

7 Questions pratiques

Dans ce chapitre, vous apprendrez :

- comment déterminer la durée des séances ;
- comment planifier les séances d'une manière qui convienne aussi bien à vos clients qu'à vous ;
- quand et où organiser vos séances.

Tenez-vous prêt

Ne vous affolez pas, organisez-vous.

Florynce Rae Kennedy

Imaginez le jour où vous recevrez l'appel de votre premier client. À l'autre bout du fil, une voix vous pose toutes sortes de questions sur le fonctionnement du coaching – ce que le client peut espérer, combien cela coûte, quelle est la durée des séances, etc. Que vous soyez un cadre qui coache au sein de son entreprise ou un coach externe, vous devez connaître toutes les réponses sur le bout des doigts. Avant de commencer à travailler avec quiconque, tout coach doit connaître une quantité de détails pratiques tels que :

- les méthodes qu'il emploiera,
- l'endroit où il tiendra ses séances,
- le nombre de séances nécessaires,
- la durée des séances,
- la fréquence des séances,
- l'horaire des séances.

Vous devez impérativement avoir réfléchi à toutes ces considérations pratiques afin de pouvoir répondre tout de suite à votre client potentiel. La première impression compte beaucoup. Vous devez lui apparaître comme quelqu'un de professionnel et de compétent. Si vous donnez le sentiment de pas savoir ce que vous faites, vous aurez du mal à vous faire une clientèle. Souvenez-vous que, dès le premier entretien téléphonique, le client se fera une idée du travail qu'il fera avec vous. Dès cet instant, vous commencez à établir une relation avec lui.

Différents types de coaching

De quelle manière allez-vous proposer vos services ? La méthode la plus courante est l'entretien en face-à-face, mais ce n'est pas la seule. Le coaching par téléphone se pratique aussi beaucoup et les technologies modernes offrent d'autres modes de communication tels que la vidéoconférence, la messagerie instantanée – MSN, AOL ou Yahoo par exemple – et le courrier électronique.

Nombreux sont les coachs qui offrent le choix à leurs clients, facturant davantage pour le face-à-face que pour les modes de communication à distance. Certains combinent les différentes méthodes en proposant des séances en face-à-face ou par téléphone, avec un soutien par voie électronique entre deux rendez-vous. Chaque technique a ses avantages et ses inconvénients.

Par téléphone

Le grand avantage du coaching par téléphone est qu'il élimine le temps de transport jusqu'au lieu de rendez-vous. Vous pouvez ainsi prévoir davantage de séances par jour et vos clients gagnent du temps qu'ils peuvent consacrer à leur travail ou à leurs loisirs. Il permet en outre de tenir des séances à des heures tardives ou durant le week-end sans trop empiéter sur votre vie personnelle.

Qui plus est, le coaching par téléphone peut s'avérer tout aussi efficace qu'en face-à-face, voire davantage. Souvent, le client parvient plus facilement à se dévoiler et à parler de sujets délicats si vous n'êtes pas devant lui. En outre, privé de communication visuelle, vous écoutez plus attentivement votre interlocuteur et décelez des choses qui auraient pu vous échapper.

En face-à-face

Cependant, tous les clients n'apprécient pas le coaching téléphonique, ni d'ailleurs tous les coachs. Beaucoup préfèrent le face-à-face, qui leur semble plus naturel. Il permet d'observer le langage corporel du client ainsi que l'expression de son visage, et facilite l'établissement de bons rapports avec lui. Toutefois, le face-à-face implique nécessairement le déplacement d'au moins l'un de vous deux, ce qui peut poser problème si vous résidez loin. L'idéal serait que le client vienne chez vous, ce qui se pratique généralement pour le coaching de vie. En revanche, dans le cas du coaching d'affaires, le client s'attend le plus souvent à ce que vous vous rendiez dans ses locaux.

Par messagerie instantanée

Le coaching par le biais du dialogue en ligne connaît une popularité grandissante. Toutefois, ce mode de travail est loin de devenir la norme. À l'instar du face-à-face et du téléphone, il est interactif et permet de dialoguer en temps réel – dès que le message de votre client apparaît sur votre écran, vous commencez à taper votre réponse. Cependant, il est plus impersonnel car vous ne pouvez ni voir ni entendre votre interlocuteur. C'est pourquoi ce moyen de communication est rarement utilisé seul, mais plutôt en complément de séances en face-à-face ou par téléphone.

Par courrier électronique

Les inconvénients du coaching par messagerie instantanée s'appliquent également à ce mode de travail. En outre, les délais de réponse étant plus longs, ce système convient mieux lorsque le client attend davantage de conseils. En général, le client signe pour un nombre de séances ou pour une période illimitée jusqu'à ce qu'un objectif précis soit atteint. Après s'être inscrit, il reçoit un questionnaire en ligne qui servira au coach pour préparer la première séance par courrier électronique.

Choisir un lieu

Si vous travaillez surtout comme coach de vie, vous pouvez exercer chez vous. Il suffit que vous disposiez d'une pièce agréable où vous ne serez pas dérangé. Le gros avantage est que cela ne vous occasionnera pas de frais supplémentaires. En cas de période creuse, vous n'aurez pas le souci de payer le loyer de votre bureau. En outre, vous n'aurez pas à vous déplacer pour chaque séance, notamment au début de votre activité lorsque vous n'aurez qu'une poignée de rendez-vous disséminés dans la semaine en fonction des disponibilités de vos clients.

Cependant, travailler à domicile n'est pas toujours envisageable, parce que vous n'avez pas de pièce adéquate, ou que vos voisins sont bruyants, ou encore parce que les membres de votre famille sont présents. Les bruits de fond peuvent être très perturbants pour le client comme pour le coach – ou pire encore, les bruits survenant en plein milieu de séance. Les animaux peuvent également être source de nuisances, car il est difficile de se concentrer lorsqu'un chien aboie ou qu'un chat gratte à la porte.

Si vous ne pouvez pas coacher chez vous ou ne le souhaitez pas, vous devrez louer un bureau, de préférence accessible à tout moment. Des locations à l'heure sont proposées dans les grandes villes. Bien sûr, le coût du local ne doit pas excéder ce que vous gagnez. Une fois que vous aurez acquis une clientèle suffisante, il sera sans doute plus rentable de louer un bureau au mois. Si vous êtes coach d'affaires, le cas est différent. Vous vous rendrez le plus souvent chez le client et n'aurez sans doute pas le choix du lieu où se tiendront les séances.

Généralement très occupés, les hommes d'affaires souhaitent réduire au maximum leurs déplacements. Il y a donc de fortes chances pour que les séances se déroulent dans leur propre bureau s'il est individuel, ou bien dans une salle de réunion. Parfois, vous rencontrerez vos clients à l'extérieur, par exemple dans un hôtel.

Coacher une personne sur son lieu de travail n'est pas toujours facile. Vous risquez d'être interrompus par le téléphone ou par des collaborateurs qui viennent frapper à la porte – même si vous avez prévenu que vous ne deviez en aucun cas être dérangé. En outre, vous devez vous assurer que personne ne puisse entendre la conversation. Sinon, le client ne pourra pas s'exprimer librement.

Pour toutes ces raisons, vous avez intérêt à essayer d'éloigner votre client de son bureau – quitte à trouver un lieu tranquille dans un hôtel du quartier. En effet, votre client sera plus détendu dans un endroit neutre et se confiera plus volontiers.

Rendre le cadre propice

Où que vous teniez vos séances, il est important de créer une ambiance favorable. Les sièges doivent être confortables – mais pas trop, sinon le client risque de s'assoupir. L'espace doit être aussi clair que possible et suffisamment spacieux pour accueillir un tableau blanc. Si vous pratiquez la PNL (programmation neurolinguistique), vous aurez besoin de place pour procéder à certains exercices comme ceux liés aux positions perceptives.

Pensez soigneusement l'aménagement de la pièce et soyez prêt à le modifier si nécessaire. Évitez de vous installer derrière un bureau, qui créerait une barrière entre vous. Si vous devez vous asseoir face au client, veillez à ce qu'aucun obstacle ne vous sépare. La séance ne doit surtout pas avoir des allures d'interrogatoire ou d'entretien d'embauche. La disposition côte à côte, légèrement en biais, fonctionne bien. Cherchez à créer une ambiance détendue mais professionnelle. Lorsque votre client arrive, proposez-lui un thé ou un café. Durant la séance, laissez une bouteille d'eau et un verre à sa disposition. Enfin, disposez éventuellement une horloge dans la pièce de manière à pouvoir tous deux surveiller l'heure.

Nombre de séances

Le client potentiel demande souvent à son futur coach : « Combien de séances me faudra-t-il ? » Il s'entend généralement répondre : « Cela dépend. » Tant de facteurs entrent en ligne de compte qu'il est souvent impossible de le savoir – à moins que le client ait un problème bien particulier à résoudre pour lequel une ou deux séances bien menées peuvent suffire.

Le plus souvent, le client s'engage pour une première série de six séances réparties sur une période déterminée, en général trois mois. Suite à cela, il examine la situation et décide avec le coach si d'autres séances seraient bénéfiques. Une relation de coaching peut durer des années si le client en ressent l'utilité et que le coach est prêt à continuer. Cependant, la plupart d'entre elles ne durent pas plus de six mois.

L'un des facteurs qui influent sur le nombre de séances est leur coût. Peu de clients disposent de fonds inépuisables et la plupart ne pourront financer que trois à six séances. Le problème est similaire lorsque vous intervenez en tant que coach de dirigeant externe. L'entreprise commanditaire aura sans doute alloué un budget au coaching et voudra s'assurer qu'elle en a bien pour son argent. Si bien qu'elle cherchera parfois à limiter le nombre de séances, notamment si le coaché est un employé subalterne ou intermédiaire. Les dirigeants partent souvent du principe que plus un collaborateur se trouve haut dans la hiérarchie, plus ses performances auront un effet significatif sur les résultats de l'entreprise.

Durée des séances

Les séances de coaching peuvent, dans la limite du raisonnable, durer aussi longtemps que cela convient au client. S'il n'y a pas de règle absolue en la matière, les coachs de vie proposent en générale des séances d'une heure environ. Cela laisse suffisamment de temps pour examiner dans les détails un problème consistant, sans être trop long pour que la discussion s'étire dans le seul but de laisser tourner l'heure.

En revanche, les séances de coaching de dirigeants sont généralement plus longues – deux heures, une demi-journée, voire parfois une journée entière. L'idéal, si vous coachez deux personnes de la même entreprise, est de recevoir l'une d'elles le matin, et l'autre l'après-midi. Cela vous permettra de réduire le temps de déplacement ainsi que son coût. Par contre, le cadre qui coache ses collaborateurs consacrera plutôt entre trente minutes et une heure à chaque séance. Afin de trouver la durée adéquate, laissez-vous guider par votre client. S'il y a un commanditaire, incluez-le dans la négociation.

À chaque séance, il y a un moment où le client, selon sa courbe naturelle de vigilance, a le sentiment que la discussion est parvenue à sa fin, du moins pour cette fois. Même si cela se produit avant l'heure prévue, il vaut mieux clore la séance. Vous pouvez être tenté de poursuivre par désir d'en donner à votre client pour son argent – par exemple en explorant une nouvelle question. Néanmoins, le client a besoin de temps pour digérer ce qu'il apprend. Si vous faites trop de choses, il en oubliera une partie.

En d'autres occasions, la courbe de vigilance du client excédera légèrement le temps alloué. Il est bon de savoir alors se montrer souple. Un jour vous raccourcissez un peu la séance et, la fois suivante, vous pouvez la prolonger. Par ailleurs, méfiez-vous du problème important que certains clients vous soumettent cinq minutes avant la fin de la séance. Dans ce cas, agissez en fonction de l'appréciation que vous avez de la personne et de la situation. Une solution consiste à laisser cette question pour la fois suivante, une autre à prolonger la séance, à moins de trouver un moyen terme.

Intervalle entre deux séances

De nombreux clients, extrêmement motivés pour progresser rapidement dès le début de leur coaching, ne souhaitent pas laisser un temps trop long entre les séances. En règle générale, les séances ne sont pas espacées de plus de deux à trois semaines et excèdent rarement une fréquence hebdomadaire. L'intervalle le plus courant est de quinze jours. Il arrive qu'un espacement d'un mois fonctionne mais, plus on laisse passer de temps entre deux séances, plus le client risque de perdre en dynamisme – et par conséquent mettre plus longtemps à atteindre ses objectifs.

Planifier ses rendez-vous

Si possible, prévoyez vos séances à l'avance et tenez clairement votre agenda.

Certains clients préfèrent avoir rendez-vous le même jour de la semaine à la même heure. L'avantage est qu'ils sont moins susceptibles d'oublier leur séance. Cela rend également la tâche plus facile au coach, surtout s'il a beaucoup de clients et doit jongler avec les créneaux horaires. Prévoyez toujours un laps de temps entre deux séances, de manière à pouvoir faire déborder la précédente ou pallier le retard de certains. En outre, vous aurez besoin d'un moment pour vider votre esprit et vous préparer à recevoir le client suivant. Si vous avez la possibilité de regrouper les séances sur certains jours au lieu de les disséminer tout au long de la semaine, vous resterez plus facilement dans un état d'esprit propice au coaching.

Pour le manager qui coache lui-même ses collaborateurs, le temps est le plus grand des défis. Les pressions quotidiennes exigeant que les objectifs soient remplis vous inciteront parfois à remettre, voire à annuler une séance. Le meilleur moyen d'éviter cela est d'allouer des plages spécifiques au coaching et de respecter les engagements pris. Sinon, la rumeur dira bientôt que vous n'êtes pas de parole. Si toutefois vous deviez repousser une séance, veillez à prendre sur-le-champ un autre rendez-vous.

L'heure de la journée à laquelle la séance se déroule peut influer énormément sur son efficacité. Beaucoup de gens ont l'esprit plus vif le matin. Après déjeuner, il n'est pas rare que certains ressentent une baisse d'énergie. Mais vous n'aurez pas toujours le choix. Le coaching en entreprise se fait généralement pendant les heures de bureau. Toutefois, certains dirigeants très occupés choisissent l'heure du petit déjeuner ou du dîner afin de ne pas perturber leur journée de travail. Pour ce qui est du coaching de vie, certains clients ne pourront faire autrement que de prendre rendez-vous le soir ou le week-end.

À vous de jouer

- Établissez un agenda pour vos rendez-vous de coaching, et bloquez chaque jour des moments de récupération afin de conserver la meilleure forme possible.
- Notez le déroulement typique d'une session de coaching telle que vous la prévoyez en inscrivant son coût, la durée proposée et les intervalles entre les séances.
- Créez vos propres règles quant aux lieux et aux horaires où vous allez coacher.

8 Pour commencer

Dans ce chapitre,
vous apprendrez :

- comment mener l'entretien préliminaire ;
- en quoi consistent la roue de la vie et celle du travail ;
- comment définir les responsabilités des deux parties ;
- quels rôles jouent le supérieur hiérarchique et le commanditaire dans la relation de coaching ;
- comment établir l'objectif principal.

L'entretien préliminaire

Quels que soient les échanges que vous ayez déjà eus avec votre futur client, c'est lors de la première séance que le coaching commence réellement. Que vous soyez coach de vie ou d'affaires, les principes d'un bon entretien préliminaire, ou prise de contact, sont globalement les mêmes. En effet, vous devrez aborder un certain nombre de points si vous voulez partir sur de bonnes bases :

- le déroulement de ce premier entretien,
- les expériences précédentes et/ou les attentes du client en matière de coaching,
- vos références professionnelles et votre approche du coaching,
- le contrat de coaching,
- les problèmes de confidentialité et de confiance,
- les responsabilités de chacun dans la relation de coaching,
- la responsabilisation du client,
- les revers auxquels le client doit s'attendre,
- apprendre à connaître le client,
- le questionnaire préalable,
- le recours aux outils psychométriques,
- faire prendre conscience au client de ses valeurs,
- la roue de la vie et celle du travail,
- déterminer l'objectif principal et ses différentes composantes,
- décider si vous vous convenez l'un à l'autre.

Quand bien même vous auriez déjà discuté de certains éléments de cette liste auparavant, il conviendra de les reprendre lors de ce premier entretien formel.

Il n'y a pas de bonne ou de mauvaise manière de mener un entretien préliminaire. Néanmoins, la recette proposée dans ce chapitre, qui a déjà été testée et approuvée, vous garantira le succès. En outre, vous devrez ajouter un autre ingrédient essentiel à votre préparation. Cela peut sembler évident, mais il n'est jamais inutile de le répéter : vous devez créer du lien avec votre client aussi vite que possible.

Rien n'est plus important à ce stade de la relation. En effet, vous allez demander au client de vous faire part d'informations personnelles et confidentielles. Pour cela, il devra se sentir parfaitement à l'aise avec vous. Nous aborderons cette question plus en détail au chapitre 9.

Comment se déroule-t-il ?

Faites comprendre à votre client que le premier entretien ne ressemble en rien aux suivants. Il respecte un ordre particulier, alors que les autres séances seront moins structurées. En fournissant à votre client un bref résumé des points que vous allez aborder, vous l'aiderez à anticiper et à savoir où il en est. Cela vous permettra en outre de gérer ses attentes quant à la part de coaching que vous pourrez lui prodiguer lors de cet entretien.

Ce qui sera largement fonction de la durée que vous avez prévue pour cette séance de prise de contact. Si vous avez l'intention de vous pencher sur l'un des problèmes de votre client, il vous faudra plus d'une heure. Cela dépendra du temps dont vous avez besoin pour connaître le client avant de commencer à le coacher, et si vous lui avez fait remplir un questionnaire préalable ou non. En règle générale, prévoyez une heure et demie à deux heures pour un entretien préliminaire incluant du coaching.

Expérience et/ou attentes du client en matière de coaching

Nous vous conseillons de commencer par demander au client s'il a déjà eu recours au coaching et ce qu'il en attend. Peut-être vous en a-t-il déjà parlé lors de vos précédents échanges, mais il sera sans doute utile de récapituler les choses. Si vous ne l'avez pas encore interrogé à ce sujet, inspirez-vous des questions suivantes :

Avez-vous déjà bénéficié d'un coaching ?

Si oui :

a. Que vous a apporté cette expérience ?

b. Quelle approche le coach a-t-il adoptée ?

c. Qu'en avez-vous pensé ?

d. Quels bénéfices en avez-vous tiré ?

Si non :

a. Que connaissez-vous du coaching ?

b. Que souhaiteriez-vous savoir sur le coaching ?

Il sera bon de dissiper toute inquiétude que votre client pourrait avoir, de lever ses doutes et de démystifier toutes les fausses idées qu'il se serait faites sur le coaching, afin qu'aucun problème n'en découle par la suite.

Vos références et votre approche du coaching

Vous avez sans doute déjà expliqué votre approche du coaching avant d'en arriver à l'entretien préliminaire, mais nous vous recommandons de la présenter à nouveau. Sans partir dans de grandes théories, résumez-la brièvement. Le but est de faire sentir à votre interlocuteur que vous êtes quelqu'un de compétent et qu'il peut avoir confiance en vous. Faites-lui part de votre formation, de vos qualifications et de votre expérience en tant que coach.

Établissement d'un contrat

Au cours de l'entretien préliminaire, vous devrez aborder les questions de règlement et de planning. Mettez-vous d'accord sur le montant à payer, les dates et le nombre de séances. De nombreux coachs incluent ces considérations dans un contrat écrit qu'ils envoient au client avant la première séance. Le contrat stipule en général clairement ce qu'il advient lorsque le client annule un entretien ou arrive en retard. Il comporte également une clause de confidentialité et expose la manière dont vous travaillerez ensemble. Un exemple de contrat de coaching figure en annexe de cet ouvrage.

Confidentialité et confiance

La confidentialité est aisée à respecter lorsque le client fait directement appel à vos services. Vous vous engagez à ne divulguer à personne le contenu de vos entretiens. Tant que vous respecterez votre promesse, le client aura confiance en vous.

En revanche si vous travaillez en tant que coach de dirigeant, l'entreprise qui paye la note ou le supérieur hiérarchique du coaché peut espérer quelque retour d'informations. Dans ce cas, discutez-en avec toutes les parties concernées et mettez-vous d'accord sur une procédure qui convienne à chacun. L'idéal est que la personne coachée se charge elle-même de rendre compte au commanditaire et au supérieur direct. Pour ce faire, il est préférable de disposer d'un moyen quantifiable pour apprécier les progrès accomplis. Ces derniers peuvent alors être vérifiés sans que le détail des entretiens ne soit divulgué. N'occultez pas le problème en espérant que les choses se résoudront d'elles-mêmes. Sinon, le client ne parviendra pas à vous parler ouvertement. La situation est similaire si vous coachez en interne. Il est essentiel que le coaché se sente libre de dire tout ce qu'il veut sans avoir peur que ses supérieurs l'apprennent et le lui reprochent.

Pour les cadres qui coachent les membres de leur équipe, le problème est encore plus complexe. En effet, il ne peut y avoir la moindre confidentialité du fait de leur relation hiérarchique.

Par ailleurs, de nombreux coachs jugent important de partager leur expérience avec un autre coach, souvent plus chevronné, qui leur sert de superviseur. La plupart des clients y sont favorables, à condition que le rôle du mentor leur soit expliqué. Bien entendu, ce dernier est soumis à la même clause de confidentialité que le coach.

Définir les responsabilités de chacun

Si vous voulez que le coaching soit efficace, il est important que vous vous mettiez d'accord avec le client sur la manière dont vous allez travailler ensemble. On parle souvent de « créer la relation de coaching » et, dans le cadre du modèle de coaching coactif (voir chapitre 3), de « concevoir l'alliance ». Le terme « concevoir » témoigne du fait que l'alliance est adaptée aux besoins du client. On parle d'alliance parce que le coach et le client contribuent tous deux à la réussite de l'entreprise. Cependant, c'est le client qui est réellement responsable. Il définit l'orientation que prend la relation et s'assure que le coach le soutient de la meilleure manière possible. Cela ne veut nullement dire que le coach ne dira pas des choses que le client aura du mal à entendre – bien au contraire. Mais cela signifie que, pour que la relation fonctionne, le client doit être un partenaire à égalité avec le coach.

Néanmoins, il ne suffit pas de « concevoir l'alliance » et de s'y tenir jusqu'au bout. Celle-ci peut changer à mesure que la relation évolue. Ce qui est formidable avec cette manière de travailler, c'est que, dès le départ, elle vise la fin du processus. Une fois le coaching terminé, le client doit être capable de voler de ses propres ailes. S'il devient trop dépendant du coach, il aura du mal à quitter la relation.

De votre côté, vous devez annoncer clairement le type de coach que vous serez. Demandez à votre client comment il souhaite être coaché et décidez comment vous allez travailler ensemble. Certains clients, par exemple, aiment décrire les situations dans leurs moindres détails. Or la séance ne dure pas plus d'une heure. Si ces anecdotes sont intéressantes, vous devez néanmoins utiliser au mieux le temps qui vous est imparti et donc écourter les descriptions de votre client. L'interruption de la personne coachée sera abordée de façon plus approfondie au chapitre 15.

Vous pouvez en outre expliquer à votre client que vous n'allez pas tout résoudre d'un coup de baguette magique, mais que vous serez là pour l'accompagner. Vous devez vous montrer souple en sachant vous adapter à ses besoins. Cependant, dites-lui clairement que, si ces derniers vont au-delà de ce que vous pouvez ou voulez faire, vous ne le suivrez pas. En effet, beaucoup de gens ne savent pas exactement ce que peut faire un coach. Ils leur demandent souvent de les aider dans des domaines qui relèvent davantage des compétences du conseiller, du thérapeute ou d'un autre spécialiste.

Responsabiliser le client

Lors de l'entretien initial, il importe de se mettre d'accord sur le respect des engagements du client. Au cours d'une séance, celui-ci annoncera qu'il a l'intention d'accomplir un certain nombre de choses, comme par exemple rédiger le résumé d'un livre ou consacrer cinq minutes par jour à la méditation. Lors du rendez-vous suivant, vous pourrez simplement vérifier s'il l'a bien fait. Dans le cas contraire, peut-être le client attendra-t-il que vous lui demandiez de s'expliquer. En le responsabilisant, vous encouragez le client à aller jusqu'au bout de sa démarche. L'essentiel est que le client apprenne à faire les choses parce qu'il le veut, et non parce qu'on l'y oblige. L'importance que revêt la responsabilisation du client sera examinée plus en détail au chapitre 15.

Anticiper les revers

S'il était facile d'obtenir ce que l'on veut dans la vie, personne n'aurait besoin d'un coach. Si vous saviez comment atteindre votre objectif, vous l'auriez déjà fait. Cependant la vie, comme le coaching, n'est pas si simple. Souvent, le coaching commence bien. Le client fait de gros progrès au cours des deux ou trois premières séances, en rapportant chaque fois les succès qu'il a remportés. Puis il tente quelque chose qui ne fonctionne pas aussi bien que prévu, ou bien ses progrès ralentissent ou s'arrêtent. Il convient lors de la première séance de prévenir le client que cela arrive fréquemment et qu'il ne doit pas se laisser décourager. Vous en apprendrez davantage au chapitre 16 sur la manière de gérer ce type de situation.

Apprendre à connaître son client

À ce stade de l'entretien préliminaire, vous commencerez à avoir une idée du genre de personne que vous allez coacher. Sans porter de jugement, contentez-vous d'observer. Semble-t-il introverti ou extraverti ? Ses pensées sont-elles claires et structurées, ou bien confuses et désordonnées ? Son langage révèle-t-il plutôt un mode de perception visuel, auditif ou kinesthésique ? Plus vous comprendrez votre client – ses aspirations, sa manière de fonctionner, ses soucis, ses rêves –, plus vous serez capable de lui apporter votre soutien dans cette relation de coaching.

Le questionnaire préalable

Afin de préparer le terrain, soumettez au client un questionnaire qu'il vous retournera avant la séance de prise de contact. Portez-y tout ce qui peut vous sembler utile, sans pour autant rendre le questionnaire trop long ni trop complexe. Vous pourrez, par exemple, demander les informations suivantes :

- Nom.
- Date de naissance.
- Adresse, numéros de téléphone et adresse électronique.
- Formation et poste actuel.
- Bref CV ou ses éléments les plus pertinents.
- Quels résultats spécifiques attendez-vous de ce coaching ?
- Qu'est-ce qui vous tient le plus à cœur ?
- Qu'est-ce qui vous rend fou ?
- Faites une liste de vos compétences et de vos qualités.
- Dans quelle situation vous sentez-vous le plus bloqué ?
- Que voudriez-vous changer ?
- Que feriez-vous de votre vie si vous n'aviez pas besoin de gagner d'argent ?

Nombreux sont les clients qui disent combien ce questionnaire les a fait réfléchir intensément à leurs problèmes avant même de commencer les séances de coaching. Certains coachs parcourent le questionnaire avec leur client, d'autres s'y réfèrent ponctuellement, par exemple lorsque vous déterminerez votre objectif principal. Nous recommandons la seconde méthode car elle permet de soulever d'autres problèmes tout en faisant ressortir les valeurs du client ou sa « roue de la vie ». Vous trouverez en annexe un questionnaire type que vous adapterez selon vos besoins et vos préférences.

Recourir aux outils psychométriques

Certains coachs maîtrisent les outils psychométriques tels que l'indicateur typologique de Myers-Briggs (MBTI) ou l'Extended DISC (Dominance, Influence, Submission, Compliance) et s'en servent dans leur pratique. Les coachs d'affaires, de dirigeants et d'entreprise utilisent en outre les questionnaires de feed-back à 360 °. Quel que soit l'outil choisi, il sera intéressant de soumettre un tel questionnaire à vos clients avant leur première séance, de manière à pouvoir discuter des informations fournies.

Mettre en évidence les valeurs

En tant que coach, votre objectif est, entre autres, d'aider votre client à opérer les changements qu'il souhaite. Pour y arriver, l'un des meilleurs moyens consiste à lui faire prendre conscience de ce qui est primordial pour lui – autrement dit ses valeurs. Anthony Robbins, auteur de deux succès de librairie, *Pouvoir illimité* et *L'éveil de votre puissance intérieure*, définit un système de valeurs comme « l'ensemble de ce que vous croyez, en tant qu'individu, sur ce qui vous importe le plus – vos idées sur le bien et le mal, sur ce qu'il faut faire ou ne pas faire ». Ce qui explique leur pouvoir. Cependant, elles s'avèrent également insaisissables car la plupart du temps, les valeurs agissent à l'arrière-plan, de manière inconsciente. Mais une fois mises au jour, elles peuvent servir de boussole indiquant à son détenteur la direction à choisir lorsqu'il doit prendre une décision.

Comment révéler les valeurs d'une personne ? Tout simplement en lui posant la question : « Qu'est-ce qui vous tient à cœur ? » La liste qu'elle vous fournira comprendra aussi bien des éléments concrets, comme ses enfants ou son travail, que des concepts abstraits comme la probité ou la liberté. Ce sont ces valeurs d'un « niveau supérieur » qui intéressent le plus le coach, car elles représentent ce qui est primordial aux yeux de son client. Si celui-ci ne vous donne que des éléments concrets, faites-le accéder au niveau supérieur en lui demandant : « Pourquoi est-ce si important pour vous ? » ou « Qu'est-ce que cela vous apporte ? »

Exemple

Client Je dirais que mon travail est l'une des choses auxquelles j'accorde le plus d'importance.

Coach Que vous apporte-t-il ?

Client [*En riant*] Beaucoup d'argent !

Coach [*Riant de même*] En quoi l'argent est-il si important ?

Client [*Après un instant de réflexion*] Par la liberté qu'il me procure.

Coach Vous êtes donc attaché à la liberté.

Client Oui, sans doute.

Vous pouvez également mettre en évidence les valeurs d'une personne en lui demandant « Qu'est-ce que vous ne supportez pas ? » et en inversant sa réponse. Parfois, nous n'avons aucune idée de l'importance que nous accordons à une valeur, jusqu'au jour où nous croisons une personne dont le comportement va à son encontre.

Exemple

Coach Qu'est-ce qui vous met hors de vous ?

Client Je ne supporte pas que quelqu'un arrive en retard à un rendez-vous.

Coach Pourquoi cela vous gêne-t-il ?

Client C'est un manque de respect envers les autres.

Coach Le respect est donc une valeur importante pour vous.

Client Tout à fait.

Vous pouvez également mettre en évidence les valeurs de votre client en posant ces questions dans le questionnaire préalable. Vous aurez ensuite l'occasion d'approfondir la discussion lors de la première séance. Vous trouverez en annexe deux exercices qui permettent non seulement d'exprimer les valeurs d'une personne, mais aussi de les classer par ordre d'importance.

Tenir compte des valeurs

Lorsque vous coachez une personne, examinez à quel point elle vit en accord avec ses valeurs dans la vie de tous les jours.

Exemple

Client Vous vous rappelez l'entretien que j'ai passé ? Ils m'ont proposé le poste.

Coach Bien. Qu'allez-vous faire ?

Client Je pense que je vais l'accepter. C'est une belle promotion.

Coach Je crois me souvenir que ce poste impliquait que vous passiez beaucoup plus de temps au bureau.

Client C'est vrai, c'est le seul inconvénient. En ce moment je travaille à l'extérieur trois à quatre jours par semaine – ce que j'adore. Si je prends ce nouveau poste, je serai vissé sur mon siège la plupart du temps.

Coach Nous avons beaucoup parlé du fait que vous attachiez une grande importance à votre liberté. Comment accorderez-vous cette valeur avec un tel mode de travail ?

Client C'est une bonne question. Au bout de deux ou trois mois, je me sentirai probablement comme un animal en cage. Je ferais peut-être mieux d'y réfléchir encore.

La roue de la vie

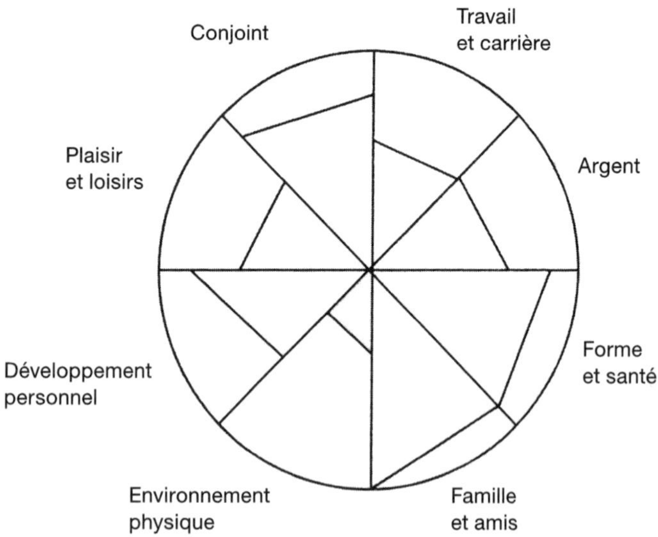

Figure 3. Roue de la vie.

Si vous ne l'avez pas déjà inclus dans le questionnaire préalable, vous pouvez faire remplir cette roue de la vie par votre client lors de la première séance. C'est l'un des outils les plus couramment utilisés en coaching, qui permet de cerner une personne en quelques minutes. Ce « gâteau » qui symbolise la vie de votre client est divisé en huit parts :

1. Environnement physique
2. Développement personnel et professionnel
3. Argent
4. Famille et amis
5. Conjoint
6. Plaisir et loisirs
7. Travail et carrière
8. Forme et santé

Ces catégories ne sont toutefois pas gravées dans le marbre. Si besoin, vous pouvez les modifier pour refléter ce qui est important dans la vie de votre client.

Le centre du disque a pour valeur 0, tandis que sa circonférence vaut 10. En traçant une ligne en travers de chaque secteur, le client indique le degré de satisfaction qu'il éprouve actuellement par rapport au domaine concerné. Il la place au niveau 10 s'il est parfaitement satisfait de cet aspect de sa vie, ou au niveau 0 s'il ne l'est pas du tout. Faites comprendre à votre client que cette roue ne représente pas ce qu'il est. Il s'agit simplement d'une photographie qui reflète sa propre situation à un moment donné. Une semaine ou un mois plus tard, les choses paraîtront différentes. Cette roue présente l'immense intérêt d'offrir une vision globale de la vie de la personne, mettant en évidence les aspects équilibrés et ceux qui le sont moins.

Environnement physique

Ce secteur est consacré à la manière dont le client perçoit le lieu où il passe le plus clair de son temps – généralement, là où il vit et travaille. L'apprécie-t-il ? Trouve-t-il cet endroit plaisant ou laid ? Exigu ou spacieux ? Les voisins sont-ils bruyants ou calmes ? La manière dont une personne ressent l'environnement dans lequel elle vit ou travaille peut avoir une influence considérable sur sa qualité de vie en général. De légères améliorations, comme un rangement radical ou un rafraîchissement des peintures, permettent parfois d'accroître de manière significative la satisfaction de la personne vis-à-vis de son environnement.

Développement personnel et professionnel, et spiritualité

Les gens s'intéressent de plus en plus au développement personnel, comme en témoignent les ventes d'ouvrages consacrés à ce sujet, ainsi que le succès du coaching. Nombreux sont les clients qui aimeraient atteindre le 10 dans ce domaine. Mais celui-ci peut recouvrir des réalités différentes pour chacun. Certains voudraient accéder à une meilleure conscience d'eux-mêmes, pratiquer régulièrement la méditation ; d'autres souhaiteraient devenir plus érudits. Coacher l'esprit ou l'âme d'une personne ou l'aider à acquérir une compétence pratique sont deux choses totalement différentes. Il existe mille manières d'évoluer. Certains clients se concentrent exclusivement sur le développement professionnel, souhaitant lire davantage, suivre des formations ou obtenir une qualification. D'autres préfèreront diviser ce secteur en deux ou trois domaines afin d'examiner leur satisfaction pour chacune de ces catégories de développement.

Argent

Combien d'argent votre client possède-t-il et gagne-t-il ? Ses revenus augmentent-ils régulièrement ? Nombreux sont les clients qui espèrent résoudre leurs problèmes financiers grâce au coaching. Ce domaine de la vie est intimement lié à certains autres secteurs de la roue. En effet, du type d'emploi qu'occupe le client dépend son salaire et le temps qui lui reste pour profiter de sa famille et s'adonner à ses loisirs préférés.

Famille et amis

Ce secteur concerne les relations proches, depuis les enfants, parents, frères et sœurs jusqu'aux cousins, neveux, oncles, tantes et amis. Pour beaucoup de gens, il constitue le domaine le plus important de leur vie. Certains clients préfèrent distinguer des sous-secteurs dédiés à des personnes en particulier ou à différents groupes. En effet, ils peuvent être satisfaits de leur relation avec certains membres de la famille mais être en conflit avec d'autres, ou estimer qu'ils ne passent pas suffisamment de temps avec leurs amis.

Conjoint

La manière dont quelqu'un perçoit sa relation avec sa compagne ou son compagnon – ou son absence – peut affecter tous les autres domaines de sa vie, depuis ses performances professionnelles jusqu'à son identité personnelle. Si certains coachs se spécialisent exclusivement dans ce domaine, la plupart des autres coachs de vie sont régulièrement confrontés à des problèmes de cet ordre. Certains clients disent qu'ils n'ont pas le temps de s'engager dans une relation mais qu'ils aimeraient le faire. Parmi ceux qui vivent en couple, on constate tous les degrés de satisfaction.

Plaisir et loisirs

Bien des clients pensent que le travail et les autres obligations quotidiennes – préparer à manger pour les enfants, faire le ménage – réduisent les plaisirs de la vie. Les loisirs peuvent consister à lire un livre, à courir le marathon ou à partir en vacances. Certains clients cherchent à mêler le plaisir à chacun des domaines de la vie plutôt qu'à considérer les loisirs comme une catégorie à part.

Travail et carrière

Ce domaine intéresse principalement les coachs de carrière, d'affaires et de dirigeants, mais il occupe aussi une place importante dans le coaching de vie. Bien des gens, non satisfaits de leur travail, souhaitent changer, tandis que d'autres veulent développer les compétences qui leur permettront d'évoluer dans la hiérarchie de l'entreprise. Vous rencontrerez aussi des clients qui travaillent énormément, ce qui affecte les autres domaines de leur vie que sont la santé, les loisirs et les relations de couple. En fait, l'équilibre entre le travail et la vie privée est l'un des problèmes les plus fréquemment abordés, tant dans le coaching personnel que professionnel.

Forme et santé

Bien des gens sont insatisfaits de leur santé et de leur condition physique. C'est parfois pour cela qu'ils se tournent vers le coaching. Pour toutes sortes de raisons – style de vie sédentaire, alimentation inappropriée ou autres –, les clients se plaignent d'être en surpoids et/ou en mauvaise condition physique. Cependant, ils ne font rien pour changer les choses. Leurs bonnes intentions se limitent à fréquenter la salle de sport juste après le Nouvel An et en été. En revanche, certaines personnes en bonne condition physique, qui se donnent une note de 8 à 9, veulent aller plus loin encore.

Travailler avec la roue de la vie

Une fois que votre client a rempli sa roue, vous pouvez l'examiner avec lui. Tout d'abord, posez des questions ouvertes comme « Qu'avez-vous remarqué en complétant la roue ? » Cela permettra au client de parler des différents éléments de sa vie sans aucune orientation ou suggestion de votre part. Ne cédez pas à la tentation d'apporter votre propre point de vue, même si le client vous le demande. Incitez-le à réfléchir à la relation entre les huit secteurs, ainsi qu'à l'écart entre sa satisfaction constatée et celle qu'il souhaiterait atteindre. Vous pourrez également poser les questions suivantes :

- De quels secteurs êtes-vous satisfait ?
- Quel est celui que vous souhaiteriez améliorer en premier lieu ?
- Quel rapport y a-t-il entre le secteur X et le secteur Y ?
- Que pourriez-vous entreprendre pour rétablir l'équilibre ?

Vous pourrez passer beaucoup de temps à explorer la roue – et celui-ci ne sera généralement pas perdu. Si votre planning le permet, laissez la discussion suivre son cours au lieu de l'interrompre à l'heure prévue. Le document fourni en annexe vous permettra d'utiliser la roue de la vie avec votre client.

La roue du travail

Si au premier abord la roue de la vie peut paraître réservée au coaching de vie, elle est parfois employée par les coachs d'affaires. En effet, le travail et la vie privée des gens sont aujourd'hui intimement liés. Or la roue de la vie prend en compte l'ensemble du système.

Toutefois, certains services de ressources humaines ne jugent pas la roue de la vie adaptée au coaching en entreprise, tout comme certains cadres et dirigeants. Ils prétendent que le coaching professionnel doit exclusivement porter sur des problèmes liés au travail, dont sont exclus, par conséquent, les domaines du conjoint, de la famille, de la santé et des loisirs.

Pour notre part, nous pensons que tout coaching doit appréhender la vie dans sa globalité. Les facteurs personnels peuvent interférer – de manière négative ou positive – sur les performances professionnelles et vice versa. Par conséquent, il n'est guère holistique ni efficace de considérer le domaine professionnel indépendamment de la sphère personnelle, car ils appartiennent à un même système.

En présentant cet argument de manière confiante et assurée, vous parviendrez à persuader certains commanditaires et clients sceptiques, mais pas tous. Vous pourrez alors recourir à la roue du travail, qui permet d'explorer les différents éléments constituant la vie en entreprise – tels que la gestion du temps, le leadership, la délégation et le travail en équipe. Vous pouvez soit proposer à votre client les huit domaines énumérés ci-dessous, soit l'aider à trouver les siens.

Sur la roue illustrée ici, un chef d'équipe a mentionné les domaines qu'il jugeait importants et évalué la satisfaction qu'il en tirait. En posant des questions similaires à celles proposées pour la roue de la vie, vous susciterez une discussion des plus utiles. Vous trouverez en annexe un modèle de chacune des deux roues ainsi que des exemplaires vierges.

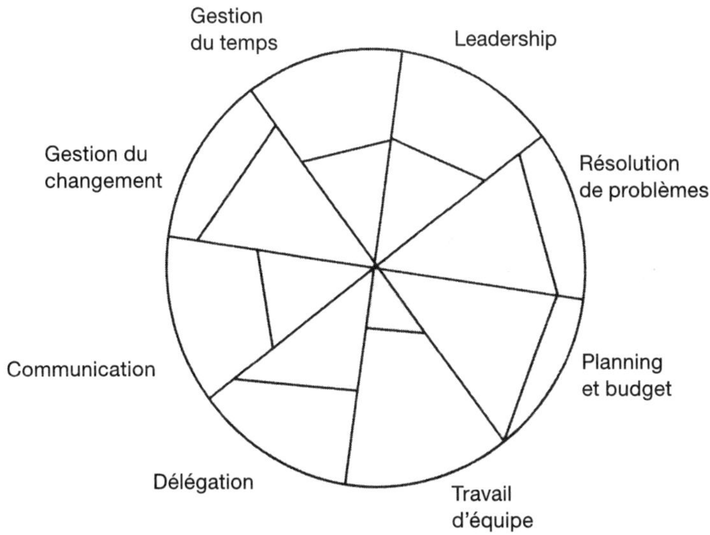

Figure 4. Roue du travail.

L'objectif principal

Lorsqu'il recourt au coaching, le client arrive généralement avec un ou plusieurs problèmes à régler – acquérir davantage confiance en lui-même, trouver un meilleur emploi, éviter la procrastination, etc. Le rôle du coach consiste, le plus souvent au cours de la première séance, à aider le client à formuler ces problèmes. Le but est d'établir la liste des points – entre un et cinq – qui formeront l'objectif principal du coaching.

Si vous mettez ces thèmes par écrit, vous pourrez vous y référer lors des séances suivantes et constater ceux qui restent à traiter. Au fur et à mesure que les problèmes auront été résolus, vous pourrez les rayer de la liste. À l'inverse, il n'est pas rare d'ajouter de nouveaux thèmes au fil des séances. Vous vous retrouverez parfois à jongler avec plusieurs problèmes à la fois, le client passant sans cesse de l'un à l'autre. Certains progresseront rapidement d'un sujet à un autre, tandis que d'autres passeront beaucoup de temps sur l'un d'eux. En outre, il se peut qu'en décortiquant un problème, d'autres surgissent.

En fonction du temps prévu pour la séance initiale, peut-être pourrez-vous commencer à travailler sur l'un des thèmes de l'objectif principal. De toute manière, le simple fait de les avoir explicités permettra au client de commencer à y réfléchir.

Le client a déjà été coaché

Si votre client a déjà eu recours au coaching à plusieurs reprises, il sera peut-être peu enclin à remplir pour la énième fois un questionnaire préalable, une roue de la vie ou un formulaire des valeurs. Cela sera sans doute difficile pour vous, surtout si vous avez peu d'expérience. Cependant, il est important que vous connaissiez suffisamment votre client pour être capable de le coacher efficacement. Néanmoins, vous n'irez pas loin si la personne oppose une résistance. Dans ce cas, vous obtiendrez davantage en vous attelant directement au coaching et en laissant les informations nécessaires émerger au cours de la discussion.

Décider si vous vous convenez

À la fin de l'entretien préliminaire – ou au cours de celui-ci si vous percevez des problèmes –, il convient de faire le point. Le coaching correspond-il bien à ce que le client attendait ? Reste-t-il d'autres questions à aborder ? Votre approche fonctionne-t-elle pour ce client ? Le coach et le client doivent tous deux évaluer si leurs personnalités s'accordent et si le style de coaching proposé convient.

Parfois le client se rend compte que vous n'apporterez pas toutes les réponses à ses problèmes, et qu'il a besoin d'une aide plus directive. Il a sans doute davantage besoin d'un mentor. Vous pouvez alors le renvoyer vers un autre professionnel.

À vous de jouer

Préparez votre entretien préliminaire. Vous devez être capable d'expliquer ce qu'est le coaching, ainsi que votre propre approche.

- Établissez en outre les documents suivants :
  questionnaire préalable,
  formulaire de mise en évidence des valeurs,
  roue de la vie et/ou roue du travail.
- Rédigez un contrat de coaching.
- Familiarisez-vous avec la mise en évidence des valeurs en remplissant vous-même le formulaire ou en demandant à un ami de le faire.
- Remplissez votre propre roue de la vie et examinez les schémas qu'elle révèle sur vous.

9

Établir une relation avec le client

Dans ce chapitre, vous apprendrez :

- comment créer et conserver le lien avec votre client ;
- comment renforcer cette relation par la voix, les mots employés et le langage corporel ;
- en quoi les croyances et les valeurs peuvent renforcer ce lien ;
- quelle est l'importance de la confiance et du respect ;
- quel rôle peut jouer l'empathie.

Comment créer le lien

Les bons coachs excellent à créer du lien. Ils sont d'un naturel engageant, si bien que les gens se confient aisément à eux. Toutefois lorsque vous commencerez dans le métier, vous n'aurez pas toujours la confiance ou l'expérience nécessaire pour établir une relation avec une personne que vous rencontrerez pour la première fois. Pour peu que vous soyez réservé ou timide, il vous faudra davantage de temps pour sortir de votre coquille et apprendre à connaître votre interlocuteur. Néanmoins, certains éléments concrets vous permettront d'accélérer ce processus :

- qualité de la voix – ton, rythme, volume, etc.,
- mots et langage employés,
- langage corporel,
- apparence et habillement similaires,
- valeurs et croyances communes,
- confiance et respect mutuels,
- empathie,
- présence.

Nous allons examiner comment ces différents facteurs peuvent vous aider à mieux communiquer avec votre client.

Établir de bons rapports

Pour instaurer de bons rapports, il faut introduire la confiance, l'harmonie et la solidarité dans une relation. Ce sont les ingrédients mêmes dont vous aurez besoin pour réussir votre coaching.

Les rapports se nouent de façon naturelle. Pour vous en rendre compte, il vous suffit de réfléchir à vos propres relations ou d'observer deux personnes dînant ensemble au restaurant. Souvent, elles paraissent exécuter des figures de natation synchronisée. Lorsque l'une se penche en avant, l'autre fait de même. Lorsque l'une porte le verre à ses lèvres, l'autre l'imite peu après. Leurs manières de se regarder, de se parler et de se mouvoir respectent un rythme identique.

La plupart des gens ne font pas d'effort particulier pour entrer en relation avec les autres – à moins qu'ils ne soient en train de tester leurs compétences en coaching ! Nous sommes totalement inconscients de la « danse » sociale qui s'opère entre nous, car nous avons intégré ce comportement de manière instinctive pendant notre enfance, en observant et en imitant notre entourage.

Dans certaines circonstances – pour faire des avances à quelqu'un ou lors d'un entretien d'embauche –, nous cherchons consciemment à établir de bons rapports. Nous sourions alors davantage, faisons du charme à notre interlocuteur ou lui faisons comprendre que nous avons des choses en commun. Mais la plupart du temps, nous nous comportons comme d'habitude, sans y réfléchir.

Si deux personnes entretiennent de bons rapports, cela se voit à leur attitude détendue lorsqu'elles sont ensemble. Elles bavardent en toute décontraction et rient beaucoup. De même, on se rend facilement compte que deux personnes sont en mauvais termes ; elles paraissent alors mal à l'aise et leur conversation manque de naturel et de fluidité.

Créer le lien plus rapidement

Le fait qu'une relation s'établisse naturellement n'empêche pas qu'elle puisse faire l'objet d'un apprentissage. Parler est un acte naturel, mais nous pouvons cependant nous efforcer de l'améliorer.

Des choses très simples peuvent faire une grosse différence lorsqu'il s'agit d'améliorer une relation. Et puisque, en tant que coach, vous souhaitez être efficace avec votre client, vous tenterez d'établir de bons rapports avec lui aussi vite que possible et d'approfondir cette relation au fur et à mesure. De son côté le client, souhaitant également que les choses fonctionnent, fera le plus souvent l'effort conscient d'entretenir de bonnes relations avec vous.

Néanmoins, il faut veiller à ne pas manipuler votre client – par exemple en le flattant pour vous faire apprécier de lui. Les compliments doivent être authentiques et sincères. Les techniques que nous allons vous présenter sont bénéfiques aux deux parties. Elles vous permettront de vous mettre au travail plus rapidement et d'aider votre client à procéder plus vite encore aux changements souhaités.

Par la voix

Lorsque vous coachez, la voix est l'un de vos principaux outils de communication. Il est donc essentiel que vous veilliez à la manière dont vous l'utilisez. En effet, vous communiquez non seulement par le biais des mots, mais aussi par la manière dont vous les prononcez.

Tel un instrument soigneusement accordé, chaque voix est unique : timbre, rythme, volume et intonation forment une combinaison particulière. Certains parlent lentement d'une voix douce et chaude. D'autres s'expriment à toute allure d'une voix plus haute, s'interrompant à peine pour respirer. Il y a des voix mélodieuses qui sont agréables à entendre, et d'autres, monocordes, qui vous endormiraient presque.

La voix occupe une place plus importante encore dans le coaching par téléphone, car c'est votre unique moyen de communication. En outre, votre interlocuteur perçoit bien plus de choses que vous ne pouvez imaginer – par exemple, un soupir qui vous échappe avant de poser une question, ou un changement de ton suite à une réponse inattendue.

Votre voix joue-t-elle en votre faveur ? Les gens qui commencent à coacher adoptent parfois une voix douce, empathique et compréhensive, dont beaucoup pensent qu'elle sied à un professionnel du développement personnel. Ils n'ont même pas toujours conscience de se mettre à parler différemment. Pour certains clients, cela contribuera à créer du lien, car ils percevront le coach comme une personne bienveillante et secourable. Mais d'autres – en particulier les clients du monde des affaires – seront totalement rebutés. Ils pourront même ressentir cette façon de parler comme fausse, voire condescendante, ce qui empêchera l'établissement d'une relation.

Pour créer de bons rapports à l'aide de la voix, vous devez tout d'abord observer comment le client se sert de la sienne. Parle-t-il vite ou lentement ? Sa voix est-elle fluide ou saccadée ? Grave ou aiguë ? Mélodieuse ou monocorde ? Ensuite, il ne vous reste plus qu'à vous synchroniser autant que possible, c'est-à-dire à faire comme lui. C'est ce qui se passe naturellement dans les rapports entre les gens.

Par conséquent, en imitant votre interlocuteur lors d'une séance de coaching, ou dans une conversation , vous donnez le sentiment qu'il existe un lien entre vous. Rien de plus facile. Si le client parle lentement, vous parlez lentement. S'il parle vite, vous faites de même. Et vous procédez de manière identique pour le rythme, le ton et la musicalité de la voix.

Cependant, la synchronisation doit être subtile. Si vous la poussez trop loin, votre interlocuteur aura l'impression que vous le singez. Allez-y en douceur pour commencer.

Le secret consiste à s'entraîner d'abord dans un cadre sans conséquence – par exemple en parlant au téléphone avec un inconnu, ou en achetant dans un magasin ou vous ne retournerez jamais. Écoutez attentivement et reproduisez de manière aussi fidèle que possible. Si vous vous trompez, vous ne risquez guère plus qu'une réaction étonnée ou un regard curieux. Au bout de quelques jours, vous parviendrez à vous synchroniser sans effort sur les gens que vous rencontrerez.

Par les mots

Le langage est un autre canal de communication par lequel vous pouvez établir une relation. Vous avez sans doute déjà entendu ou lu que les gens se répartissaient en trois catégories principales – les visuels, les auditifs et les kinesthésiques – qui pensent respectivement en termes d'images, de sons et d'autres types de sensations. Ces modes de perception dominants se manifestent lorsque l'on se rappelle un événement, que l'on interprète la réalité sur l'instant ou que l'on se projette dans l'avenir. En effet, des études ont montré que le langage reflétait notre manière de penser. La personne qui est essentiellement visuelle – nous recourons tous aux trois modes dans des proportions différentes – utilisera surtout des mots « visuels ». De même pour les individus « auditifs » et « kinesthésiques ».

Discours visuel

À courte vue, à la lumière de, apparaître, avoir des œillères, brillant, clair et net, contempler, en vue de, examiner, fixer, flou, illuminer, illustrer, image, imaginer, lumineux, observer, opaque, perspective, point de vue, remarquer, rétrospectivement, révéler, sombre, spectacle, tableau, tache, vision, voir.

Discours auditif

À portée de voix, appeler, audible, bien informé, bouche cousue, bruit, casser les oreilles, chanter, crier, dire, dire la vérité, discuter, écouter, entendre, être à l'écoute, fausse note, formuler, franc-parler, harmonie, haut et clair, hurler, longueur d'ondes, mentionner, parler, pour ainsi dire, sans voix, silence, son de cloche, voix.

Discours kinesthésique

Acéré, affecter, apporter, arracher, attacher, avoir prise, charger, chauffer à blanc, choc, émotion, empoigner, faire des gorges chaudes, faire pression, fondement, frapper, froid, frotter, irriter, lancer, massif, mouvement, percer, percuter, prendre contact, prendre le taureau par les cornes, s'accrocher, saisir, s'aplatir, s'embourber, serrer, supporter, tenir, tension, tiède, toucher, tracas, transporter.

Pour créer de bons rapports avec votre client, employez le même type de langage que lui. Il sentira aussitôt un lien extrêmement fort s'établir entre vous. Si vous utilisez un langage sensoriel différent, il aura peut-être l'impression que vous parlez une langue étrangère. Dans le dialogue suivant, combien de mots à connotation sensorielle distinguez-vous ?

Exemple de dialogue

Client Je ne supporte pas ça, et je ne comprends pas où elle veut en venir. Je me sens vraiment mal à l'aise quand elle est là.

Coach Je perçois très bien votre point de vue. Mais selon vous, comment voit-elle les choses ?

Que pensez-vous de la réponse du coach ? Il a surtout employé des termes « visuels » alors que le client s'est exprimé sur le mode « kinesthésique ». La réponse suivante aurait été plus appropriée :

Coach J'ai l'impression que vous êtes tout retourné. Mais selon vous, comment ressent-elle les choses ?

Si vous ne savez pas quel mode de perception privilégier parce que vous venez seulement de faire connaissance avec votre client, utilisez les trois. Après quelques minutes d'écoute attentive, vous saurez lequel il préfère. D'autres indices peuvent vous mettre sur la piste. Les gens qui parlent vite sont souvent des visuels, tandis que ceux qui s'expriment lentement préfèrent généralement le mode kinesthésique. Quant aux auditifs, ils se situent quelque part entre les deux.

Répéter les mots et expressions du client

Nous avons tous nos expressions favorites, qui reflètent notre manière de penser. Ne paraphrasez pas les paroles de votre client. Dans la mesure du possible, répétez exactement les termes qu'il a employés. Ceci est une autre méthode pour établir une relation avec quelqu'un. Si vous répétez précisément ses paroles, il se sentira écouté et compris.

Exemple de dialogue

Client J'ai un nouveau collaborateur dans mon équipe qui me rend fou.

Coach Comment fait-il pour vous rendre fou ?

Par le langage corporel

De manière intuitive, chacun calque sa posture, sa gestuelle et les expressions de son visage sur la personne avec qui il est en relation. Si vous vous penchez d'un air conspirateur vers votre collègue pour lui parler, celui-ci en fera autant. Vus de l'extérieur, vous semblez vous répondre en miroir.

Lorsque vous coachez, vous pouvez aisément créer le lien avec votre client en vous synchronisant sur la position de son corps et sur ses gestes. S'il a les jambes croisées, faites de même. S'il agite les mains, imitez-le.

Veillez cependant à ce que vos gestes ne soient pas trop flagrants. Attendez un moment avant de reproduire le mouvement de votre interlocuteur. Une autre méthode plus subtile consiste à imiter son geste avec une autre partie de votre corps – par exemple, en hochant la tête au même rythme qu'il tape du pied. Cela vous paraîtra sans doute une curieuse manière d'établir une relation mais, croyez-nous, elle fonctionne très bien.

Pour passer maître dans l'art de vous servir de votre corps pour établir un bon rapport, vous devez observer et pratiquer – là encore, dans un cadre qui ne prête pas à conséquence. Profitez de toutes les occasions qui s'offrent à vous – lorsque vous rencontrez quelqu'un dans le train ou en bavardant avec un ami.

Contact visuel

Dans quelle mesure devez-vous regarder votre client dans les yeux ? C'est une question délicate. Comme pour toute interaction sociale, un contact visuel excessif peut s'avérer intimidant, mais son absence peut être interprétée comme un manque d'intérêt. Regarder votre client dans les yeux de temps en temps vous permettra de renforcer le lien avec lui. Cependant, ne faites pas durer le contact visuel plus de quelques secondes. Faites-lui simplement comprendre que vous êtes présent.

Par l'habillement

Les gens qui appartiennent à un même cercle social s'habillent souvent de manière similaire. Les adolescents arborent tous le même style, tandis que la plupart des citadins portent un complet pour aller au bureau. Par notre façon de nous habiller, nous exprimons notre identité. Le choix des vêtements reflète un lien autant qu'il le crée.

Qu'est-ce que cela implique dans votre rapport avec vos clients ? Eh bien, si vous voulez établir le contact avec eux, vous devez vous habiller à peu près comme eux.

Si vous êtes un coach d'affaires, vous devrez porter la tenue adéquate, voire même la cravate pour les hommes. Si vous vous présentez à une séance de coaching de dirigeant en jean et T-shirt, vous risquez fort de prendre la porte tout de suite. En revanche si vous êtes coach de vie, que vos clients viennent en tenue décontractée et que vous êtes en complet, ceux-ci vous trouveront trop guindé et se sentiront mal à l'aise.

Par conséquent, faites attention à la manière dont vous vous habillez. Essayez de vous calquer sur vos clients, tout en restant vous-même.

Par les valeurs et les croyances

Le lien ne se crée pas uniquement par la similarité de l'apparence, du langage corporel et de la voix. Les rapports les plus solides s'établissent entre deux personnes lorsqu'elles partagent les mêmes valeurs et croyances. La relation repose alors sur l'empathie et la confiance, qui permettent au client de s'épancher sans crainte.

Les gens qui ont le même âge, proviennent du même milieu et partagent la même culture ont généralement beaucoup de choses en commun. C'est le ciment qui relie de nombreuses communautés. Si votre client vous ressemble sous un ou plusieurs de ces aspects, vous sentirez sans doute aussitôt que le courant passe, et vous vous entendrez probablement à merveille avec lui. Il est facile de coacher une personne qui possède le même système de valeurs et de croyances.

Mais que se passe-t-il lorsqu'un client est différent de vous et que la relation ne s'instaure pas instantanément ? Devez-vous jeter le torchon ? Bien sûr que non. Il existe des gens de toutes tailles, de tous âges, de toutes origines et de tous caractères, ce qui contribue à la diversité de notre monde. Vos clients refléteront cet état des choses. En tant que coach, vous devez faire preuve d'une grande ouverture d'esprit. Quand bien même vous ne partageriez pas les opinions de votre client, en l'acceptant tel qu'il est vous parviendrez à créer, maintenir et renforcer le lien avec lui.

Par la confiance et le respect

> *La confiance existant entre deux personnes représente une force considérable.*
>
> Pam Richardson, *Devenez votre propre coach en 4 étapes*

Vos clients vous feront confiance si vous vous comportez en accord avec vos valeurs et votre identité. Pour certains, cela se résume en un mot : l'intégrité. Vous dites ce que vous faites et vous faites ce que vous dites. La sincérité y contribue également. Mais pour inspirer la confiance, il faut davantage encore. La plupart des gens ont besoin de se sentir respectés pour accorder leur confiance. Cela veut dire avoir de l'estime pour eux quoi qu'ils aient fait, qui qu'ils soient et où qu'ils se dirigent. Dans toute relation, et qui plus est dans le cadre du coaching, le respect mutuel est le fondement de la confiance.

Vous gagnerez plus facilement la confiance de votre client si vous êtes prêt à révéler un peu de vous-même. Cela ne veut pas dire déballer plus que ce que votre interlocuteur souhaite réellement savoir. Un petit rien peut faire beaucoup. En laissant voir qui vous êtes vraiment, vous permettez à votre client de faire de même. En laissant apparaître votre vulnérabilité, vous l'autorisez aussi à montrer ses fragilités.

Par l'empathie

Lorsqu'une personne est heureuse, vous l'entendez à sa voix et le voyez à son expression. C'est la même chose quand elle est triste, furieuse, craintive, joyeuse ou détendue. En écoutant votre client et en observant son langage corporel, vous prenez conscience de son état émotionnel. Même sans entendre les mots qu'il prononce, vous sauriez ce qu'il ressent. Mais comment devez-vous réagir ? Faut-il vous synchroniser avec lui ? Ou l'ignorer ? Que faire pour établir un lien émotionnel ? La réponse réside dans l'empathie.

Le *Petit Larousse illustré* définit celle-ci comme la « faculté intuitive de se mettre à la place d'autrui, de percevoir ce qu'il ressent ». En faisant preuve d'empathie envers votre client, vous renforcez le lien qui existe entre vous. Il sent que vous êtes sur la même longueur d'ondes et que vous comprenez son point de vue.

Néanmoins, il faut vous garder de vous impliquer à l'excès dans les émotions de votre client. S'il se met à pleurer, vous ne lui serez d'aucune aide en éclatant vous aussi en sanglots. Vous devez conserver toutes vos ressources.

L'empathie vient aisément à ceux qui sont attirés par le coaching. C'est quelque chose de naturel pour eux. Il y a toutefois une différence entre l'empathie et la compassion, qui consiste à partager la douleur de l'autre. Il peut arriver qu'un client vide son sac et vous raconte tous ses malheurs. Si vous vous laissez aller à la compassion – « Qu'a-t-il fait ? Oh, mon pauvre ! » –, vous renforcerez son sentiment d'avoir été brimé. Si vous répondez avec empathie « Je vois que cela vous a bouleversé. », vous admettez ses sentiments sans pour autant vous impliquer. Si vous continuez en disant « Selon vous, que se passe-t-il donc ? », vous restez dans le cadre du coaching. En revanche si vous faites preuve de compassion, vous en sortez.

Par votre présence

Votre présence est l'élément essentiel d'un bon coaching. Vous devez consacrer toute votre attention à votre client. Cela peut paraître simple en théorie, mais cela s'avère plus difficile en pratique. Sans même vous en rendre compte au cours de la séance, vous vous mettez à penser à autre chose. Vous vous surprenez soudain à faire mentalement votre liste de courses ou à vous remémorer votre dîner galant de la veille.

Lorsque cela vous arrive, ramenez votre attention sur votre client. Sinon, celui-ci sentira que vous n'êtes pas totalement disponible et commencera à se demander ce qui se passe – surtout si cela se répète régulièrement ou si vous êtes « absent » trop longtemps.

Cela peut s'expliquer par le fait qu'il fait trop chaud, que vous manquez d'air ou que vous êtes fatigué. Mais parfois, c'est tout simplement parce que vous vous ennuyez, notamment si le client est en train de répéter quelque chose que vous avez déjà entendu. Ce qu'il vous raconte ne vous intéresse pas vraiment. Certes, une telle pensée est choquante et vous vous refuserez peut-être à vous l'avouer. Mais cela arrive. Et s'il s'agit de la vérité, votre client finira par s'en apercevoir et le lien sera rompu, ainsi que votre contrat sans doute !

Si vous constatez que la discussion ne retient plus votre attention, introduisez un changement. Posez une autre question. Faites en sorte que le client adopte un point de vue différent. Si vous n'êtes pas présent, la relation en pâtira.

Restreindre le lien

Vous apprendrez sans doute avec surprise que vous devrez parfois restreindre la relation que vous avez établie avec votre client. Le cas le plus courant est lorsque l'heure de la fin de la séance approche et que le client est encore en pleine discussion. Vous pouvez vous contenter de l'interrompre. Toutefois le client pourrait s'en offusquer, même si vous le faites avec délicatesse. Vous avez également la possibilité de recourir à des solutions non verbales – par exemple en vous redressant sur votre siège comme si vous alliez vous lever, ou en rassemblant les papiers que vous avez devant vous. Certains clients percevront inconsciemment ces signaux et comprendront qu'il est temps de partir.

Dans le cas du coaching par téléphone, vous n'avez pas d'ancrage visuel et ne pouvez vous servir que de votre voix. En passant à un ton légèrement plus professionnel, plus neutre, vous devriez y arriver. Ou bien vous pouvez vous contenter de répondre « Parfait », ou « Je vois », au lieu de poser de nouvelles questions.

Une autre situation dans laquelle vous avez intérêt à restreindre la relation est lorsque le client commence à vous considérer davantage comme un ami que comme un coach. Cela peut facilement arriver, en particulier en coaching de vie où la personne raconte des choses intimes dont elle n'a jamais parlé à quiconque. Le client peut aisément prendre votre chaleur et votre empathie pour quelque chose d'autre qu'un intérêt strictement professionnel. Si vous sentez qu'il devient trop familier, vous devez arriver à poser vos limites.

D'après notre expérience, il est difficile de coacher efficacement un ami. En effet, une certaine distance est nécessaire pour que la relation donne des résultats.

Prendre des notes en cours de séance

Devez-vous prendre des notes pendant la séance ? De nombreux coachs préfèrent l'éviter lorsqu'ils travaillent en face-à-face, car le contact avec le client se rompt à chaque fois qu'ils baissent les yeux sur le papier pour écrire. En effet, ils détournent alors l'attention de leur interlocuteur, cessant de l'observer et de l'écouter.

Cela risque également de perturber le client, qui pourra même perdre le fil de sa pensée en attendant poliment que vous ayez fini de griffonner. Néanmoins, certains coachs trouvent utile de noter brièvement les points essentiels, qu'ils pourront détailler après la séance.

Si vous choisissez de ne rien écrire pendant la séance, vous pouvez toujours noter les principaux thèmes après coup. Bien sûr, vous courez le risque d'oublier certains détails importants, d'autant plus si la séance a été longue.

Le problème se pose moins si vous coachez par téléphone. Le client ne vous voyant pas, il vous est plus facile de prendre des notes tout en l'écoutant. Toutefois, faites-le rapidement car votre interlocuteur sentira que vous êtes distrait.

Si le lien ne se fait pas

Que faire si, malgré tous vos efforts, vous ne parvenez pas à établir le lien avec votre client ? Dans ce cas, il ne peut y avoir de véritable relation de coaching et vous n'obtiendrez sans doute aucun résultat ensemble.

La décision est difficile à prendre, mais il faut savoir reconnaître ses limites. Si vous avez fait tout ce qui était en votre pouvoir pour créer ce lien, il est sans doute préférable que vos chemins se séparent. Vous avez une responsabilité envers votre client. Il vaut mieux qu'il trouve un coach qui lui convienne davantage.

Parfois, vous n'aurez pas le choix. Si vous travaillez pour une entreprise en tant que coach indépendant ou en interne, il peut arriver que l'on vous impose un client. Si celui-ci a l'impression que vous êtes là pour le remettre sur les rails, il sera sur la défensive et le lien sera pour le moins difficile à établir. Au chapitre 16, nous expliquerons comment faire lorsque le client n'est pas impliqué dans la démarche de coaching.

Enfin il peut arriver, dans des cas exceptionnels, que vous vous sentiez mal à l'aise en présence de votre client. Il se peut qu'il vous dérange physiquement ou qu'il vous rende nerveux. Vous ne parviendrez jamais à une relation de coaching efficace. Il vaut mieux que vous mettiez fin aux séances dès que possible.

Si le lien se rompt

Que faire si vous perdez le lien avec votre client alors que vous entreteniez de bons rapports jusque-là ? Tout d'abord, vous devez identifier ce qui ne va pas. Peut-être avez-vous dit ou fait par inadvertance une chose qui ne lui a pas plu ? Ou peut-être ne progresse-t-il pas comme il l'aurait souhaité ?

Pour rétablir le lien, il vous suffira probablement de découvrir la cause de sa disparition. Si le problème est plus important, vous devrez prendre une décision au cas par cas. La meilleure attitude à avoir est de dire les choses ouvertement et d'en discuter avec votre client.

En résumé

Que vous coachiez en face-à-face ou par téléphone, vous deviendrez plus efficace en améliorant votre capacité à créer du lien. En vous joignant à la vision du monde de votre client, et en synchronisant vos actes et vos paroles avec sa manière de recevoir et de traiter l'information, vous renforcerez la relation.

À vous de jouer

- Chaque fois que vous aurez quelqu'un au téléphone au cours de la semaine qui vient, notez tout ce que vous décelez dans sa voix.
- Pour vous entraîner, mettez chaque jour en œuvre votre capacité à créer du lien.
- Affinez continuellement votre manière de faire afin d'améliorer votre capacité à établir le contact avec les autres.
- Essayez différentes manières de prendre des notes et choisissez celle qui vous convient le mieux.

10

Modèles de coaching

Dans ce chapitre, vous apprendrez :

- à vous servir de différents modèles pour débuter dans le coaching ;
- à utiliser le modèle GROW ;
- à utiliser le modèle SCORE ;
- à recourir à d'autres modèles ;
- à coacher sur le moment.

Avoir un cadre de référence

Faire ses premiers pas comme coach peut être assez angoissant. Assis face à vous, le client attend que vous lui veniez en aide. Ou bien, vous décrochez le téléphone pour commencer votre première séance à distance. Comment partir du bon pied ? Quelle question poser ensuite ? Comment faire avancer les choses ? Que faire lorsque vous ne savez plus quoi faire ?

La plupart des coachs manquent de confiance en eux lorsqu'ils débutent, ce qui est tout à fait normal. Il y a tant de choses à penser, sans compter la peur de se tromper ou de passer pour un charlatan. Le temps d'acquérir de l'expérience, il peut être rassurant de s'appuyer sur un modèle, à l'instar des roulettes qui vous ont autrefois permis d'apprendre à faire du vélo.

Dans ce chapitre, nous allons vous présenter un certain nombre d'outils, parmi lesquels le célèbre modèle « GROW » et celui du « Jeu intérieur ». Certains coachs continuent à les utiliser tout au long de leur carrière, tandis que d'autres se débarrassent des roulettes lorsqu'ils sont suffisamment sûrs d'eux. Quant au modèle coactif que nous allons également aborder, il ne propose pas d'étapes à suivre, mais une approche plus souple fondée sur un ensemble d'outils et de techniques. Si vous pensez savoir instinctivement quoi dire et quoi faire dès le départ, ou si vous préférez faire les choses à votre manière au lieu de respecter une procédure, ce modèle vous conviendra.

GROW

Le modèle GROW (qui signifie littéralement « croître ») comporte une série d'étapes à suivre. Mis au point par sir John Whitmore dans les années 1980, il est décrit dans son fameux ouvrage *Le guide du coaching* (1994). Largement employé dans le monde de l'entreprise, il propose une approche structurée qui peut s'avérer extrêmement efficace. Le sigle représente les termes Goal, Reality, Options et What Will You Do. Il existe également une variante, TGROW, où le T (topic) désigne le thème sur lequel le client souhaite travailler. Nous décrirons ici le modèle initial.

Objectif

Pour éviter que la séance ne tourne à la causerie de salon, déterminez dès le début un objectif précis avec votre client. Cela vous permettra de ne pas vous disperser. Il pourra s'agir par exemple d'éclaircir un problème particulier, d'examiner la dynamique d'une relation difficile, ou de trouver le moyen de réduire les pertes de temps dans des réunions improductives.

Exemple de dialogue

Coach Que souhaitez-vous retirer de cette séance ?

Client Je ne m'entends pas avec mon patron. C'est un cauchemar de travailler avec lui. Il me rend responsable de tout ce qui va de travers. Je voudrais améliorer mes rapports avec lui.

Coach Comment ça ?

Client Il faudrait que je trouve un moyen de réagir à son comportement de manière à avoir l'impression de maîtriser la situation.

Au chapitre 11, nous verrons plus en détail comment fixer un objectif.

Réalité

Après avoir précisé l'objectif de la séance avec votre client, posez-lui des questions afin de comprendre objectivement la situation dans laquelle il se trouve. Selon Whitmore, « le coach doit préférer les termes purement descriptifs à ceux qui impliquent un jugement de valeur et, si possible, inciter son élève à en faire autant ». Le but est d'éviter toute distorsion en restant détaché de la situation, sans porter le moindre jugement. Vous pouvez vous considérer comme un détective qui recherche des preuves tangibles sous la forme de faits, de chiffres et d'informations vérifiables. Prêtez attention à tout indice qui pourrait mener à une piste intéressante ainsi qu'à toute incohérence. Vos questions doivent inciter le client à réfléchir le mieux possible en allant au cœur du problème et en prenant conscience des autres points de vue envisageables. Votre objectif est d'aborder la cause et non le symptôme. Préférez les questions en « qui », « quoi », « où » et « quand » et évitez celles en « pourquoi » et « comment ». En effet, ces dernières appellent une justification pour la première, et une analyse pour la seconde.

Exemple de dialogue

Coach Nous venons de déterminer notre objectif. Examinons maintenant la situation. Vous dites que votre patron vous rend responsable de tout ce qui va mal. Quand cela se produit-il ?

Client Tout le temps.

Coach Toutes les minutes, toutes les heures de chaque jour ?

Client Non, pas à ce point-là. C'est surtout à la fin du mois, lorsqu'il faut rendre compte de l'évolution des projets.

Coach Que se passe-t-il alors ?

Client Je travaille comme un fou pour rassembler les données dans les temps. J'ai l'impression de me trouver dans une cocotte minute. [*Sa voix change.*] En général, c'est à ce moment-là que le patron me demande de venir le voir.

Coach Est-ce qu'un collègue pourrait vous venir en aide ?

Client Non, j'ai juste ma petite équipe. Laura, qui s'occupe de l'administratif, et Daniel, qui se charge de l'aspect financier. Ils sont déjà pris par le travail habituel. Et puis, le temps que je leur explique, j'ai plutôt intérêt à le faire moi-même.

Coach Pourquoi ne préparez-vous pas le compte-rendu à l'avance ?

Client Je n'ai pas le temps, surtout quand nous sommes sur un gros projet.

Coach Racontez-moi ce qui se passe quand votre patron vous appelle.

Client Je suis à peine entré dans son bureau qu'il fait sa grande scène. Alors je perds mes moyens et je n'arrive pas à m'exprimer clairement. Et cela se termine mal.

Coach À quoi pensez-vous ?

Client Cette fois, j'ai peur qu'il me licencie.

Coach En fait, qu'attend-il de vous ?

Client [*Il marque une pause.*] Il veut que le rapport arrive à temps pour éviter de se faire remonter les bretelles par le directeur général.

La conversation continue ainsi, permettant au coach et au client de rassembler toutes les informations relatives à la situation.

Options

Combien de solutions différentes votre client a-t-il à vous proposer ? Le but n'est pas de trouver la conduite idéale, du moins pour l'instant. Ne laissez pas votre client se limiter à certaines solutions. Plus il imaginera d'options, mieux ce sera. À ce stade, la quantité importe bien plus que la qualité.

Faites-lui d'abord énumérer toutes les solutions évidentes qui lui passent par la tête, puis incitez-le à se montrer plus imaginatif. Il est trop facile pour le client de rejeter des idées d'office parce que, selon lui, elles ne seraient pas réalisables. Obligez-le à se donner du mal pour trouver toutes les stratégies imaginables. Dites-lui clairement que les suggestions les plus délirantes sont non seulement acceptables, mais indispensables ! Il ne doit céder devant aucune inhibition ou autocensure.

Comme chacun d'entre nous, le client invente des obstacles dont il n'a souvent même pas conscience. Il vous dira : « Nous n'avons pas le budget nécessaire » ou « Je ne pourrai jamais apprendre à faire ça ». Lorsqu'il prétend ainsi qu'une solution est impossible, faites-lui trouver une manière de contourner l'obstacle. Pour cela, vous pouvez recourir à des questions comme « Et si vous aviez le budget ? » ou « Et si vous étiez capable de l'apprendre ? ».

Vous pouvez également l'aider en lui conseillant de diviser un gros problème en plusieurs problèmes de taille moindre. La tâche paraîtra ainsi plus facile.

Exemple de dialogue

Coach Quelles stratégies pourriez-vous envisager pour arriver à maîtriser la situation ?

Client Tout en vous parlant, je me suis demandé comment je pourrais impliquer davantage Laura et Daniel, au lieu de penser que je dois tout faire moi-même. Daniel pourrait s'occuper des données budgétaires, et je pourrais charger Laura de gérer les études de performances. Je n'aurais plus que le reste à assumer.

Coach Très bien. Que pouvez-vous faire d'autre encore ?

Client Je pourrais développer un petit outil informatique pour que les gens rentrent leurs données en ligne. Cela nous éviterait de courir après tout le monde. J'y avais déjà pensé, mais je n'ai jamais eu l'énergie pour le faire.

Coach Quoi d'autre ?

Client :	Je devrais mieux tenir compte des attentes de mon patron et négocier un délai supplémentaire quand il y a un gros projet en cours.
Coach	Ces idées sont très intéressantes. Vous en avez d'autres ?
Client	Je devrais faire davantage confiance à Laura et Daniel pour m'épauler.
Coach	Très judicieux. Voyez-vous une autre solution qui serait plus ambitieuse ?
Client	Si je leur expliquais comment procéder, ils pourraient me remplacer quand je suis occupé par un projet important.
Coach	Oui, ce serait plus difficile à réaliser, mais vous pourriez gagner beaucoup de temps à long terme.

La discussion se poursuit, donnant le jour à plusieurs autres solutions de plus en plus imaginatives.

Qu'allez-vous faire ?

À cette étape, le client choisit l'une des solutions et prépare sa mise en œuvre. Cette étape est également intitulée « Actions à entreprendre » et « Passer à l'action ».

Vous pouvez poser diverses questions à votre client pour l'aider à examiner tous les choix possibles et à retenir la solution qui lui convient le mieux. Whitmore, dans son *Guide du coaching*, propose les neuf questions de base suivantes, auxquelles vous pourrez ajouter des interrogations secondaires.

1) Qu'allez-vous faire ?
2) Quand le ferez-vous ?
3) Cette action vous permettra-t-elle d'atteindre votre objectif ?
4) Quels obstacles risquez-vous de rencontrer ?
5) Qui a besoin d'être tenu au courant ?
6) À qui aurez-vous besoin de demander de l'aide ?
7) Quand et de quelle manière interviendra cette aide ?
8) Y a-t-il d'autres éléments à prendre en compte ?
9) Évaluez sur une échelle de un à dix vos chances de mener à bien l'action ou l'ensemble d'actions dont nous sommes convenus.

Souvent, les clients sont pris d'un vif enthousiasme lorsqu'ils commencent à formuler leur projet. Certains se demandent aussitôt ce qui pourrait les retenir, tandis que d'autres ignorent les embûches qu'ils pourraient rencontrer. Le coach a pour rôle de vérifier qu'ils pensent bien à tout. Par exemple, certaines personnes partent du principe qu'elles doivent tout faire elles-mêmes, alors qu'il y a plein de gens autour d'elles pour les aider. La question relative aux « autres éléments à prendre en compte » est importante car elle permet de s'assurer qu'aucun paramètre significatif n'a été omis. En répondant à ces questions avec soin, le client pourra évaluer méthodiquement la solution envisagée, qui aura alors toutes les chances de porter ses fruits. Souvent, plusieurs idées seront intégrées à la solution finalement retenue.

Exemple de dialogue

Coach Voici toutes les solutions que vous avez envisagées :

- impliquer rapidement Laura et Daniel dans le processus en chargeant la première des performances et le second du budget,
- développer un outil informatique pour recueillir les données,
- mieux tenir compte des attentes de votre patron,
- négocier préalablement un délai supplémentaire lorsque des projets importants sont en cours,
- faire davantage confiance à Laura et Daniel pour vous épauler,
- former Laura et Daniel afin qu'ils puissent vous remplacer en cas de besoin.

Laquelle allez-vous mettre en œuvre ?

Client Je vais impliquer Laura et Daniel dès le bilan du mois prochain.

Coach Quand allez-vous leur en faire part ?

Client Le plus tôt sera le mieux ; dès demain matin.

Coach Que faites-vous des autres solutions envisagées ?

Client L'outil informatique me paraît être un projet à long terme. J'ai conscience de le remettre sans cesse à plus tard, car il me demandera beaucoup de temps.

Coach Vous avez parlé de faire davantage confiance à vos collaborateurs. Comment pourriez-vous mettre cela en œuvre ?

Client Laura est très organisée et elle s'y connaît bien en logiciels. Je pourrais lui déléguer la conception de l'outil informatique. Oui, je suis sûr qu'elle aimerait relever ce défi. Je vais lui en parler. Ainsi, je lui montrerai que je suis prêt à lui déléguer une tâche importante.

Coach Quand allez-vous le lui annoncer ?

Client Vendredi prochain, lors de notre réunion hebdomadaire.

Coach Et votre idée à plus long terme de former vos deux collaborateurs afin qu'ils puissent vous remplacer pour le bilan mensuel ?

Client Je vais déjà voir comment ils réagissent à ces changements et j'y repenserai plus tard.

Coach Je vous prends au mot !

Client Je me doutais que vous le feriez.

Coach Dans combien de temps ?

Client Assez rapidement. J'y réfléchirai à la fin du mois prochain.

Coach Et votre patron ?

Client J'ai l'impression que la plupart des problèmes disparaîtront lorsque j'aurai mis tout cela en place. Je le préviendrai à l'avance lorsque je redouterai un incident.

Coach Combien de temps à l'avance ?

Client Deux semaines, au moins.

Coach Si vous menez tout cela à bien, aurez-vous atteint votre objectif ?

Client Encore mieux que je ne l'aurais imaginé. J'ai hâte de m'y mettre.

Coach Quels sont les obstacles que vous risquez de rencontrer ?

Client Il y aura sans doute quelques problèmes techniques pour l'outil logiciel, que je devrai soumettre au département informatique. Pour le reste, les choses me paraissent assez simples.

Coach Qui devez-vous informer de ces décisions ?

Client Laura et Daniel, bien entendu. Les gars de l'informatique. Et les gens des autres départements qui nous fournissent les données.

Coach Et votre patron ?

Client Oui, lui aussi.

Coach De quel soutien aurez-vous besoin ?

Client Je suis à peu près certain que mon patron sera d'accord, puisque cela résoudra son problème. Il pourra m'aider à convaincre les autres départements, si jamais ma nouvelle méthode rencontre des réticences.

Coach Sur une échelle de 1 à 10, avec quel degré de certitude pensez-vous mener à bien votre projet ?

Client Entre 7 et 8 dans l'ensemble, car je rencontrerai sûrement quelques obstacles qui ralentiront les choses. Mais à long terme, je me situe à 10.

À la fin de la séance, vous aurez intérêt à noter les décisions prises par votre client, les échéances, les obstacles à surmonter et le soutien requis. Cela vous permettra de constater les progrès accomplis au fil des séances.

Parfois, vous vous apercevrez que le client résiste aux changements envisagés ou ne mène pas jusqu'au bout toutes les idées de la liste.

Un peu de souplesse

Le recours à ce nouveau modèle pourra vous sembler étrange au début mais, avec un peu de pratique, vous l'emploierez naturellement sans même y penser. Pour commencer, vous respecterez sans doute l'ordre des lettres GROW. Toutefois, ce modèle peut être utilisé de manière plus souple. Par exemple, vous pouvez aborder la Réalité (R) avant l'Objectif (G).

Par ailleurs, le client peut être tenté de se fixer de petites étapes successives au lieu de grands bonds en avant, et de baser ses objectifs sur ce qu'il a déjà réalisé plutôt que sur ce qui serait possible ou désirable. Toutefois, vous devez l'empêcher de placer la barre trop bas (voir chapitre 15).

Si vous traitez trop rapidement l'une des étapes du modèle, vous devrez sans doute y revenir par la suite. Cela ne pose pas de problème, mais prenez tout le temps dont votre client a besoin pour chaque étape. Lorsque vous maîtriserez mieux ce modèle, vous saurez déceler dans le discours et le langage corporel du client les signes indiquant qu'il est prêt à passer à l'étape suivante.

Passer à un autre modèle

Le modèle GROW peut constituer un bon point de départ, mais il n'est pas toujours la panacée. Le fait de choisir ses objectifs et de les atteindre conviendra pour certains problèmes, mais pas pour tous. En outre, son caractère prescriptif le rendra trop contraignant pour ceux qui préfèrent penser par eux-mêmes. S'il est suivi de manière trop stricte, ce modèle peut devenir une camisole au lieu d'un cadre de référence. Si vous pensez que c'est le cas, n'hésitez pas à vous tourner vers d'autres modèles.

SCORE

SCORE n'est pas un modèle de coaching à proprement parler, mais il peut être adapté avec succès et offre davantage de souplesse que GROW. Les spécialistes en PNL, Robert Dilts et Todd Epstein, l'ont conçu en 1987 pour favoriser les changements personnels.

Le modèle traditionnel du changement comportait trois phases : l'état présent (comment les choses sont actuellement) ; l'état désiré (comment nous souhaiterions que les choses soient) ; et la situation intermédiaire (ce qui doit se produire pour que l'état désiré advienne). Jugeant ces trois phases insuffisantes, Dilts et Epstein ont divisé l'état présent en Symptômes et en Causes, et l'état désiré en Objectifs et en Effets. Ils ont ensuite rebaptisé la situation intermédiaire en Ressources, ce qui donne le sigle SCORE. Ces éléments représentent le minimum d'informations qui sont nécessaires pour aborder n'importe quel processus de changement. Le modèle SCORE présente l'avantage d'être souple. Vous pouvez commencer n'importe où pour arriver à n'importe quel autre point, en allant et venant autant de fois que vous le souhaitez.

Symptômes

Vous commencerez généralement par le Symptôme. Il s'agit du problème ou sujet à traiter, c'est-à-dire *ce qui ne va pas* chez votre client. Par exemple, « Je n'arrive pas à atteindre mes objectifs de vente » ou « Je mange trop de chocolat ». Vous en apprendrez davantage en lui posant des questions de ce type :

- Quel est le problème ?
- Que souhaitez-vous changer ?
- Qu'est-ce qui ne va pas ?

Objectifs

Il arrive parfois que le client vous soumette d'abord son Objectif : « Je veux acheter une maison plus grande », « Je veux être heureux », etc. Souvent, ce sont les désirs inassouvis qui poussent les gens à se tourner vers le coaching. Pour en savoir plus sur ses aspirations, posez au client ce style de questions :

- Que voulez-vous ?
- Quel rêve souhaiteriez-vous réaliser ?
- Quel est votre but ?

Effets

Cependant, le coach doit avoir conscience que l'Objectif n'est pas toujours une fin en soi. Il peut constituer un palier pour atteindre d'autres Objectifs. Par conséquent, vous avez intérêt à demander à votre client pourquoi il vise un objectif donné, quel sera l'Effet produit par celui-ci. L'information obtenue vous permettra de l'inciter à poursuivre son véritable but. L'exemple suivant illustre comment cela fonctionne :

- L'objectif que votre client s'est fixé – faire du sport – peut avoir pour effet qu'il devienne plus attirant.
- Le fait qu'il soit plus attirant peut avoir pour effet qu'il trouve une compagne.
- Le fait qu'il trouve une compagne peut avoir pour effet qu'il soit heureux.

Parfois, l'Effet d'un Objectif visé sera négatif, ce qui vous permettra de comprendre pourquoi le client ne l'a pas encore atteint. Par exemple, il prétend que ses tentatives de promotion n'aboutissent jamais. Peut-être contribue-t-il inconsciemment à ces échecs. Une partie de lui-même veut obtenir le nouveau poste, mais une autre partie sait que l'Effet produit sera qu'il devra travailler plus et disposera de moins de temps pour sa famille.

Les questions à poser pour déceler les Effets sont :

- Que vous apportera l'atteinte de cet objectif ?
- En quoi l'atteinte de cet objectif vous sera-t-elle bénéfique ?
- Pourquoi est-ce important pour vous ?

Causes

Le coaching ayant davantage tendance à se concentrer sur le résultat que sur le problème, peu d'efforts sont faits pour en comprendre la Cause. Cependant, traiter le Symptôme n'apportera qu'un soulagement provisoire. Si vous faites boire beaucoup de café à une personne qui manque d'énergie, vous ne vous attaquerez pas à la source du problème qui peut être le manque de sommeil, le surmenage ou les deux à la fois. En réduisant les prix, vous redresserez sans doute temporairement les ventes, mais vous n'aurez pas résolu le véritable problème, qui peut se situer au niveau de la qualité du produit ou du service.

- Quelle est la véritable cause du problème ?
- Qu'est-ce qui, selon vous, provoque cela ?

Ressources

En fin de compte, le modèle SCORE a pour but d'aider le client à trouver les Ressources qui fourniront une solution efficace – que celle-ci consiste à supprimer un Symptôme ou à atteindre un Objectif. Les Ressources peuvent prendre diverses formes : un outil ou une technique, l'aide de tiers, la modification d'une pensée limitante, l'introduction d'une structure ou la mise en place de nouvelles habitudes. Par exemple, si votre client veut améliorer sa capacité à parler en public, la meilleure Ressource consisterait à suivre un stage.

Jeu intérieur

Après avoir mis au point une technique permettant aux sportifs d'améliorer leurs performances, Timothy Gallwey a appliqué la même démarche au monde du travail.

« Le coaching consiste à libérer la capacité qu'a une personne à optimiser ses performances. Pour cela, le coach l'aide à apprendre au lieu de lui enseigner les choses », écrit-il dans *La dynamique interne du travail.*

Selon lui, nous menons tous deux jeux : un Jeu extérieur, avec notre adversaire, et un Jeu intérieur, avec une partie de nous-même qui fait beaucoup d'efforts, analyse à outrance et pense trop. On ne peut gagner au Jeu extérieur que si l'on a gagné au Jeu intérieur. Et pour cela, il faut limiter les interférences que nous créons et qui nous empêchent d'exploiter tout notre potentiel.

$$P = p - i$$

Performance = potentiel – interférences

« Les tentatives échouent, mais la conscience guérit », affirme Gallwey. Les interférences disparaissent si, au lieu de vous escrimer à réussir, vous accroissez votre conscience et focalisez votre attention sur un élément pertinent de votre environnement.

Certains coachs travaillent exclusivement à partir du modèle du Jeu intérieur. Ils aident leur client à cultiver une conscience exempte de jugement, ce qui a pour effet d'éliminer les interférences. En effet, Gallwey s'est aperçu que, s'il demandait à un joueur de tennis de porter son attention sur la balle, en observant dans quel sens elle tourne et à quelle hauteur elle rebondit, plutôt que de se concentrer sur la « bonne manière » de placer sa raquette, il frappait avec davantage de précision.

Le modèle du Jeu intérieur peut s'appliquer à toutes sortes de situations, parmi lesquelles l'amélioration des relations, la perte de poids, la conduite d'une équipe, la rédaction d'un roman, la capacité à vendre ou la facilité à parler en public. Timothy Gallwey décrit ainsi son modèle de coaching : « Coacher efficacement les individus au sein de l'entreprise, c'est leur tenir un miroir pour qu'ils puissent voir leur propre processus de pensée. Un coach écoute moins le contenu des propos que le mode de pensée de son client, y compris la façon dont il focalise son attention et définit les éléments clés de la situation. »

Skilled Helper (modèle d'aide axé sur la résolution de problèmes)

Comme Dilts et Epstein avec le modèle SCORE, Gerard Egan a élaboré sa propre méthode à partir du modèle traditionnel du changement en trois phases. Il donne à chacune d'elles des noms légèrement différents : phase I – État actuel des choses ; phase II – Scénario souhaité ; phase III – Plans d'action. Bien que ce modèle soit plus largement utilisé dans le domaine du conseil, il a également son intérêt dans le cadre du coaching. Chaque phase est à son tour divisée en trois étapes, qui peuvent être abordées en toute souplesse.

Phase I – État actuel des choses

1. Le coach encourage le client à dresser un tableau précis du problème abordé, en lui demandant de décrire la situation sous la forme d'une histoire.
2. Le coach aide ensuite le client à repérer les zones obscures de l'histoire et à envisager la situation sous d'autres angles.
3. Enfin, le coach aide le client à choisir les problèmes sur lesquels il va travailler – ceux qui ont le plus d'importance, ou qui peuvent entraîner un changement personnel.

Phase II – Scénario souhaité

1. Le coach incite le client à envisager des solutions à son problème.
2. Le client sélectionne ensuite des objectifs plus ou moins ambitieux et les classe selon leur degré de réalisme. On dit qu'il explore le programme de changement.
3. Le coach vérifie que le client est prêt à mettre en œuvre les idées proposées.

Phase III – Plans d'action

1. Le coach s'assure que le client a trouvé comment obtenir ce dont il a besoin en examinant les stratégies envisageables.
2. Le client choisit ensuite la solution qui lui convient le mieux en termes de temps, de ressources, etc.
3. Les actions sont agencées en un plan que le client pourra suivre.

Chacune de ces phases peut déboucher sur des actions qui aideront l'individu à obtenir le résultat qu'il souhaite. Le coach (ou « l'aidant », comme l'appelle Egan) doit utiliser ce modèle avec souplesse en fonction des besoins de son client. Comme l'écrit Gerard Egan dans *Communication dans la relation d'aide(1987)*, « le client ne révèle pas toujours tous ses problèmes en un joli paquet bien ficelé ». Cela veut dire qu'il vous sera quasiment impossible de terminer la phase I sans aller puiser dans les deux autres. Ce modèle se caractérise en outre par le fait qu'il encourage l'évaluation tout au long du processus au lieu de laisser tous les contrôles pour la fin.

> *L'adhésion systématique à un modèle unique*
> *ou à un processus dépendant d'un conseiller*
> *exclura un véritable coaching.*
>
> David M. Noer (1999)

Coaching coactif

Si SCORE, GROW, le Jeu intérieur et Skilled Helper sont des modèles très utiles, notamment lorsque vous commencez à coacher, ils finiront par brider votre souplesse. En outre, ils peuvent constituer une diversion. Vous devez vous concentrer sur votre client et non sur le modèle que vous employez. Lorsque votre esprit se consacre au processus et non à la personne, vous ne pratiquez plus le coaching.

Le modèle auquel nous adhérons, qui est à la base de cet ouvrage et de la majeure partie du coaching pratiqué actuellement, est le modèle du coaching coactif mis au point par le Coaches Training Institute dans les années 1990. Décrit par Laura Whitworth en 1998 dans son livre *Co-active Coaching: New Skills for Coaching People Toward Success in Work and Life*, il repose sur quatre principes :

1. Le client est naturellement inventif et plein de ressources.
2. Le coaching aborde la vie du client dans sa globalité.
3. Le programme est défini par le client.
4. La relation consiste en une alliance conçue entre le coach et le coaché.

Ce type de coaching est qualifié de coactif car il suppose une collaboration active entre le coach et le client. L'auteur le décrit comme « une alliance entre personnes égales ». Il n'aborde pas seulement certains détails de la vie du client, mais considère celle-ci dans sa globalité. Le coach se concentre totalement sur le client – c'est-à-dire qu'il écoute sans juger non seulement les mots, mais la signification qui se trouve derrière.

Le coach coactif part du principe que les gens ont la capacité de résoudre leurs problèmes et de réaliser leurs rêves. Il sait ce qui est important aux yeux de son client et tient cela pour vrai. Il est prêt à lancer des défis à son client et à lui dire la vérité.

Coacher sans filet

Le principal intérêt du modèle coactif est qu'il n'impose aucune procédure ou marche à suivre.

À titre de comparaison, les musiciens en herbe commencent généralement par apprendre leurs morceaux note à note, en les jouant à chaque fois de manière identique. Mais à mesure qu'ils progressent, ils parviennent à varier leur interprétation, en étant capables à tout moment de décider ce qu'ils vont faire immédiatement après.

Il peut se passer la même chose avec le coaching. Lorsque vous tentez pour la première fois de coacher sans avoir recours à un modèle, vous risquez de vous sentir mal à l'aise, comme si vous travailliez soudain sans filet. Et si tout à coup vous vous mettiez à bredouiller, ne sachant plus que dire ?

Si vous coachez par téléphone, vous pouvez facilement remédier à ce problème. Il vous suffit d'avoir à portée de main une liste de questions types dans laquelle vous puiserez lorsque vous serez à court d'idées. En revanche si vous coachez en face-à-face, vous pourrez difficilement avoir vos pense-bêtes près de vous – cela n'inspirerait guère confiance à vos clients. Néanmoins, vous pouvez garder en tête un certain nombre de questions susceptibles de vous sauver la mise (voir chapitre 12 pour en savoir plus sur le questionnement).

Cependant, vous n'en aurez probablement pas besoin. Un coach apprend rapidement à voler de ses propres ailes. Bientôt, vous vous demanderez pourquoi vous vous étiez inquiété. Plus vous aurez accumulé d'expérience, plus vous aurez confiance en vous. Pour acquérir une maîtrise parfaite de votre métier, il vous faudra abandonner les scénarios tout prêts et tenter une approche telle que le coaching coactif. Une fois que vous l'aurez adoptée, vous n'y renoncerez plus jamais car elle procure liberté et souplesse au coach, ainsi que des résultats impressionnants chez le client.

À vous de jouer

- Pratiquez en utilisant le modèle GROW avec la plus grande souplesse, jusqu'à ce que vous parveniez à jongler sans effort avec les différentes étapes.
- Avec une personne que vous connaissez bien, essayez le modèle SCORE autant de fois qu'il sera nécessaire jusqu'à ce que vous le maîtrisiez parfaitement.
- Risquez-vous à coacher sans structure prédéterminée. Pour cela, il suffit de vous concentrer sur votre client et de compter sur le fait que vous trouverez la bonne question au moment adéquat.

11 Bien pratiquer le coaching

Dans ce chapitre, vous apprendrez :

- comment aider votre client à formuler clairement ses objectifs ;
- comment bien amorcer une séance ;
- comment gérer la progression du coaching ;
- comment surmonter les obstacles et faire face à son autosaboteur ;
- quel état d'esprit adopter pour être efficace ;
- quel est l'intérêt de redéfinir l'alliance ;
- quels sont les détails pratiques à prendre en compte.

La deuxième séance

Vous avez mené l'entretien préliminaire, vous connaissez bien les modèles qui sont à votre disposition et vous êtes sur le point d'aborder votre deuxième séance. Qu'allez-vous faire ? Comment pensez-vous utiliser votre temps ? Et comment procéderez-vous au cours des séances suivantes ? C'est là que les coachs nouveaux rencontrent parfois des difficultés. C'est une chose de savoir comment les pièces se déplacent sur l'échiquier, mais cela en est une autre de jouer réellement. Vous serez toutefois plus à l'aise après quelques séances, lorsque vous aurez davantage confiance en ce que vous faites.

Fixer les objectifs

Vous partirez bien sûr de la liste que vous avez établie avec votre client lors de la première séance, et qui constitue l'objectif principal. Sur quel élément de cette liste le client souhaite-t-il commencer à travailler ? La plupart des clients le sauront tout de suite, tandis que d'autres devront réfléchir un moment avant de se décider. L'étape suivante consiste à transformer cet objectif, qui est souvent vague, en quelque chose de plus précis. Bien souvent, le client ne l'a pas encore atteint parce qu'il ne sait pas exactement ce qu'il veut. Qu'il souhaite « perdre du poids » ou « gagner davantage d'argent », ces objectifs ne sont pas suffisamment détaillés pour être exploitables.

Les critères SMART

Pour qu'un objectif soit motivant et efficace, il doit être défini avec précision. Certains de vos clients connaîtront sans doute déjà les critères SMART (« astucieux »), qui sont largement employés dans le monde de l'entreprise. Ce sigle représente les termes suivants :

Spécifique. Que voulez-vous exactement ? Et quand, où et comment ? Définissez votre objectif de la manière la plus précise possible.

Mesurable. Un objectif n'a aucun sens si vous ne pouvez pas déterminer objectivement si vous l'avez atteint.

Accessible. L'objectif doit être fixé à un niveau adéquat. S'il est trop facile à atteindre, il n'y aura pas lieu de s'en vanter. En revanche, s'il est hors de portée, votre client ne tentera même pas d'y parvenir, sachant qu'il n'a aucune chance. Un objectif doit représenter un défi tout en restant réalisable.

Réaliste. L'objectif correspond-il à ce que le client recherche ? Répond-il au problème soulevé ? Si ce n'est pas le cas, il faudra l'affiner ou en changer.

Temporellement défini. Quand l'objectif devra-t-il être atteint ? Il est essentiel de bien définir ce paramètre. Si l'échéance est trop lointaine, l'objectif ne sera pas motivant. Si le client décide de perdre 6 kilos en six ans, il ne prendra vraisemblablement aucune mesure immédiate. En revanche, s'il prétend les perdre en six jours, ce n'est même pas la peine qu'il essaie !

Passez en revue ces cinq critères avec votre client, en veillant à ce qu'il les comprenne bien tous.

Par exemple, un cadre supérieur se fixe l'objectif SMART suivant :

« D'ici le 4 juin, je veux être capable de faire une présentation orale de dix minutes avec assurance et sans notes. »

- L'objectif est précis dans la mesure où le cadre a décrit en détail ce qu'il recherchait.
- Il est mesurable à deux égards : il doit être atteint sans l'aide de notes et avec un sentiment d'assurance (qui sera également perçu par l'auditoire).
- Il est accessible puisque d'autres l'ont déjà fait, mais pour cette personne il constitue un défi.
- Étant donné que ce responsable a besoin de s'exprimer en public, son objectif peut être considéré comme pertinent.
- L'échéance est fixée à une date précise.

Formuler clairement son objectif

La programmation neuro-linguistique (PNL) offre une méthode plus précise encore pour clarifier un objectif. Pour que ce dernier ait des chances d'être atteint, il est essentiel qu'il soit « bien formulé », c'est-à-dire qu'il réponde à un ensemble de critères stricts. Pour cela, les étapes suivantes doivent être respectées :

1. Énoncez le résultat visé en termes positifs. Dites ce que vous recherchez plutôt que ce que vous souhaitez éviter.

2. Assurez-vous de votre capacité à réaliser cet objectif. Y parviendrez-vous sans aucune aide ?

3. Soyez aussi précis que possible.

4. Décrivez ce que vous souhaitez voir, entendre et ressentir. En créant une image mentale du résultat visé, vous parviendrez à rassembler toutes les informations nécessaires.

5. Tenez compte du contexte dans lequel s'inscrit votre objectif. Quand, où et avec qui souhaitez-vous le mener à bien ?
6. Assurez-vous que vous aurez accès aux ressources nécessaires. Celles-ci peuvent être internes, comme la confiance en soi, ou externes, comme l'aide d'une autre personne.
7. Assurez-vous que l'objectif visé ne risque pas de nuire à certains avantages existants. Souvent, la raison pour laquelle nous ne changeons pas tel aspect de notre comportement est que celui-ci nous procure certains bénéfices.
8. Vérifiez que vous souhaitez réellement parvenir à ce résultat. Le jeu en vaut-il la chandelle ?
9. Déterminez la première étape à entreprendre. Si vous ne passez pas à l'action, votre objectif ne restera guère qu'un rêve.

Ces neuf étapes pourront vous apparaître comme une démarche laborieuse et elles vous demanderont un peu de temps. Mais ce ne sera pas du temps perdu. En réfléchissant à chacune de ces étapes, vous établirez une stratégie qui vous permettra d'arriver à vos fins. Bien souvent, le coach fera ainsi découvrir à son client les raisons pour lesquelles il n'est jamais parvenu au résultat souhaité, malgré des années d'efforts.

Rechercher ou éviter

Cependant, tout le monde n'est pas stimulé par l'atteinte d'un objectif. Au contraire, certains sont davantage motivés par le fait d'éviter les problèmes ou difficultés. Leur parler en termes de réussite ne les encouragera nullement. Ils se soucient davantage d'échapper à la douleur que de rechercher le plaisir.

Anthony Robbins, le gourou américain du développement personnel, explique très bien l'importance de ce phénomène dans son ouvrage, *L'éveil de votre puissance intérieure* (1993) : « Vous pourrez, dès que vous aurez compris et utilisé les forces de la douleur et du plaisir, vous permettre d'effectuer les changements et les améliorations durables que vous souhaitez pour vous et pour votre entourage. »

Par conséquent, vous devez comprendre ce qui motive votre client, ce qui le pousse à agir. Certaines personnes quittent leur emploi parce qu'elles ne peuvent plus le supporter (pour échapper à la douleur). D'autres le font parce qu'elles ont trouvé un poste plus intéressant (en recherchant le plaisir).

Parfois, la pénibilité d'une tâche peut aussi nous empêcher d'agir. Nous remettons sans cesse au lendemain la rédaction d'un rapport car nous savons qu'il nous demandera un gros effort. Mais la veille de l'échéance, nous nous y attelons enfin car la douleur provoquée par ce travail est sans commune mesure avec les ennuis qu'engendrerait le fait de ne pas le réaliser. En effet, le patron exigera de lire ce rapport et sera furieux s'il n'est pas prêt à temps.

Un objectif trop ambitieux

Un objectif démesuré cesse d'être motivant, car il est trop impressionnant. Le client qui souhaite retrouver une bonne condition physique peut, pour se donner un but, décider de courir un marathon. Cependant, à l'idée de courir 40 km, il risque fort de ne pas passer le seuil de la porte. De même, nombreux sont ceux qui aimeraient écrire un livre. Mais la seule idée d'avoir à rédiger un manuscrit de 70 000 mots leur ôte toute velléité de commencer. En incitant votre client à diviser les projets ambitieux en objectifs plus accessibles, vous l'aiderez à passer à l'action. Au lieu de viser tout de suite le marathon, il pourra se fixer pour but un jogging de 5 km. Au lieu de s'imposer la rédaction d'un livre entier, il pourra commencer par un chapitre de 2 000 mots.

Que voulez-vous faire durant cette séance ?

Rappelez-vous que le coaching ne se réduit pas à des objectifs. Si la plupart de vos clients souhaiteront réussir certaines choses, comme par exemple doubler leur chiffre d'affaires ou diviser leur dette par deux, d'autres voudront simplement analyser certains sujets, par exemple ce qu'ils désirent faire de leur vie ou s'ils doivent poursuivre une relation. Et même dans le cas des clients qui cherchent à atteindre un objectif, chaque minute de chaque séance n'y sera pas systématiquement consacrée.

À certains moments, vous envisagerez des options et examinerez les choix possibles. Le plus important est que vous travailliez toujours suivant un programme établi par le client, et non par vous-même. En tant que coach, vous avez pour rôle de créer un espace où le client puisse discuter de tout ce qui l'intéresse ou le préoccupe, sans que vous ne l'orientiez.

En arrivant à leur deuxième séance, certains clients s'attendent à ce que vous lanciez l'entretien. Vous pouvez alors leur poser cette question très simple : « Que voulez-vous faire durant cette séance ? »

Cette question sera utile à double titre. D'abord, elle permettra au client de concentrer son attention sur ce qu'il veut retirer de cette séance – lui évitant ainsi de parler pour ne rien dire. En outre, elle signale au client de manière explicite qu'il est entièrement responsable de ce qui se passe.

Le client évolue

Par la suite, il est essentiel de continuer à poser cette question au début de chaque séance. Car il est trop facile de supposer que le client veut reprendre là où il s'est arrêté la fois précédente. Peut-être en a-t-il fini avec cette question, ou bien celle-ci ne lui semble-t-elle plus aussi urgente. Le client évolue d'une séance à l'autre. Vous devez à chaque fois vérifier où il en est.

Si vous n'êtes pas vigilant, vous risquez de vous laisser déborder. Il arrive que le client vous assène une avalanche d'informations, s'arrêtant tout juste pour respirer. Il pourra ainsi passer un long moment à vous raconter par le menu tout ce qui lui est arrivé depuis l'entretien précédent. Parfois, il suffit que vous posiez une question apparemment anodine, telle que « Comment cela s'est passé durant cette semaine ? » Sans que vous vous en rendiez compte, un quart d'heure s'est déjà écoulé. Ou bien le client commence à vous rendre compte des « devoirs » que vous lui avez demandé de faire, et là encore, une partie de la séance est passée.

En tant que coach, vous devez gérer le temps de la séance et inciter le client à faire de même. Ce dont il veut vous faire part a sans doute son importance, mais vous avez un temps limité à passer ensemble et chaque minute doit être utilisée à bon escient. N'hésitez donc pas à l'interrompre – aimablement, bien sûr – pour lui poser la question « Que voulez-vous faire durant cette séance ? ». Sinon, la conversation risque de partir en vrille. Si le client tient à vous mettre au courant des derniers événements, convenez avec lui d'une durée maximale de manière à optimiser la séance.

Certains clients s'en tiendront au même sujet pendant toute la séance. D'autres ne cesseront d'aller et venir entre les différents thèmes de leur objectif principal. Le client mène la danse et le coach le suit, mais toujours avec grâce et élégance, si possible sans lui marcher sur les pieds.

Pour ce faire, le coach recourt principalement au questionnement. Nous vous apprendrons au chapitre 12 l'art de poser des questions et d'écouter attentivement les réponses, et vous présenterons certaines techniques au chapitre 13.

Soyez prêt à tout

Au cours de la séance, il se peut que le client aborde soudain un sujet totalement inattendu, qu'il n'a encore jamais évoqué. Ceci constitue l'un des défis – et des joies – du coaching : vous ne savez jamais ce qui va se passer l'instant d'après. Vous devez donc vous préparer à toute éventualité.

Si le nouveau sujet semble n'avoir aucun rapport avec les objectifs initialement définis par le client, faites-le lui remarquer. Il se peut que la question ait soudain surgi dans sa vie – l'appel d'un chasseur de têtes lui ouvre de nouvelles perspectives, ou une dispute avec un être cher en referme d'autres. En dernier ressort, le choix des thèmes à traiter revient au client, et non au coach.

La progression du coaching

Durant les deux premières séances, le client témoigne généralement d'une grande excitation, notamment s'il n'a encore jamais recouru au coaching. Vous imaginez presque les étincelles qui fusent dans son cerveau. Cette euphorie se poursuit souvent au cours des séances suivantes, mais parfois, au bout de quatre entretiens, les choses semblent ralentir.

Dans certains cas, vous aurez l'impression d'avoir atteint un palier. L'énergie initiale des changements et des découvertes cède la place à un sentiment de routine et les progrès se réduisent singulièrement.

Cela ne se produit pas systématiquement. Certaines relations de coaching conservent l'enthousiasme du début et deviennent de plus en plus fortes. Mais la plupart traversent à un moment ou à un autre une période difficile. Cela peut inquiéter les coachs novices, qui risquent de douter de leurs capacités. Cependant, cela ne dénote généralement pas de problème fondamental. Ce phénomène est plutôt normal. Tout ce que vous devez faire est de garder votre calme et de tenir fermement la barre pour traverser ces eaux tumultueuses.

Un pas en avant, deux pas en arrière

Comme nous l'avons déjà suggéré au chapitre 8, il est préférable d'avertir votre client lors de l'entretien préliminaire qu'il rencontrera inévitablement des obstacles. Ainsi, il ne sera pas surpris lorsque cela surviendra, et vous non plus.

Lorsque nous pensons à la réalisation d'un objectif, nous avons tendance à imaginer un processus linéaire qui consiste à y parvenir en un minimum de temps en prenant le chemin le plus rapide – comme lorsque l'on file d'une ville à l'autre en empruntant l'autoroute. Cependant la vie – comme le coaching – n'est pas toujours faite ainsi. Pour diverses raisons, nous nous retrouvons souvent sur l'itinéraire touristique, sillonnant la campagne à une allure tranquille.

Veillez à prévenir vos clients que leur progression ne sera pas toujours régulière. Il peut y avoir des moments où rien ne semble se passer, des moments où ils avanceront d'un pas pour reculer aussitôt de deux, et des moments où ils tourneront en rond. Ceci est tout à fait normal. Au lieu de vous laisser effrayer par ce phénomène, discutez-en avec votre client en lui demandant : « Que se passe-t-il ? »

Faire face à l'autosaboteur de votre client

Parfois, votre client sera freiné par son « autosaboteur ». Il s'agit d'une voix intérieure qui lui mène la vie dure : « Tu aurais pu faire mieux », « Tu n'y arriveras jamais », « Tu ne sais pas peindre, dessiner, chanter, jouer au foot ».

L'autosaboteur n'aime pas le changement. Il se démène comme un diable pour maintenir le *statu quo*, mettant en péril les progrès que votre client essaye désespérément de faire. Ce dernier parviendra sans doute à prendre conscience de cette « critique interne » et réalisera même, avec votre aide, que cet autosaboteur relève d'une intention positive, pour le mettre à l'abri d'un danger ou l'empêcher de se sentir ridicule. L'autosaboteur n'est pas la personne elle-même, car celle-ci peut s'en détacher mentalement et observer son comportement.

Plus votre client prend conscience de son autosaboteur, plus il est à même de le contrer. Mais la tâche n'est pas aisée, car l'autosaboteur est insaisissable et rusé. Pour en savoir plus à son sujet, consultez le livre, *Halte aux autosabotages* de Richard Carson. Cet ouvrage fascinant vous indiquera les stratégies à adopter pour faire sortir de l'ombre l'autosaboteur de votre client et l'examiner au grand jour.

Tolérance à la frustration

Tous les clients ne réagissent pas de la même manière à la frustration. Certains témoignent d'un haut degré de tolérance en ne se laissant pas décontenancer lorsqu'ils se trouvent bloqués ou qu'ils progressent lentement. En revanche, ceux qui résistent mal à la frustration ne supportent pas les contretemps et peuvent devenir difficiles à coacher lorsque la situation se complique. Si vous rencontrez ce cas, vous devrez trouver le moyen de sortir de l'ornière – et vite – pour éviter que la relation ne se brise.

Pour cela, il vous faudra trouver des idées pour stimuler la discussion, et non laisser le client se débrouiller tout seul. Vous pourrez éventuellement recourir à certaines techniques – comme celle des positions perceptives ou celle des métaphores – qui ont été conçues pour donner un nouvel élan à la relation de coaching (voir chapitre 13). Si vous connaissez certains outils psychométriques et que vous ne les avez pas encore utilisés, ce sera le bon moment pour les proposer à votre client.

Mais quoi que vous fassiez, ne perdez pas de vue le programme de votre client. Ne cédez pas à la tentation d'orienter la séance. Ce n'est pas votre rôle.

Travail personnel entre les séances

Afin d'aider votre client à progresser, vous pouvez lui demander s'il est prêt à faire un peu de travail personnel entre les séances. S'il accepte, vous pouvez lui proposer toutes sortes d'exercices – par exemple, énumérer cinquante souhaits, ou observer comment les gens se comportent lorsqu'ils se rencontrent pour la première fois. N'importe quel exercice en rapport avec les problèmes ou les objectifs du client vaut la peine d'être tenté. Tous les clients n'accepteront pas de faire des devoirs à la maison, mais la plupart seront ravis d'optimiser ainsi leur coaching.

L'état d'esprit et la manière du coach

De la première à la dernière séance, vous devez faire preuve d'un maximum de qualités du coach idéal parmi celles que nous avons énumérées au chapitre 2. La plus importante est sans conteste la curiosité. Si vous témoignez d'un véritable désir de comprendre votre client, sans préjugé aucun, la plupart des relations de coaching résisteront aux vicissitudes qu'elles rencontreront inévitablement.

L'humour peut également être très utile, à condition de ne pas verser dans la futilité ou l'indélicatesse. Bien que le coaching soit une affaire sérieuse, un brin de légèreté peut faire des miracles lorsqu'il s'agit d'essayer de nouvelles choses ou de prendre des risques. Le sérieux et le formalisme créent une énergie différente, qui favorise rarement l'excellence du coaching.

Enfin, nous ne dirons jamais assez combien il importe de vous montrer compatissant, tolérant et compréhensif envers les gens que vous coachez. Et de leur témoigner votre respect. Vous y gagnerez par l'empressement avec lequel ils s'impliqueront dans le processus.

Soutenez votre client en étant positif

Une autre qualité très efficace consiste à rester positif. Cette attitude peut donner des ailes à votre client lorsque tout lui semble échouer. En reconnaissant l'une de ses qualités ou caractéristiques, par exemple, vous propulserez votre client plus loin encore s'il est en train de gagner en forces et en ressources. Et si vous prenez fait et cause pour lui alors qu'il a cessé de croire en ses capacités, il saura que vous êtes de son côté. Vous pouvez lui dire « Ça ne vous semble peut-être pas évident pour l'instant, mais vous y arriverez ! » ou encore « Vous êtes si prêt du but, je sais que vous en êtes capable ! ». Au moment où le client aura le plus de mal à avancer, vous serez sans doute la seule personne à lui rappeler qu'il peut encore atteindre son objectif.

Redéfinir l'alliance

L'alliance établie entre le coach et le coaché est doit être redéfinie régulièrement. Cette façon de travailler encourage le client à assumer la responsabilité de sa propre expérience au cours des séances. En effet, celui-ci peut demander au coach de modifier son comportement ou de lui donner un retour d'informations pour lui permettre d'ajuster sa démarche. Certains clients, qui ont besoin de davantage de temps pour réfléchir, demanderont à leur coach d'attendre plus longtemps avant de poser la question suivante. D'autres souhaiteront qu'il leur fasse part de ses idées de temps en temps.

En général, le coach devra rappeler à son client de faire le point sur leur relation de coaching. Il ne suffit pas de déterminer une fois pour toutes la manière dont vous allez travailler ensemble. Si le client ne prend pas l'initiative, donnez-lui l'occasion de vous fournir un feed-back et modifiez ensemble l'alliance si besoin.

Vous devez l'encourager à le faire, même si sa première réaction est de dire que tout va bien. D'abord, cela vous permettra de vous améliorer. Ensuite, vous lui donnerez l'exemple en vous montrant prêt à apprendre et à vous adapter pour obtenir un meilleur résultat.

Cela ne veut pas dire que vous deviez faire le point à la fin de chaque séance – quoique certains coachs le préfèrent. Il est essentiel de procéder à un bilan à mi-parcours – généralement à la fin de la troisième séance. Pour être sûr d'avoir un feed-back précis, vous pouvez demander au client de se concentrer sur un aspect particulier de votre coaching en plus de son appréciation générale.

Rares sont les relations de coaching qui ne posent aucun problème – parfois même du côté du coach. En effet, celui-ci peut facilement mettre en péril la relation s'il laisse interférer ses propres problèmes. Nous expliquerons au chapitre 16 comment vous pouvez éviter d'amplifier les problèmes de votre client.

Détails pratiques

Dans votre intérêt et celui de vos clients, il est important que vous pensiez à certains détails pratiques avant chaque séance.

L'environnement

Pensez soigneusement l'aménagement de la pièce où vous allez coacher. Si vous travaillez chez vous ou possédez votre propre bureau, les choses seront plus simples. Prévoyez une bouteille d'eau et des verres, ainsi que du papier, des stylos et éventuellement un tableau. Si vous coachez dans le bureau d'une autre personne ou dans une salle de réunion anonyme, vous devrez apporter tout le nécessaire. En tout cas, assurez-vous que la pièce est suffisamment chauffée sans être étouffante – votre client risquerait de s'assoupir – et qu'elle est correctement ventilée.

Préparez-vous

Avant chaque séance, relisez les notes que vous avez prises au cours ou à la suite des entretiens précédents, et réfléchissez aux discussions que vous avez eues avec votre client. Si vous avez un seul client, vous vous rappellerez aisément tous les détails. Mais si vous en avez une douzaine ou même plus et que les séances sont espacées d'un mois, vous aurez besoin de vous rafraîchir la mémoire. Le questionnaire préalable vous rappellera également les valeurs de votre client, son objectif principal, etc.

« Quelle difficulté y a-t-il à rester assis toute la journée à écouter les gens parler et à leur poser des questions ? » Cela peut paraître facile, voire reposant. Cependant, coacher peut s'avérer épuisant si vous vous donnez à fond. Après une longue période de travail, vous risquez fort d'avoir perdu toute votre énergie. Lorsque vous coachez, vous avez la responsabilité envers vos clients de vous comporter de manière professionnelle. Autrement dit, vous devez veiller à être en bonne forme physique et mentale.

Si vous êtes coach de dirigeants, vous serez amené à travailler plusieurs heures de suite, voire pendant une journée entière. Vous aurez alors intérêt à prévoir des pauses, car les séances longues sont fatigantes aussi bien pour vous que pour le client.

Voici quelques conseils qui vous aideront à rester en pleine forme :

- Buvez régulièrement de l'eau afin de ne pas vous déshydrater ni perdre votre vivacité d'esprit.
- Mangez à intervalles réguliers pour refaire le plein d'énergie.
- Faites quelques étirements pour dynamiser votre corps.
- Entre deux séances, passez cinq minutes à méditer afin de recharger vos batteries et restaurer votre mental.
- Dormez suffisamment. Ne vous couchez pas trop tard la veille, afin d'être au meilleur de votre forme.

À vous de jouer

- Formulez clairement l'un de vos propres objectifs afin de vous faire une idée du processus.
- Exercez-vous à diviser des objectifs ambitieux en plusieurs objectifs plus accessibles.
- Repérez votre propre autosaboteur afin de reconnaître plus facilement ceux de vos clients.
- Proposez à vos clients un travail personnel qui corresponde au problème traité.

12

Questionner et écouter

Dans ce chapitre, vous apprendrez :

- à quoi servent les questions ;
- pourquoi toutes les questions ne se valent pas ;
- pourquoi l'écoute est importante ;
- quels sont les différents types et niveaux d'écoute ;
- quel est le pouvoir du silence.

L'importance de l'écoute

On dit souvent que si nous possédons deux oreilles et une bouche, nous devons les utiliser dans les mêmes proportions. La règle est valable pour une conversation ordinaire, mais pas pour le coaching. À moins que vous ne proposiez un service spécifique – comme le coaching dédié à Internet, à la fortune ou au style de vie – qui s'apparente davantage au mentorat ou à la formation, parler un tiers du temps nous semble excessif pour du coaching. Sur une séance d'une heure, cela représenterait vingt minutes. En règle générale, un coach efficace écoute beaucoup et parle peu. Il s'efforce de consacrer autant de temps que possible à son client, ménageant ainsi un espace pour clarifier ses pensées. Sur cette heure d'entretien, nous vous suggérons de ne pas parler plus de douze minutes – ce qui représente 20 % du temps. Vous comprenez maintenant pourquoi le coaching n'a rien à voir avec une conversation entre amis.

Les questions apportent la solution

Les questions sont l'outil par excellence.

Anthony Robbins, *L'éveil de votre puissance intérieure*

L'habileté à poser des questions est au cœur du coaching. Le questionnement est le principal outil qui vous permettra d'aider vos clients à décortiquer leurs problèmes. Si le coaching possède également de nombreuses autres facettes, la majeure partie de chaque séance consistera à poser des questions et à écouter attentivement les réponses du client.

Si vous en savez déjà beaucoup sur le questionnement, vous pourriez être tenté de sauter ce chapitre ou de le lire en diagonale. Il est vrai que ce sujet est abordé dans presque tous les cours de management. Et vous avez peut-être même déjà appris la différence entre les questions ouvertes et les questions fermées lorsque vous étiez au lycée ou à l'université. Cependant, vous n'en saurez jamais trop sur ce domaine essentiel, qui est plus complexe qu'il n'en a l'air. Nous expliquerons en détail quand et comment recourir aux divers types de questions.

Pourquoi poser des questions ?

Le musicien britannique Brian Eno a dit un jour que l'on parlait avec les autres pour découvrir ce que l'on pensait soi-même. C'est là le but essentiel du questionnement dans le cadre du coaching.

Pour répondre à vos questions, le client doit mobiliser ses pensées, les organiser et les exprimer. Ce qui suscite une prise de conscience, première étape permettant d'avoir davantage de choix pour opérer un changement.

En répondant à vos questions, le client découvre souvent des idées, croyances ou valeurs qu'il ignorait posséder. Nous croyons tous des choses totalement irrationnelles. C'est seulement lorsque nous les sortons du tréfonds de nous-même et les exposons au grand jour que nous en prenons conscience.

Des questions pertinentes obligent le client à se plonger dans sa propre expérience et à découvrir des aspects de lui-même qu'il ne connaissait pas. L'une des premières choses à faire est de l'amener à comprendre ce phénomène. Parfois, cela suffit pour qu'il parvienne à résoudre son problème. À partir du moment où il sait quoi faire et comment, le problème disparaît.

La curiosité est essentielle

Pour poser les questions adéquates, le secret est la curiosité. Si vous vous intéressez véritablement à votre interlocuteur, vous aurez envie d'en savoir le plus possible sur ce qui lui arrive et les questions vous viendront naturellement. La curiosité est un état d'esprit essentiel pour aborder le coaching. Vous vous demanderez alors ce qui sous-tend le comportement et les croyances que votre client décrit. En revanche, vous devrez veiller à tempérer votre curiosité afin de ne pas vous impliquer trop dans son histoire.

Toutes les questions ne se valent pas

La première chose qu'apprennent les futurs journalistes à l'école est de cerner leur sujet à l'aide des six questions clés : Qui ? Quoi ? Où ? Quand ? Comment ? Pourquoi ? Dans un article de presse, le paragraphe d'introduction répond généralement à chacune d'elles :

Le mois dernier, Mathieu Lelièvre a fait le trajet Rennes-Marseille à vélo afin de recueillir des fonds pour une œuvre de bienfaisance.

L'interview servant de base à l'article aurait pu se dérouler ainsi.

ML	[*Appelant le journal par téléphone*] Bonjour, seriez-vous intéressés par un compte-rendu de ce que je viens de réaliser ?
Journaliste	Il faut voir. De **quoi** s'agit-il ?

ML	J'ai parcouru plus de 1 000 km **à vélo.**
Journaliste	Rien que ça ! Sur **quel itinéraire** ?
ML	De Rennes à Marseille.
Journaliste	Intéressant. **Pourquoi** avez-vous fait cela ?
ML	Pour recueillir de l'argent en faveur d'une association caritative qui vient en aide à l'enfance handicapée.
Journaliste	**Quand** êtes-vous arrivé ?
ML	À la fin du mois dernier.
Journaliste	Pouvez-vous me rappeler **qui** vous êtes ?
ML	Mathieu Lelièvre.

Étant donné l'efficacité de ces six questions pour saisir l'essence d'une histoire, vous pourriez imaginer les utiliser pour le coaching. Toutefois, vous devrez éviter la question « Pourquoi ? », ou du moins l'utiliser avec précaution, car elle est souvent ressentie comme une critique. Si vous demandez à votre client : « Pourquoi avez-vous quitté votre femme ? », il tentera de se justifier et se tiendra sur la défensive. Tandis que la question « Que se passait-il dans votre vie lorsque vous avez quitté votre femme ? » lui permettra d'exposer son point de vue.

Prenez également garde à la question « Comment ? », qui appelle une pensée analytique consciente, alors que le problème – et sa solution – se situent bien souvent au niveau de l'inconscient. Au lieu de demander : « Comment pensez-vous résoudre ce problème ? », essayez plutôt : « Que faudrait-il pour résoudre ce problème ? ». Ces deux questions peuvent sembler identiques, mais le cerveau réagit différemment à chacune d'elles.

Si vous posez la mauvaise question

À tout moment lors d'une séance de coaching, il y a des dizaines de questions possibles à formuler, qui pourraient orienter la discussion dans des directions totalement opposées. Comment décider où aller ?

C'est un peu comme au jeu d'échecs. Chaque coup ouvre un certain nombre de possibilités pour les coups à venir, mais il en ferme d'autres. Et si vous vous trompiez de question et fermiez ainsi certaines portes à tout jamais ?

De notre point de vue, il n'y a pas vraiment de bonnes et de mauvaises questions. Tout ce que vous demandez suscitera une réaction. Si votre question n'inspire pas votre client, il vous le dira ou bien il peinera à y répondre. Vous lui en poserez alors une autre. Les erreurs sont rarement fatales, et mèneront parfois la conversation dans une direction inattendue mais intéressante.

Si vous êtes à court d'idées

Que vous soyez expérimenté ou non, il peut arriver que vous ayez soudain un blanc pendant la séance. Vous ne savez plus quoi dire ou que demander à votre client. Que faire ? Le mieux est d'avoir un certain nombre de questions simples en réserve qui conviennent à peu près à toutes les situations :

- Selon vous, où cela mène-t-il ?
- Qu'en pensez-vous ?
- Quel est le véritable problème ?

Le temps que votre client réponde, vous devriez avoir retrouvé vos idées et repris confiance pour poursuivre la séance.

Les questions ouvertes et fermées

Le coaching ayant pour but de respecter le programme du client et de l'aider à s'assumer, il vaut mieux recourir aux questions ouvertes pour lui permettre de prendre la direction qui lui convient. Plus les questions sont fermées et précises, plus vous suivez votre propre fil de pensée. En outre, les questions ouvertes présentent l'avantage d'appeler beaucoup plus d'informations. Elles incitent la personne à approfondir le sujet, tandis que les questions fermées amènent des réponses en un seul mot – souvent, « oui » ou « non ».

Exemple de dialogue

Question fermée	Le problème est-il ici de déléguer ?
Client	Non.
Question ouverte	Quel est le problème ici ?
Client	Je ne sais pas bien. Il y a sans doute plusieurs choses. [*Il réfléchit.*] Je pense que j'ai trop de travail et pas assez d'heures dans la journée. Il faudrait que j'utilise mieux mon temps. [*Il réfléchit à nouveau.*] Ou peut-être devrais-je déléguer davantage ?
Question fermée	La prochaine étape est-elle de définir votre objectif ?
Client	Oui.
Question ouverte	Quelle est la prochaine étape ?

Client J'en arrive au point où je souhaiterais décider ce que je vais faire. Mais je préfèrerais d'abord examiner plus en détail les options envisageables.

La technique de l'entonnoir

Au fil de l'entretien, le coach commence généralement par des questions larges pour affiner ensuite le champ d'investigation, tout en laissant le client orienter la discussion.

Exemple de dialogue

Coach Que souhaitez-vous aborder aujourd'hui durant notre séance ?

Client C'était un enfer cette semaine au bureau. Je voudrais que l'on examine à nouveau ce que je pourrais faire de plus épanouissant.

Coach Par quoi voulez-vous commencer ?

Client Par l'idée de créer ma propre entreprise.

Coach Vous avez eu le temps de repenser à notre précédente discussion. Où en êtes-vous maintenant ?

Client J'ai vraiment envie de tenter l'aventure. Mon idée serait de fabriquer des meubles haut de gamme sur mesure.

Coach Quel aspect du projet voulez-vous approfondir ?

Client Tout ce qui me manque, c'est un financement. Voilà le problème que je dois résoudre.

Les questions de précision

La principale raison d'être du questionnement étant de développer la prise de conscience du client, il convient d'orienter l'investigation de manière à clarifier tout ce qui le nécessite. Les gens parlent de façon vague, ce qui peut dénoter des lacunes dans leur compréhension des choses. Si vous, en tant que coach, n'êtes pas sûr d'avoir saisi la situation, il est probable que votre client ne la maîtrise pas non plus. En approfondissant le sujet à l'aide de questions de précision, vous parviendrez à rétablir les informations manquantes. Cela vous évitera en outre de faire des suppositions à propos de ce que la personne vous dit et de partir dans la mauvaise direction. Qui plus est, cela vous permettra de mettre en évidence une logique erronée, des croyances limitantes ou une pensée confuse.

Exemple de dialogue

Avec présupposé et manque de clarification.

Coach Comment les choses se passent-elles ?

Client Eh bien, je ne suis toujours pas retourné à la salle de sport en dépit de mes résolutions.

Coach Qu'est-ce qui vous empêche de prendre le temps de le faire ?

Client En fait, ce n'est pas vraiment un problème de temps.

Coach C'est un problème de motivation, alors ?

Client Non, ce n'est pas ça non plus.

Avec clarification et sans présupposé.

Coach Comment les choses se passent-elles ?

Client Eh bien, je ne suis toujours pas retourné à la salle de sport en dépit de mes résolutions.

Coach Qu'est-ce qui vous en empêche ?

Client L'ami avec qui je pensais y aller est absent en ce moment.

Des questions efficaces

Les questions de précision s'avèrent souvent très efficaces, car elles mènent le client à mieux comprendre le problème, lui permettent d'appréhender les choses dans une perspective nouvelle ou lui offrent un point de vue qui le pousse à agir. Vous saurez qu'une question est efficace lorsque votre interlocuteur se taira pour réfléchir.

Une question simple est souvent plus efficace, car le client l'intègre plus facilement. Les questions les plus idiotes sont parfois celles qui ont le plus d'effet.

- Que voulez-vous ?
- Qu'est-ce qui vous empêche de faire telle chose ?
- Que se passerait-il si vous le faisiez ?
- Et alors ?
- Quand le ferez-vous ?
- Où est le véritable problème ?

Toutefois, une question n'est efficace que si elle arrive à temps. À un autre moment, elle n'aura aucun impact.

Une seule question à la fois

Évitez d'accumuler les questions, car votre client aura du mal à les retenir toutes en même temps. Vous n'obtiendrez alors qu'une réponse confuse ou superficielle.

Thomas avait un coach qui, après lui avoir posé une première question, avait tendance à enchaîner avec une deuxième, voire une troisième. Par exemple, elle commençait par lui demander « Dans cette situation, qu'est-ce qui est important à vos yeux ? », puis elle ajoutait « Comment cela s'accorde-t-il avec vos valeurs ? » ainsi que « En quoi cela rejoint-il vos objectifs ? »

Thomas avait alors du mal à répondre. Si chacune des questions était pertinente en elle-même, leur accumulation le déstabilisait.

Les questions inutilement complexes peuvent avoir le même effet. Comment réagiriez-vous à la question suivante ?

« Si vous vous projetiez dans deux ans pour voir ce que cela ferait d'être encore aux prises avec le même problème et si vous pouviez l'éviter en prenant une décision maintenant, qu'est-ce que vous entreprendriez et de quel soutien auriez-vous éventuellement besoin ? »

Questionner sous forme d'affirmations

Si vous posez sans cesse des questions, votre client peut finir par avoir l'impression de subir un interrogatoire. Pour varier, essayez de recourir à des affirmations qui ressemblent à des questions – en élevant si besoin le ton de votre voix en fin de phrase pour indiquer que vous attendez une réponse.

- Cela a dû vous surprendre.
- Vous avez trouvé des options intéressantes.
- Je me demande ce qui se passe.
- Cela n'a pas l'air de vous satisfaire.

Résumer la situation

Pour éviter que la séance ne tourne à l'interrogatoire, une autre solution consiste à résumer régulièrement la situation. Cela vous permettra en outre de vérifier que vous avez bien compris ce qui a été dit. En prenant ainsi un peu de recul, vous ménagerez une pause dans la conversation – de même que les alpinistes établissent des camps de base à intervalles réguliers. Après avoir posé à votre client une série de questions concernant ses valeurs, vous pourrez faire le point de la manière suivante :

« Pour le moment, le plus important est de prendre en compte votre attachement pour la liberté. Or celle-ci est mise à mal par les longues heures que vous devez passer au bureau. Il vous faut donc trouver le moyen de réduire vos horaires ou encore de changer d'employeur. »

Le client peut alors confirmer ou préciser votre analyse des choses, vous permettant ainsi de poursuivre en posant d'autres questions.

Les questions reflètent un présupposé

S'en tenir au programme du client et se garder de tout jugement sont des intentions louables, mais très difficiles, sinon impossibles, à respecter. En effet, toute question repose sur une ou plusieurs idées préconçues. Prenez par exemple celle-ci, d'apparence anodine : « Que voulez-vous ? ». Elle suppose néanmoins que votre interlocuteur souhaite quelque chose. Quant à la question « Quelles sont les autres personnes impliquées ? », elle présume qu'il existe de telles personnes.

Ces présupposés sont le plus souvent valables, mais il est tout de même bon d'en avoir conscience. Car une idée préconçue peut également être négative. En demandant « Quel est votre problème ? », vous partez du principe que le client en a un.

Utiliser les présupposés à bon escient

Vous pouvez vous servir délibérément du fait que vos questions dénotent des idées préconçues afin d'orienter le client vers un résultat positif. Par exemple, examinez les questions suivantes :

- Comment allez-vous résoudre ce problème ?
- Quelles ressources possédez-vous pour vous y aider ?
- En quoi les choses s'amélioreront-elles si vous procédez ainsi ?

Quels présupposés avez-vous perçus dans ces questions ? En voici quelques-uns :

- Le problème est susceptible d'être résolu.
- Le client va tenter de le faire.
- Le client possède certaines ressources.
- Le client entreprendra une action.
- Les choses s'amélioreront.

Ces questions sont-elles neutres ? non, bien sûr. Mènent-elles le client dans une direction particulière ? tout à fait. Est-ce préjudiciable ? cela dépend de votre point de vue. Pour notre part, nous pensons que ce type de question peut aider la personne que vous coachez. En supposant qu'elle a des ressources et des capacités, vous faites une prédiction qui peut très bien se réaliser.

Les questions qui focalisent l'attention

Si la plupart des questions ont pour but d'obtenir des informations, elles ont également pour fonction de focaliser l'attention. Ce principe est à la base de la technique du Jeu intérieur. Au lieu de dire au joueur de tennis de se concentrer sur sa raquette, le coach attire son attention sur la balle en lui posant des questions sur la manière dont elle se déplace (« À quelle hauteur passe-t-elle au-dessus du filet ? », « Dans quelle direction tourne-t-elle ? »).

Cette technique peut s'adapter à de nombreux autres domaines, y compris pour aider une personne à se débarrasser de ses habitudes ou à accroître ses compétences. Par exemple, si votre client souhaite améliorer sa capacité à parler en public, vous pouvez l'inciter à se focaliser sur les membres de l'auditoire (« Quels sont ceux qui paraissent les plus réceptifs ? »), plutôt que sur son propre souci de bien faire.

L'art d'écouter

Dans la concentration détendue, l'action succède
à l'action selon une logique interne qui semble
ne pas nécessiter l'intervention consciente de l'individu.

Mihaly Csikszentmihalyi

Nul besoin de dire qu'il ne sert à rien de poser des questions efficaces si vous n'écoutez pas attentivement les réponses de votre client. Cependant, nous avons déjà vu certains coachs le faire. En proie à une espèce de trac, le coach cherche tellement à faire bonne impression à son client – et à lui-même – qu'il ne cesse de penser à ce qu'il va dire ensuite, au lieu de se concentrer sur son interlocuteur.

Dès que possible, vous devez donc parvenir au stade où vous n'aurez plus besoin de prévoir la question suivante. Le moment venu, il vous suffira d'ouvrir la bouche pour que cela sorte tout seul. Vous devez accéder à un état de concentration détendue (ou fluidité mentale) dans lequel vous n'êtes plus gêné par aucun dialogue interne et vous pouvez porter toute votre attention sur ce que dit le client.

En écoutant votre interlocuteur, vous lui accordez de l'importance et reconnaissez la valeur de ce qu'il dit. Ce qui l'encourage à parler davantage, et accélère le processus du coaching. Dans son merveilleux livre, *Time to Think* (1998), Nancy Kline écrit : « Une telle écoute enflamme l'esprit humain. La qualité de votre attention détermine la qualité de pensée de votre interlocuteur. »

Ne vous contentez donc pas d'écouter, mais montrez également que vous le faites. Que votre interlocuteur n'ait aucun doute là-dessus. Tournez-vous vers lui et penchez-vous légèrement en avant pour lui indiquer que vous vous intéressez à ce qu'il raconte.

Écouter de manière superficielle ou approfondie

On n'insistera jamais trop sur l'importance de l'écoute. C'est l'une des compétences essentielles du coach. Elle est d'autant plus précieuse qu'on la rencontre rarement dans la vie de tous les jours. Vous avez sans doute déjà assisté à une soi-disant conversation où les deux interlocuteurs se contentent d'échanger leurs monologues, n'écoutant l'autre que superficiellement.

Cela est impossible lorsque vous coachez. Pour être efficace, vous devez prêter attention à ce qui se passe à un niveau plus profond, en écoutant de manière active. Pas seulement les mots ni même les expressions que le client emploie, mais la manière dont il les dit, l'émotion qu'ils traduisent. La voix révèle beaucoup de choses à celui qui sait l'écouter. Prêtez l'oreille aux variations de ton, de rythme et de volume. Quelle énergie votre client met-il dans certains mots ? Quand et comment exprime-t-il l'excitation, la peur, l'enthousiasme ou la tristesse ?

Vous pouvez aller plus loin encore en écoutant ce qui n'est pas dit. Qu'est-ce que votre interlocuteur évite ou ignore, que ce soit de manière consciente ou non ? En attirant son attention sur ces non-dits, vous accroîtrez sa conscience de lui-même et ouvrirez ainsi la porte au changement. Votre antenne doit percevoir les subtiles nuances dans la manière dont votre client exprime les choses.

Écouter avec les yeux

Lorsque vous écoutez votre client, prêtez également attention à son langage corporel et aux expressions de son visage. Tripote-t-il un objet imaginaire entre ses mains ? Agite-t-il nerveusement les pieds ? Garde-t-il les bras croisés ? Ces attitudes peuvent indiquer l'anxiété ou la résistance. S'il se penche légèrement vers vous en abordant un sujet donné, cela signifie sans doute que ce dernier revêt une importance particulière. Observez également les contradictions entre ce qu'il dit et ce qu'il laisse paraître.

Exemple de dialogue

Coach Comment s'est passée la réunion ?

Client Pas très bien. Je me suis à nouveau accroché avec le directeur de la production. [*Il sourit.*]

Coach Vous venez de sourire en parlant de cette altercation.

Client En fait, j'aime bien nos prises de bec.

Lorsqu'il y a une discordance entre les aspects verbaux et non-verbaux d'une conversation, ce sont généralement les seconds qui trahissent la vérité.

S'exercer à écouter

Tout comme pour le coaching, vous pouvez avoir naturellement la capacité à écouter. Toutefois, la plupart des gens ne la développent pas de manière active. Or elle peut être améliorée considérablement grâce à la pratique. La méthode la plus simple consiste à écouter la radio, en choisissant une station qui diffuse beaucoup de discussions. Écoutez attentivement, sans toutefois vous concentrer sur quoi que ce soit en particulier. Que remarquez-vous ? au bout d'un moment, vous observerez certains phénomènes récurrents. Par exemple, la voix de l'intervenant devient plus rapide et plus forte lorsque celui-ci s'anime, ou elle se fait plus douce lorsqu'il se rappelle un souvenir attendrissant. Plus vous vous exercerez à écouter, plus vous aurez de discernement en travaillant avec vos clients.

Les erreurs à éviter

Si vous vous inquiétez de savoir ce que vous allez dire ensuite, vous risquez de ne pas écouter votre client aussi attentivement que vous le pourriez. Celui-ci s'en apercevra rapidement et pensera sans doute que vous ne vous intéressez pas à ce qu'il dit. Par ailleurs, vous pouvez aisément vous laisser entraîner par la première partie de son discours, la raccorder à quelque chose qui vous est déjà connu et en tirer les mauvaises conclusions. Attendez toujours d'avoir pris connaissance de tous les faits. En allant trop vite, vous risquez non seulement d'irriter votre interlocuteur, mais également de comprendre de travers ce qu'il essaye de vous expliquer. Il est parfois difficile d'écouter jusqu'au bout certaines personnes très bavardes, mais si vous les interrompez, vous pourriez rater des informations importantes.

Écouter son intuition

Certains coachs expérimentés vont bien au-delà de l'écoute. C'est comme s'ils parvenaient à saisir des informations transmises à un niveau encore plus profond. Leur intuition leur souffle quoi faire ou quelle direction prendre. Il peut s'agir d'une idée, d'une image ou d'une question qui surgit soudain dans leur esprit.

Qu'elle vienne d'on ne sait où, ou qu'il s'agisse simplement d'informations engrangées de manière inconsciente, l'intuition s'avère bien souvent juste. Par conséquent, lorsque vous avez un pressentiment, tenez-en compte. Parfois vous tomberez loin de la vérité, parfois non. L'essentiel est non seulement de communiquer votre idée au client, mais de la présenter comme une réponse adéquate à son problème.

Exemple de dialogue

Client Je ne suis pas certain de vouloir rester dans ce groupe. Je crois que je me disperse trop. Je jongle déjà avec un millier de choses. Mais si je les quitte, j'aurais l'impression de les laisser tomber. Ils ont besoin de moi.

Coach Votre entreprise se porte bien et vous avez l'habitude de jongler avec toutes sortes d'activités. Qu'est-ce que cela veut dire, les laisser tomber ?

Client Je veux aider les gens à progresser. Quitter le groupe, ce serait une sorte d'abandon. Je ne pense pas être indispensable, mais j'aurais le sentiment d'être un lâcheur. [*Sa voix est effacée, comme s'il était triste ou déçu.*]

Coach J'ai l'impression que cette idée vous attriste. Cela représente peut-être davantage que vous ne l'avouez.

Client [*Il réfléchit.*] Je suis triste parce que si je continue à travailler avec ce groupe, c'est moi que je laisse tomber. Or je suis aussi important qu'eux.

Coach Que voulez-vous faire ?

Client Agir. Je crois que je ne voulais pas voir les choses en face, j'espérais que les choses s'arrangeraient d'elles-mêmes. Ils se débrouilleront très bien sans moi. Je trouverai le moyen de les soutenir sans que cela me prenne autant de temps. Je vais quitter le groupe.

Le pouvoir du silence

Ce n'est pas parce que votre client s'est arrêté de parler qu'il a cessé de penser. Surtout, ne cédez pas à la tentation de vous empresser de poser une nouvelle question.

Il s'agit d'une séance de coaching et non d'une conversation. Les moments de silence créent un espace qui permet à votre interlocuteur d'approfondir sa réflexion. Souvent, ils sont le signe que votre client est en train d'explorer un nouveau territoire intérieur. Attendez le temps qu'il lui faudra. Il découvrira alors probablement de nouveaux éléments ou dira des choses révélatrices.

Yin et yang

Le questionnement et l'écoute sont le yin et le yang d'un coaching efficace. Pour devenir un coach digne de ce nom, vous devez avant tout maîtriser ces deux arts.

Être capable de garder le silence au moment opportun importe autant que de savoir à quel instant poser la question cruciale.

À vous de jouer

- Afin d'avoir une idée objective de votre capacité à écouter, demandez leur avis à plusieurs personnes qui vous connaissent bien.
- Considérez l'écoute comme un jeu et profitez de toutes les occasions pour percevoir de manière active non seulement ce que les gens disent, mais également leurs émotions sous-jacentes.
- Rappelez-vous une situation dans laquelle vous étiez extrêmement curieux d'un sujet donné. En vous plaçant dans le même état d'esprit, exercez-vous à poser des questions.
- La prochaine fois que vous aurez une conversation avec quelqu'un, trouvez l'occasion de lui poser une question reposant sur un présupposé, qui puisse lui venir en aide.

13

Quelques techniques efficaces

Dans ce chapitre, vous apprendrez :

- à mettre en œuvre un certain nombre de techniques ;
- à accroître vos compétences en coaching.

Comment faciliter le changement

Si le questionnement et l'écoute constituent l'essentiel de votre pratique de coach, vous aurez parfois intérêt à recourir à certaines techniques afin de pousser votre client plus loin et d'orienter sa réflexion dans une direction nouvelle. Il pourra se faire que vous le prévoyiez à l'avance, mais le plus souvent vous réaliserez au cours de la séance qu'une telle intervention s'impose. Ce chapitre contient une foule d'idées efficaces pour favoriser le changement chez votre client.

Ces choses que l'on supporte

Quels sont les désagréments que vous supportez actuellement dans votre vie ? Quelles sont les frustrations et les sources d'irritation que vous devez tolérer ? Peut-être acceptez-vous une relation peu satisfaisante parce que vous ne supportez pas l'idée de vivre seul ? Peut-être repoussez-vous le moment d'acheter un nouveau lit parce que vos finances sont au plus bas ? Ou, plus trivialement encore, peut-être est-ce le siège des W-C qui a besoin d'être réparé depuis bientôt cinq ans ?

Tolérer des besoins inassouvis, des gens difficiles, des affaires non réglées ou même notre propre comportement peut pomper toute notre énergie et saper notre moral. Cependant, nous sommes capables, avec le temps, de nous y habituer, au point d'en oublier l'existence ou d'être convaincu que nous devons faire avec. Or, nous n'y sommes absolument pas contraints.

Les diplômés de CoachVille et CoachU – qui figurent parmi les écoles de coaching les plus réputées des États-Unis – sont particulièrement sensibilisés à ce problème. Dès l'entretien préliminaire, ils demandent généralement à leurs clients d'énumérer tous les désagréments dont ils ont conscience. Parfois, ils ont d'abord du mal à se les rappeler, puis soudain ils en trouvent une longue liste. Le coach leur demande alors s'ils pourraient en éliminer certains facilement. Il y en a généralement un, quelquefois davantage. Il peut s'agir de demander à son conjoint de le consulter avant de changer de chaîne TV ou encore de ranger une pile de papiers.

En se débarrassant de ces désagréments, les clients connaissent un regain d'énergie. Ils bénéficient alors de davantage de temps et parviennent à progresser plus rapidement. Thomas Leonard, le fondateur des écoles CoachU et CoachVille, incitait ses clients à réduire ces désagréments d'au moins 90 % afin de reprendre le contrôle de leur vie.

Introduire des structures pour créer de nouvelles habitudes

Nous autres êtres humains suivons nos habitudes. Nous faisons beaucoup de choses en « pilotage automatique », de manière routinière. Nous nous levons le matin, prenons une douche, déjeunons, nous brossons les dents et sortons sans même y penser. De même, nous nous rendons ensuite sur notre lieu de travail sans vraiment en avoir conscience. Si nous n'y prenons gare, nous pouvons ainsi passer la majeure partie de la journée, tel un somnambule.

En général, nous ne choisissons pas nos habitudes délibérément, mais nous les mettons en place de manière aléatoire. Certaines personnes recourent au coaching pour se débarrasser d'une habitude, comme celle de boire ou de s'angoisser. D'autres voudraient au contraire instaurer de nouvelles habitudes comme celle de manger sainement ou d'être positif.

Créer de nouvelles habitudes est chose relativement facile. Une technique simple et efficace consiste à suggérer au client d'introduire une « structure » qui lui permette de concentrer son attention sur ce qu'il recherche. Il peut s'agir de faire dix minutes de salsa tous les matins, ou de coller un post-it sur le réfrigérateur pour éviter de grignoter.

Les opinions divergent sur le temps nécessaire pour qu'une action devienne une habitude. Certains psychologues prétendent qu'il faut vingt-et-un jours. D'autres penchent pour une durée plus longue, ou plus courte. D'après notre expérience, cela dépend de chaque individu et de chaque situation. Mais si votre client s'y attelle sérieusement, tôt ou tard elle fera tellement partie de sa routine qu'il n'aura plus besoin d'y penser.

Exemple de dialogue

Client Je voudrais aller m'entraîner régulièrement à la salle de sport pour être en bonne condition physique, mais les semaines passent et mes bonnes intentions s'envolent.

Coach Vous pourriez créer une routine en mettant en place des structures. [*Il explique brièvement comment cela fonctionne.*] À quoi penseriez-vous ?

Client Eh bien, l'un des problèmes est que je peux me rendre à la salle de sport à n'importe quel moment. Ce qui fait qu'à la fin d'une journée particulièrement difficile, je me dis « J'irai plutôt demain ». Et de même le jour suivant. Peut-être que si je m'inscrivais à un cours spécifique, cela m'obligerait à y aller au moins une fois par semaine.

Coach Cela me semble une bonne idée. Quoi d'autre ?

Client Si je mettais mes affaires de sport dans la voiture, je pourrais aller directement à la salle en sortant du bureau. Une fois que je suis chez moi, je n'ai plus la force de bouger.

Coach Excellente idée ! Autre chose encore ?

Client Oui, une dernière. J'ai un collègue qui fréquente cette salle. Nous pourrions nous mettre d'accord pour y aller ensemble un soir par semaine.

La visualisation créatrice

« La visualisation créatrice est l'art d'utiliser la puissance de l'imagination – et les images mentales qu'elle nous suggère – pour introduire dans notre vie des comportements positifs aux effets bénéfiques indéniables. » (Gawain, 2006). Cette technique présente donc un intérêt évident pour le coaching. Elle est extrêmement efficace pour améliorer son sort, ce que recherchent la plupart de vos clients.

La visualisation créatrice est également très facile à appliquer. La seule chose que le client doive faire est d'imaginer avec un maximum de détails comment il aimerait que la situation devienne. S'il veut parvenir à discuter avec davantage d'assurance avec les personnes du sexe opposé, il lui suffit de créer mentalement un film illustrant une telle scène et de se le passer aussi souvent que possible. Bien que l'on parle de visualisation, il n'est pas indispensable que le client fasse apparaître des images mentales. Certaines personnes ont le sentiment que l'événement se déroule sans le voir véritablement dans leur esprit. Vous pouvez décrire cette technique à vos clients comme une sorte de rêve éveillé que l'on pratique dans un but particulier.

La visualisation suscite le changement en programmant l'esprit inconscient. Les pensées sont extrêmement puissantes. Là où nous dirigeons notre attention – et notre intention –, l'énergie afflue. Le cerveau ne fait pas la différence entre un véritable souvenir et un événement imaginé, car tous deux suivent les mêmes cheminements neuronaux. Si bien qu'ensuite, lorsque le client se trouve dans une situation particulière et tente de se remémorer comment il a géré les expériences du même type par le passé, il trouve un souvenir positif qui est en fait une visualisation.

Une fois que vous aurez appris cette technique à votre client, il pourra y recourir chaque fois qu'il le souhaitera et l'appliquer à n'importe quel problème.

Recourir aux métaphores

Vous entendrez souvent vos clients décrire leur vie à l'aide de métaphores : « Je jongle comme un forcené en ce moment », « Ma vie est comme une bouteille de limonade qui a perdu ses bulles », « J'ai un nœud dans le ventre ».

Ces images peuvent sembler arbitraires ou fortuites, mais en réalité elles illustrent avec précision la manière dont la personne ressent la situation. Car le symbolisme est le langage naturel de l'inconscient.

Qu'est-ce que tout cela a donc à voir avec le coaching ? Si vous voulez vous engager auprès de votre client, vous devez creuser sous la surface de sa communication et examiner ses problèmes à un niveau plus profond. C'est en travaillant avec ses métaphores que vous y parviendrez.

Alice a eu une cliente qui se décrivait comme « encerclée par du verre ». Celui-ci la protégeait du monde extérieur, mais il la séparait aussi de la vie qu'elle aurait voulu mener. Il semblait en outre entraver la communication. Durant la séance de coaching, elle a décidé qu'elle ne voulait plus de ce verre. Le lendemain, elle a appelé Alice pour lui dire qu'en marchant dans la rue, elle s'était sentie différente, comme si elle s'était « libérée ». Elle était à la fois ravie et étonnée de ce changement.

Lorsque vous travaillez pour la première fois sur les métaphores de votre client, cela peut paraître étrange – comme si vous posiez le pied dans un monde inconnu (encore une métaphore !). Pour coacher de manière efficace, vous devez vous montrer curieux par votre questionnement et vous sentir à l'aise avec l'ambiguïté. Acceptez et reconnaissez l'expérience de votre client sans essayer de la changer, puis examinez-la avec lui en recourant à des questions ouvertes et « propres » – c'est-à-dire non contaminées par votre programme personnel.

Exemple de dialogue

Client :	J'ai l'impression de me trouver dans une attraction de fête foraine.
Coach	Quelle sorte d'attraction ?
Client	C'est un manège aux couleurs vives avec des mâts qui montent et descendent.
Coach	Que pouvez-vous en dire ?
Client	Il me semble incontrôlable.
Coach	Comment cela ?
Client	Il tourne bien trop vite pour que je comprenne quoi que ce soit.
Coach	Qu'est-ce que cela vous inspire ?
Client	Ça me donne le vertige. Je n'arrive pas à me concentrer sur quoi que ce soit.

Pour en savoir plus sur le travail avec les métaphores, vous pouvez vous référer aux ouvrages *Des métaphores dans la tête* (2006) de James Lawley et Penny Tompkins et *Metaphoria* (2002) de Rubin Battino.

Élargir l'éventail de solutions

Bien souvent, le problème du client consiste dans le fait qu'il n'a qu'une seule solution possible dans une situation donnée. Par exemple, si quelqu'un vient lui rendre visite, sa maison doit être impeccable. Ou si un collègue lui adresse une critique, il faut qu'il réagisse. Lorsqu'on emploie les expressions « il faut » ou « je dois », c'est qu'il n'y a pas d'autre choix. Les gens qui fonctionnent de la sorte sont comme le chien de Pavlov, qui était conditionné pour saliver dès qu'il entendait le son d'une clochette.

Pour venir en aide à votre client, vous pouvez attirer son attention sur les cas où vous constatez qu'il a un choix limité. Encouragez-le ensuite à imaginer d'autres alternatives.

Exemple de dialogue

Client	Cela me rend furieux de voir les gens arriver en retard à une réunion.
Coach	Que faites-vous ?
Client	En fait, rien. À quoi bon ?
Coach	Vous réagissez toujours ainsi ?

Client Oui. Je ne dis rien et j'enrage.

Coach Mais cela ne semble pas vous satisfaire. On dirait que vous n'avez qu'une seule manière possible de réagir à cette situation. Ne pourriez-vous donc rien faire d'autre ?

Client Je pourrais prendre les choses de manière plus décontractée. Cela ne semble pas gêner les autres outre mesure.

Coach J'ai l'impression que vous n'y arriveriez pas.

Client Vous avez tout à fait raison ! Ils devraient être à l'heure, un point c'est tout !

Coach Que pourriez-vous faire d'autre ?

Client Je pourrais exprimer clairement mon mécontentement. En sachant ce que je ressens, peut-être feraient-ils un effort ?

Expériences et échec

Comment venir en aide à un client qui prétend vouloir changer mais ne modifie nullement son comportement, de peur de quitter sa zone de confort ? Que faire pour qu'il traduise ses paroles en actes ? C'est en allant au-delà de ses limites présumées qu'il apprendra à progresser. Issue de la gestalt-thérapie, la technique de l'« expérience » peut fonctionner avec certains clients. Les gens sont souvent prêts à essayer un nouveau comportement – voire une croyance tout à fait nouvelle – lorsqu'ils savent qu'ils ont la possibilité de revenir en arrière. Il s'agit simplement d'une expérience. Si elle ne s'avère pas concluante, ils peuvent toujours revenir à leur point de départ. Dans certains cas, ils peuvent même tenter une série d'expériences et choisir celle qui offre les meilleurs résultats.

Par exemple, vous pouvez suggérer à votre client d'expérimenter un changement en guise de devoir à faire pour la séance suivante.

Exemple de dialogue

Coach Où en êtes-vous du problème que vous avez à participer aux réunions ? Vous tenez-vous toujours en retrait ?

Client Oui, j'en ai peur. Je n'ai pas avancé sur ce point.

Coach Avez-vous des réunions prévues cette semaine ?

Client Oui, j'en ai une mercredi, et une seconde jeudi.

Coach Voudriez-vous tenter une expérience, sans engagement de votre part ?

Client Éventuellement. De quoi s'agit-il ?

Coach À l'une de ces réunions, vous pourriez proposer une idée pour voir ce qui se passe. Pour être plus à l'aise, il vous suffirait de la préparer à l'avance.

Client Je ne sais pas. Cela ne peut pas me faire de mal. Si j'échoue, je ne serais pas obligé de recommencer ?

Coach Absolument pas. Nous verrons à la prochaine séance ce que cela aura donné.

Certaines personnes acceptent l'idée de l'expérience, mais ne changent absolument rien à leur manière de faire. Ce qui les retient souvent est la peur de l'échec. Par peur de ne pas bien faire, elles évitent de prendre des risques en essayant quelque chose de nouveau. Si c'est le cas de votre client, vous pourrez discuter avec lui de la présupposition PNL « Il n'y a pas d'échec, seulement des leçons à tirer ». Cette perspective peut être tout à fait libératrice pour lui. Que sera-t-il prêt à tenter s'il sait qu'il ne peut échouer ? à peu près tout !

Durant toute l'enfance, nous ne cessons d'apprendre – à marcher, à parler, à écrire, etc. Et ce, essentiellement par tâtonnements successifs. Nous essayons, nous nous trompons et nous tirons des leçons de nos erreurs. Nous nous améliorons ainsi progressivement, jusqu'à parvenir au résultat voulu.

Cependant, une fois devenus adultes, nous avons souvent tendance à penser qu'il nous faut réussir du premier coup. Nous ne nous risquons pas à monter sur des skis de peur de tomber. Nous ne parlons pas en public de peur de paraître ridicule.

En coachant, vous serez souvent amené à encourager vos clients à prendre des risques. Savoir qu'ils n'échoueront pas et qu'ils peuvent tout tenter à titre d'expérience leur permettra de sortir en toute confiance de leur zone de confort. Comme l'a déclaré Franklin D. Roosevelt dans son discours d'investiture, « la seule chose dont nous devons avoir peur est la peur elle-même ».

Adopter différents points de vue

Parmi ses principaux avantages, le coaching permet au client d'accroître la conscience qu'il a de lui-même, des autres, du monde en général ou même de la nature de la réalité. Souvent, il garde à un niveau inconscient des informations qu'il serait utile de ramener à la surface. Il existe pour cela une méthode extraordinaire issue de la PNL (programmation neuro-linguistique), qui est celle dite des positions perceptives. Vous pouvez inviter votre client à adopter l'une des trois principales positions perceptives : leur propre position (la première), celle d'une autre personne impliquée dans la situation (la deuxième) ou celle d'un observateur extérieur (la troisième). La plupart des gens connaissent bien la première position, puisqu'ils l'occupent presque en permanence. Toutefois, votre client trouvera très instructif de se mettre dans la peau de son interlocuteur en adoptant la deuxième position. Non seulement il découvrira une quantité étonnante d'informations dont il n'avait pas conscience auparavant, mais il sera en outre amené à se voir tel que l'autre le perçoit. Ce qui est très utile dans les cas de conflits ou lorsque votre client souhaite améliorer une relation.

Exemple de dialogue

Client Je ne sais pas quoi faire avec l'un des managers de mon équipe. Il n'est jamais d'accord avec mes propositions et il remet en cause tout ce que je dis. Il me rend dingue !

Coach Selon vous, d'où vient le problème ?

Client Je ne sais vraiment pas, mais je ne peux plus le voir en peinture.

Coach Avez-vous examiné la situation en adoptant son point de vue ?

Client Non, et je n'en ai absolument pas envie !

Coach [*Il rit.*] Je comprends, mais essayez quand même. Vous verrez ce qui va se passer.

Client D'accord, si vous le dites !

Coach Mettez-vous simplement à sa place pendant un moment. Essayez vraiment de vous mettre dans sa peau. Et passez dans votre tête un film qui vous montre tous les deux en train de vous disputer, mais en adoptant son point de vue.

Client [*Il se tait et se concentre.*] Ouah !

Coach Qu'avez-vous vu ?

Client Je ne sais pas bien comment le décrire, mais je n'arrive pas à croire que je puisse ergoter autant ! Comme si je n'avais qu'une obsession – descendre ses idées en flamme. Et j'ai l'air tellement suffisant !

Demandez alors à votre client d'adopter la troisième position, celle de l'observateur extérieur. Elle lui permettra de mieux appréhender la situation en le plaçant en dehors du processus de communication, évitant ainsi que ses émotions ne soient impliquées.

Exemple de dialogue

Coach Imaginez maintenant que vous vous êtes une mouche et que vous vous regardez tous les deux en train de vous quereller.

Client D'accord, je vais essayer. [*Il se concentre à nouveau sur son film imaginaire.*] Hum ! Voilà qui est intéressant.

Coach Quoi donc ?

Client [*Il éclate de rire.*] Eh bien, on dirait deux petits garçons dans la cour de l'école en train de se disputer pour savoir quel est celui dont le père gagne le plus d'argent, ou celui qui a les plus beaux jouets.

Coach Et alors ?

Client Alors, tout cela est vraiment puéril. Je crois qu'il est temps que nous grandissions tous les deux. [*Il réfléchit un instant.*] Il faut enfin que je devienne adulte.

Résoudre les distorsions de la pensée

Si la plupart d'entre nous se considèrent généralement comme des êtres rationnels, la réalité est tout autre. En effet, nous avons toutes sortes de croyances et de pensées qui, si nous les considérons de manière objective, sont manifestement irrationnelles et déformées.

Parmi les techniques les plus efficaces pour traiter cette distorsion de la pensée figure la thérapie cognitivo-comportementale (TCC). Élaborée par Aaron Beck dans les années 1970, elle a été adoptée par de nombreux psychothérapeutes pour traiter les troubles obsessionnels compulsifs (TOC), aussi bien que le manque de confiance en soi ou la maîtrise de ses émotions. Plus récemment, un modèle de coaching basé sur cette pratique a été mis au point. Le coaching cognitivo-comportemental repose sur les mêmes principes que la thérapie qui l'a inspiré. Toutefois, il se fonde davantage sur le questionnement que sur l'intervention directe. Au cœur de l'approche cognitivo-comportementale se trouve le modèle ABC :

- A (*Activating event*) est l'événement déclencheur, qui peut être externe (le patron nous dit que notre travail n'est pas satisfaisant) ou interne (nous nous rappelons avoir subi un tel reproche ou bien nous l'imaginons).
- B (*Beliefs*) représente les croyances ou pensées qui sont liées à cet événement – « Le patron pense que je ne suis pas fait pour ce poste, il va me licencier ».
- C (*Consequences*) représente les conséquences émotionnelles et comportementales qui en résultent – nous nous sentons déprimé et nous avalons un paquet de biscuits ou un whisky.

La majorité des cultures reconnaissent qu'un événement extérieur tel que le comportement d'autrui peut susciter des émotions. Notre langage reflète d'ailleurs cette croyance lorsque nous disons : « Il m'a énervé », « Cet examen m'inquiète » ou « Cette idée m'enthousiasme ». Mais le modèle ABC démontre que ce sont nos pensées et croyances associées à cet événement qui déterminent la manière dont nous ressentons celui-ci.

Lorsque vous leur expliquez cela, la plupart des clients connaissent un regain d'énergie. Ils ne se sentent plus esclaves de leurs émotions, mais savent qu'ils peuvent les maîtriser. Au lieu de tirer des conclusions hâtives lorsque leur patron critique leur travail, ils encaissent le coup en reconnaissant avoir manqué de rigueur et se promettent d'y passer plus de temps la fois suivante.

Tout sentiment négatif résulte d'une pensée négative. En modifiant cette dernière, vous changerez l'émotion qui en découle. Pour amener un changement positif, il suffit de prendre conscience de vos pensées automatiques négatives, qui déforment systématiquement votre perception de la réalité. Aaron Beck, qui a développé la thérapie cognitivo-comportementale, a établi une liste détaillée des distorsions cognitives. En l'examinant avec vos clients, vous les aiderez à découvrir comment ils créent leurs propres problèmes. Après avoir identifié la distorsion qu'ils opèrent, ils pourront tenter d'y remédier.

Les distorsions cognitives

- **Le principe du « tout ou rien ».** Le client voit tout en noir ou en blanc. Pour y remédier, le coach l'aidera à prendre en compte les nuances de gris.

- **L'amplification et la minimalisation.** La personne exagère les événements négatifs et minimise les points positifs. Il faut rétablir le sens des proportions.
- **Le catastrophisme.** Le client prévoit toujours le pire. Au lieu de se focaliser sur les conséquences possibles, incitez-le à envisager d'autres solutions.
- **Le raisonnement émotionnel.** La personne présume que ses sentiments les plus sombres, tels des preuves, reflètent la réalité des choses – « Je me sens idiot, donc je suis un imbécile ». Attirez son attention sur la faille de son raisonnement.
- **La personnalisation.** L'individu se reproche un événement même si celui-ci n'est pas entièrement de son fait. Là encore, un meilleur sens des proportions est nécessaire.
- **Les fausses obligations.** Le client se critique lui-même ou s'impose des règles strictes. Il faut introduire davantage de souplesse.
- **L'étiquetage.** Le client interprète une erreur qu'il a faite en la considérant comme un reflet de son identité – « J'ai raté mon permis de conduire, je suis vraiment nul ». Aidez-le à distinguer son comportement de son identité propre.
- **L'interprétation indue.** La personne a des pensées négatives et imagine que les autres ont les mêmes. Elle devra demander leur avis aux autres au lieu de présumer ce qu'ils pensent.
- **L'erreur de voyance.** Le client est persuadé que les choses finiront mal : « Ce sera très dur » ou « Cela ne marchera jamais ». Incitez-le à envisager des alternatives positives.
- **Le filtre mental.** L'individu considère uniquement l'aspect négatif d'une situation. Demandez-lui de prendre du recul et d'adopter un point de vue plus équilibré.
- **La surgénéralisation :** la personne affirme des choses telles que « il ne m'aimera jamais » ou « elle se trompe toujours », sans tenir compte des cas où le contraire est vérifié. Mettez en cause les mots comme « jamais » et « toujours » afin de lui faire prendre conscience qu'il existe des exceptions à sa règle interne.
- **La disqualification du positif.** Le client ignore ou rejette les aspects positifs d'une situation. Un point de vue plus équilibré serait nécessaire.

Aaron Beck, 1976

Agir comme un miroir

Vous rendez un précieux service à votre client en lui servant de miroir, c'est-à-dire en lui renvoyant ce que vous percevez de ses schémas comportementaux ou de pensée. À un degré ou à un autre, chacun se voile la face quant à ses zones d'ombre. En tant que coach, vous avez davantage de distance par rapport à votre client et parvenez à remarquer ce qui lui échappe.

Toutefois, en lui signalant les schémas suivant lesquels il fonctionne, veillez à ne pas paraître critique. Prenez garde à ce que vous dites, à la manière dont vous le faites et à l'impact que vos paroles peuvent avoir sur votre client. Un feed-back sincère est l'un des plus beaux cadeaux que vous puissiez lui offrir mais, pour être entendu, il doit être dispensé avec bienveillance. Si vous n'êtes pas sûr que votre client soit prêt à l'accepter, demandez-lui d'abord : « Souhaitez-vous que je vous fasse part d'une chose que j'ai observée ? » Cela donnera à votre client la possibilité de refuser et vous permettra de vérifier que vous ne suivez pas votre propre fil au détriment du sien. Voici deux exemples de feed-back que vous pourriez donner :

- « Je ne sais pas si vous en avez conscience, mais il me semble que vous utilisez beaucoup le verbe "devoir". »
- « J'ai remarqué qu'à plusieurs reprises, vous avez renoncé à un projet à cause de ce que d'autres personnes vous avaient dit. »

La capacité à fournir un feed-back efficace est également une compétence essentielle en management, lequel peut souvent être abordé sous l'angle du coaching. Le problème du feed-back est qu'il peut s'avérer contre-productif s'il est ressenti de manière négative. Vous cherchez à faire progresser votre client, et non à le démolir. Par conséquent, concentrez-vous sur les moyens d'améliorer les choses dans le futur au lieu de ressasser ce qui n'a pas fonctionné par le passé :

- **Soyez précis.** Donnez des exemples concrets au lieu de faire des commentaires généraux.
- **Basez-vous sur les faits.** Tenez-vous en à ce que vous avez réellement vu ou entendu. Ne compliquez pas le problème avec des spéculations.
- **Fournissez votre feed-back en usant d'empathie** et de bienveillance.
- **Rendez votre feed-back constructif.** Il ne sera utile que si votre client peut y changer quelque chose.
- **Mettez l'accent sur le comportement du client et non sur son identité.** Dites-lui « Vous auriez pu gérer cette situation d'une manière plus efficace », plutôt que « Vous êtes incapable de gérer quoi que ce soit ».

À vous de jouer

- Expérimentez les techniques présentées dans ce chapitre, en commençant par les appliquer à vous-même :
  - notez les nouvelles habitudes que vous souhaiteriez adopter,
  - examinez votre propre liste de contrariétés que vous tolérez,
  - trouvez une métaphore ou un symbole représentant la manière dont vous voulez coacher.

14

Quelques problématiques récurrentes

Dans ce chapitre, vous apprendrez :

- quelles sont les problématiques qui surviennent de manière récurrente en coaching ;
- quelles méthodes vous pouvez adopter pour les résoudre.

Les thèmes de travail les plus courants

On dit souvent que le coaching n'est pas une thérapie, mais qu'il aide les gens à mener une vie satisfaisante et épanouissante. Ceci est la théorie. Dans la pratique, tout coach de vie vous dira que les choses sont bien différentes. Les clients arrivent souvent avec des problèmes personnels, qui peuvent d'ailleurs être la raison pour laquelle ils se sont tournés vers le coaching. Quant aux coachs d'affaires, ils se retrouvent avec des clients qui ont des problèmes spécifiques à résoudre.

Bien que chaque client soit unique, avec des problématiques et des préoccupations qui lui sont propres, vous verrez régulièrement ressurgir un certain nombre de sujets. Ceux-ci varieront selon que vous soyez coach de vie ou d'entreprise ; toutefois la frontière n'est pas aussi nette. Les problèmes personnels entrent en ligne de compte dans le coaching d'entreprise et les problèmes professionnels interfèrent couramment dans le coaching de vie.

Dans ce chapitre, nous allons aborder un certain nombre de thèmes récurrents afin que vous sachiez par où commencer lorsque vous les rencontrerez. Cependant, rappelez-vous que vous ne pourrez jamais fournir une solution standard à votre client. Un coach expérimenté saura lui proposer des solutions sur mesure en creusant le problème initial pour découvrir d'autres problèmes sous-jacents.

Procrastination

Bien des gens n'arrivent pas à trouver le temps de faire certaines choses, les remettent à plus tard ou les abandonnent peu après s'y être attelés. Connu sous le nom de procrastination, ce problème est extrêmement répandu. Il prend parfois des proportions telles que le client se tourne vers le coaching pour le résoudre – se rendant sans doute compte qu'il l'empêche d'atteindre ses objectifs et de réaliser ses rêves. Dans d'autres cas, il se cache derrière d'autres problèmes plus urgents pour le client et ne figure même pas parmi les thèmes de l'objectif principal. Au bout de deux ou trois séances, vous commencerez toutefois à le percevoir. À chaque entretien, le client dit ne pas avoir fait ses « devoirs à la maison ». Ou bien il parle des délais serrés ou non respectés qui l'inquiètent dans son travail.

Comme la plupart des problèmes, celui-ci n'a pas une cause unique ni une seule solution. Vous devrez poser de nombreuses questions pour savoir précisément comment votre client crée une telle situation. Essayez de ne pas avoir d'idées préconçues. Restez ouvert à toute possibilité afin de ne pas ranger votre client dans une catégorie qui ne lui correspond pas.

Néanmoins, vous trouverez des traits communs à ce type de personnes. Par exemple, elles ont souvent tendance à être perfectionnistes. Elles trouvent des inconvénients à tout, ce qui rend n'importe quelle tâche plus difficile. Comme elles veulent faire les choses à la perfection, elles y mettent beaucoup de temps, et encore plus si elles les jugent importantes. Parfois, elles craignent l'échec ou la désapprobation – de manière consciente ou non. Elles remettent alors à plus tard le passage à l'action, afin d'éviter de se voir critiquer ou de se sentir mal au cas où les choses ne tourneraient pas comme elles l'avaient souhaité. Dans certains cas, vous vous apercevrez qu'elles supportent mal la frustration. Si elles pensent qu'une tâche va être désagréable ou ennuyeuse, elles ne la mèneront jamais à bien. Parfois, l'ampleur du travail leur semble tellement énorme qu'elles ne voient même pas l'intérêt de s'y atteler.

Pour aider votre client à remédier à sa procrastination, vous pouvez :

- l'encourager à diviser les tâches importantes en travaux plus facilement gérables,
- l'inciter à passer à l'action, même s'il ne sait pas exactement comment procéder,
- lui demander de mettre en place des structures et des habitudes qui l'aideront à faire avancer les choses,
- lui faire prendre conscience de ses croyances profondes concernant l'échec et la réussite.

Veillez surtout à ne jamais dire au client qu'il est un procrastinateur. Cela pourrait aggraver encore le problème. Il prétendrait alors : « Bien sûr que je remets tout à plus tard, je suis comme ça, et voilà ! »

Si votre client pense être capable de réussir ce qu'il s'est proposé de faire, il l'entreprendra probablement.

Stress

Le stress peut apparaître sous les formes les plus diverses. Et il y a fort à parier que vous en rencontrerez plus d'une au cours de vos séances de coaching. Aujourd'hui mentionné comme la principale cause d'arrêt de travail, le stress génère toutes sortes de maladies, depuis la dépression jusqu'au diabète. Nombreux sont les gens qui se plaignent du stress mais, par ce terme, ils ne désignent pas tous la même chose, car cette expérience est très subjective.

Certains sont stimulés par le fait d'avoir mille choses à faire, tandis que d'autres s'arrêtent totalement lorsqu'ils commencent à se sentir submergés. Certains sont paralysés à l'idée de participer à une interview, tandis que d'autres savourent cette occasion de se faire valoir. Certains sont paniqués par des événements qui paraissent anodins, tandis que d'autres surmontent tous les obstacles sans se laisser démonter.

En réponse à une menace réelle ou perçue, le corps a un réflexe de lutte ou de fuite. Modéré, le stress peut servir d'aiguillon. Il renforce les capacités physiques et mentales de la personne, l'aidant à relever les défis. Cependant, un excès de stress peut s'avérer néfaste, notamment s'il persiste sur de longues périodes. Il entraîne alors l'anxiété, l'épuisement, voire des problèmes de santé.

Les sources de stress les plus courantes sont le surmenage, la frustration, les conflits et les événements importants de la vie tels qu'un divorce, un déménagement ou un changement d'emploi. Si votre client se plaint de mal dormir ou s'il souffre de migraines, de problèmes digestifs ou de tension excessive, il est probablement sujet au stress.

Pour aider votre client à gérer son stress, le secret consiste à en apprendre le plus possible sur son cas – quelles sont les situations qui le favorisent, à quel moment celles-ci surviennent, quelles sont les autres personnes impliquées, etc. Mieux le problème est cerné, plus il est facile de tenter de le résoudre.

Comme souvent en matière de coaching, le simple fait d'aider le client à prendre conscience de la réalité permet à celui-ci de procéder aux changements nécessaires pour réduire le niveau du stress. Ces modifications peuvent être d'ordre physiologique – faire davantage de sport et manger mieux, par exemple –, d'ordre mental – prendre les choses moins au sérieux – ou encore d'ordre pratique – savoir dire « non » plus souvent et déléguer son travail chaque fois que possible.

Assurance et confiance en soi

Certains clients sont parfaitement conscients de leur manque d'assurance, que ce soit d'une manière générale ou dans des situations particulières. D'autres recourent au coaching pour un problème différent, mais, au bout d'une ou deux séances, le client comme le coach se rendent comptent que la cause profonde est en fait un manque de confiance en soi ou un besoin d'une plus grande assurance. Discutez alors avec lui des différents comportements possibles : l'assurance, la frilosité et l'agressivité.

- **Le comportement assuré** se fait sur le mode « Je gagne – tu gagnes ». Les deux parties expriment leurs sentiments et leurs pensées en toute sincérité, en respectant le droit de l'autre à faire de même.
- **Le comportement timoré** se caractérise par le fait que la personne n'exprime pas franchement ses points de vue, ses sentiments et ses croyances, ou qu'elle le fait timidement. Poussée par le désir d'éviter tout conflit, d'être appréciée et de maintenir la paix, elle fonctionne sur le mode « Tu gagnes – je perds ».
- **Le comportement agressif** consiste à se montrer intimidant, autoritaire, exigeant et à chercher la confrontation. La personne recourt au mode « Je gagne – tu perds » et n'accorde d'importance qu'à elle-même. Son attitude se caractérise par le fait qu'elle donne des ordres, crie et coupe la parole à ses interlocuteurs.

Si votre client souhaite acquérir davantage d'assurance, il éprouve sans doute une crainte, celle de blesser quelqu'un ou celle d'être rejeté. Les gens timorés accordent plus d'importance aux autres qu'à eux-mêmes, ou manquent de confiance en leur propre valeur. Le coaching peut les aider à rétablir l'équilibre.

Équilibre travail-vie privée

Vos clients ont des semaines de travail plus longues que jamais. Un sur six travaille plus de soixante heures par semaine, un tiers souffre de migraines dues au stress et près de la moitié reconnaît être irritable à la maison. Nombreux sont ceux qui se lèvent de bonne heure pour attraper leur train ou échapper aux embouteillages, ne voient guère leurs enfants et leur conjoint durant la semaine, peinent à faire du sport et ont peu de temps à consacrer à leurs amis et à leurs autres centres d'intérêt.

Selon une enquête publiée en Grande-Bretagne en 2002 par *Management Today,* 76 % des dirigeants voudraient passer plus de temps avec leur famille, 50 % déclarent être épuisés mentalement et physiquement et 30 % avouent avoir perdu le contrôle de leur vie. La réussite professionnelle semblerait conduire à l'échec dans d'autres domaines de notre vie. Celui-ci se répercute sur le travail, créant ainsi un cercle vicieux.

Il n'est donc guère surprenant que l'équilibre entre le travail et la vie privée soit régulièrement abordé en coaching de vie comme en coaching d'affaires. Pour caser tout ce qu'ils voudraient faire dans un emploi du temps déjà chargé, vos clients se trouvent devant un véritable défi et se tournent vers vous pour les aider à trouver une solution. Qu'allez-vous donc faire ?

Comme toujours, il vous faudra tout d'abord déterminer la situation réelle du client, sans présupposer quoi que ce soit. Chacun a une vision différente de ce qu'est une vie mal équilibrée. Qu'est-ce que cela représente pour votre client ?

En établissant des objectifs clairs et précis, vous serez d'une grande efficacité. Comment se présenteront exactement les choses une fois que sa vie sera à nouveau équilibrée ? Que peut-il faire pour progresser ?

Gestion du temps

Pour aborder les problèmes d'équilibre entre le travail et la vie privée de votre client, vous aurez parfois intérêt à examiner avec lui la manière dont il gère son temps. Tout le monde n'est pas efficace dans ce domaine. Or quelques petits changements peuvent faire une grosse différence.

Vous pouvez lui suggérer de tenir un journal où il consignera tout ce qu'il fait pendant une journée ou même une semaine. Les clients sont souvent surpris par ce qu'ils obtiennent et voient aussitôt comment ils pourraient gagner du temps. Une semaine comprend 168 heures. Invitez votre client à additionner le temps qu'il consacre à chacune de ses activités. Cela peut également être une révélation. Souvent, les gens réalisent qu'il y a une différence entre ce qui leur tient le plus à cœur et la manière dont ils répartissent leur temps.

La manière dont les gens emploient leur temps laisse penser qu'ils ont l'éternité devant eux. Or nous avons tous un nombre d'années limité à vivre. En supposant que nous atteignions 75 ans, qui est l'espérance de vie moyenne, nous disposons de 657 000 heures à partir de notre naissance.

Si votre client a 30 ans aujourd'hui, il lui reste environ 394 200 heures à vivre. S'il a 50 ans, il n'a guère plus de 219 000 heures devant lui. La moitié de ce temps sera passé à dormir, manger et faire les travaux ménagers. Une autre partie sera consacrée au travail.

La question est de savoir comment il veut utiliser ce bien si précieux.

Pour aider votre client, assurez-vous que la manière dont il emploie son temps est en accord avec ses valeurs et son but dans la vie. Pour cela, la question idéale sera : « Comment voulez-vous mener votre vie ? »

Johanna est une personne très active qui parvient à faire une quantité de choses. Mais en additionnant tout, elle a été stupéfaite du peu de temps qui lui restait pour elle. Les heures de sommeil, le travail, les repas, les déplacements, les courses et les travaux ménagers lui prennent environ 120 heures par semaine, sans compter le temps qu'elle consacre à son compagnon et à ses enfants, et celui qu'elle passe à faire du sport, à voir ses amis, à regarder la télévision, à écouter de la musique ou simplement à se détendre avec un verre de vin et un bon livre. Elle a aussitôt compris qu'elle en faisait trop, et elle s'est mise à réfléchir à ce qu'elle pouvait mettre de côté et à ce qu'elle devait privilégier.

Leadership

Les leaders les plus efficaces sont ceux qui commencent par se diriger eux-mêmes.

James Kouzes et Barry Posner, *Le défi du leadership*

Dans le monde des affaires, de nombreux clients font appel à un coach parce qu'ils veulent motiver leur équipe et inciter leurs collaborateurs à faire preuve d'initiative et à conjuguer leurs efforts pour réaliser la vision de l'entreprise. Ils veulent développer leurs compétences en leadership et devenir plus efficaces, charismatiques et dynamiques. Extrêmement prisées dans ce milieu, ces qualités sont essentielles aux managers qui veulent accéder aux plus hautes responsabilités.

Si vous coachez à ce niveau, vous devez vous montrer à la hauteur. Vos clients sont le plus souvent des personnes influentes qui disent ce qu'elles pensent et s'attendent à ce que vous fassiez de même. Ils ne bénéficient pas nécessairement de la même franchise de la part de leurs collaborateurs et demandent donc à leur coach de leur dire la vérité.

Il existe de nombreux ouvrages de qualité sur le leadership, parmi lesquels *L'étoffe des leaders* de Stephen Covey (1996). Si ce domaine est relativement nouveau pour vous, nous vous conseillons d'en lire quelques-uns afin de connaître ses dernières évolutions.

Par ailleurs, on a souvent tendance à penser que le leadership concerne uniquement le monde de l'entreprise et n'a rien à voir avec le coaching de vie. Or il est également important au niveau personnel. Pour être un bon leader, vous devez déjà savoir vous diriger vous-même, c'est-à-dire savoir clairement quel est votre but dans la vie.

Le véritable leadership consiste à être fidèle à soi-même, en accordant ses comportements à ses croyances et à ses valeurs. Lorsque vous coachez un client sur de l'ensemble de sa vie, vous aurez intérêt à introduire la notion de leadership personnel.

Capacité à déléguer

C'est un thème important dans le monde des affaires. Si vous êtes coach d'entreprise ou de dirigeants, vous n'y échapperez pas. Nombreux sont les managers qui voient d'un bon œil l'idée de confier à d'autres certaines responsabilités, mais qui, en réalité, agissent uniquement selon le principe que l'« on n'est jamais mieux servir que par soi-même ».

Que se passe-t-il donc ? Souvent, ils craignent que des erreurs soient commises s'ils ne supervisent pas tout personnellement, car personne n'est aussi compétent qu'eux. Si bien qu'ils tiennent fermement les rênes de tout ce qui se déroule dans l'entreprise.

Une façon d'aborder le problème consiste à examiner la réalité de la situation. N'y a-t-il vraiment aucune tâche qui puisse aisément être déléguée ? À moins que le client soit totalement incapable de lâcher du lest, il en trouvera toujours quelques-unes. En quels collaborateurs a-t-il confiance pour lui confier ces tâches ? Après avoir essayé de déléguer, le manager se rendra compte que la plupart de ses craintes étaient sans fondement.

Lorsqu'un client a du mal à déléguer, incitez-le à se mettre à la place de ses collaborateurs. Lorsqu'il réalise combien son comportement peut être démotivant pour son équipe, il s'engage le plus souvent à le modifier.

Vous pouvez aussi attirer son attention sur l'efficacité accrue qu'il obtiendra en déléguant, ainsi que sur d'autres avantages tels qu'un meilleur équilibre de ses vies professionnelle et privée et de meilleures opportunités de promotion.

Recherche du bonheur

« Don't worry, be happy ! » (Ne t'inquiète pas, sois heureux !), entonnait Bobby McFerrin dans sa chanson éponyme. Cependant, bien des gens trouvent cela plus facile à dire qu'à faire. En fait, une grande partie des clients qui s'adressent à un coach sont malheureux d'une manière ou d'une autre, et espèrent changer cette situation.

Dès le début d'une relation de coaching, vous pouvez inviter votre client à se situer sur une « échelle du bonheur » graduée de 1 à 10, à l'instar de la roue de la vie décrite au chapitre 8. Vous pouvez d'ailleurs l'ajouter à cette dernière. Il choisira 10 s'il se sent le plus heureux des hommes, 1 si sa vie est un enfer, ou l'une des valeurs intermédiaires.

Quel que soit le niveau où ils se placent sur cette échelle, la plupart des gens visent toujours à devenir plus heureux. Mais qu'est-ce qui le leur permettra ? Chaque personne est différente. Les sources de bonheur les plus courantes sont les biens, la sécurité, la santé, l'argent, la position sociale, un travail épanouissant, la quiétude morale, une âme sœur, le respect, des vacances exotiques et la satisfaction spirituelle.

En théorie, votre travail devrait donc être aisé. Vous n'avez qu'à trouver ce qui rendrait votre client heureux et à l'aider à l'obtenir. Mais l'expérience montre que cela ne fonctionne pas tout à fait ainsi. Car le bonheur est avant tout un état d'esprit. C'est une attitude, une manière de concevoir les choses.

En effet, un même événement peut être perçu de manières totalement opposées. Le bonheur ne dépend pas uniquement des circonstances de la vie. Il existe beaucoup de gens bien nés qui ont de l'argent en n'en savoir que faire, mais qui sont tristes à mourir, tandis que d'autres, qui ne possèdent rien ou ont traversé les pires difficultés, mais qui sont heureux comme Baptiste.

Certains clients voient le verre à moitié plein, d'autres à moitié vide. Certains se focalisent sur ce qui leur manque, tandis que d'autres chérissent les bienfaits qu'ils ont reçus. Bien des gens remettent le bonheur à plus tard (« Je serai heureux quand j'aurai une belle voiture/un bon travail/une femme aimante »), ce qui peut les conduire à être malheureux en attendant.

Pour aider votre client à trouver le bonheur, vous pouvez l'inciter à se situer davantage dans le présent, à identifier ses points forts, à en faire usage et à adopter une attitude positive.

Relation aux autres

Vous devrez souvent aborder les problèmes relationnels, que vous travailliez avec des particuliers ou en entreprise. Vous rencontrerez des clients qui souhaitent avoir des relations moins conflictuelles avec leur famille, leurs collègues ou leurs amis. D'autres chercheront l'âme sœur, traverseront une période difficile avec leur partenaire ou tenteront de se remettre d'une séparation.

Afin d'appréhender la situation, vous poserez à votre client des questions de ce type :

- Que se passe-t-il exactement entre vous ?
- Quelles sont, parmi vos valeurs, celles qui sont bafouées ?
- Quelles croyances avez-vous à propos de cette situation ?
- Quel rôle jouez-vous là-dedans ?

La dernière question est particulièrement importante. Nous avons tendance à penser que ce sont les autres qui créent le problème dans nos relations. Or, comme l'on dit, il faut être deux pour danser le tango et, par conséquent, nous devons reconnaître notre part de responsabilité.

La technique des positions perceptives sera très utile ici, car elle permet de multiplier les points de vue (voir chapitre 13). En suggérant simplement à votre client d'envisager la manière dont il se comporte à travers les yeux d'une autre personne, vous pouvez l'amener à changer d'opinion et de comportement.

Argent

Il est rare de trouver un client qui indique sur sa roue de la vie être totalement satisfait dans le domaine de l'argent. La plupart des gens en voudraient davantage. Certains passent d'ailleurs une partie importante de leurs séances à se demander comment en obtenir.

Bien sûr, vos clients ne sont pas tous égaux au départ. Certains sont déjà financièrement à l'aise et cherchent encore à accroître leur fortune. D'autres, croulant sous les dettes, se demandent comment maintenir la tête hors de l'eau.

Si vous n'êtes pas un coach spécialisé dans la fortune et la finance, évitez de prodiguer des conseils. Dans certains domaines financiers, mieux vaut demander l'avis d'un expert. Contentez-vous de questionner votre client pour l'aider à repartir sur de bonnes bases.

Toutefois, ce secteur de la roue de la vie ne peut jamais être considéré indépendamment, car il interagit avec la plupart des autres – en particulier celui du travail. Mais le manque d'argent peut également affecter les relations et la santé, ainsi que les loisirs. En effet, les problèmes financiers peuvent se répercuter sur la plupart des autres domaines.

Tout d'abord, il convient de faire le point avec votre client. Vous devez savoir où il en est, quelle que soit la gravité de la situation. Vous pourrez également lui suggérer de tenir ses comptes pendant un certain temps, de manière à savoir exactement où va son argent. Examinez éventuellement la manière dont il le dépense. A-t-il tendance à acheter sur une impulsion ou fait-il attention à son argent ?

Ensuite, incitez-le à se fixer un objectif précis, qu'il s'agisse d'éponger ses dettes avant une date donnée, ou de devenir millionnaire avant trois ans. Il ne reste plus alors qu'à établir un plan d'action et à le mettre en œuvre.

Contrôle des émotions

Il arrive à chacun de nous de ne plus pouvoir contrôler nos émotions. Nous devenons soudain tristes, furieux, contrariés, impatients, blessés, etc. Certains clients demandent explicitement à travailler sur la gestion de leurs émotions – la colère, par exemple. Mais même si ce n'est pas le cas, ce problème revient souvent à la surface.

La plupart des gens pensent n'avoir aucune prise sur leurs émotions. Dans une certaine mesure, ils ont raison, car nous avons bien souvent des réactions animales primitives. Nous faisons notre possible pour masquer ces émotions négatives qui peuvent s'avérer dérangeantes. Néanmoins, elles ont souvent une raison d'être dont nous n'avons pas conscience.

Ainsi, l'angoisse que le client éprouve à l'approche d'un examen peut le pousser à se préparer davantage. En le questionnant sur le problème soulevé et sur ce qu'il ressent, vous l'aiderez à prendre conscience de ce qui se passe à un niveau plus profond.

Vous pouvez également vous inspirer des notions abordées au chapitre précédent concernant les distorsions cognitives et le modèle ABC. Demandez à votre client de noter les pensées qui provoquent en lui des émotions gênantes. Une fois mises en évidence, celles-ci pourront être analysées. Le cas échéant, le client pourra alors faire de nouveaux choix.

Spiritualité

Le coaching n'est pas uniquement affaire d'objectifs et de performances. Parfois, le coach s'efforce de créer un espace pour permettre au client d'explorer les questions qui lui tiennent à cœur. De plus en plus, ces dernières incluent la spiritualité. Les gens recherchent un sens et un but à leur vie.

La spiritualité ne concerne pas nécessairement la religion. Il s'agit plutôt d'aller chercher l'essence de ce que nous sommes.

Aboodi Shabi, coach britannique reconnu dans le domaine de la spiritualité, dit ceci : « Nous pouvons être efficaces selon des objectifs mesurables, ou parvenir au but fixé, mais nous pouvons aussi être une coquille vide menant une vie machinale et sans âme. »

Si votre client souhaite développer son côté spirituel, faites-le réfléchir à ce qu'il veut laisser derrière lui. Demandez-lui de s'imaginer sur son lit de mort et de regarder ce qu'a été sa vie. Qu'est-ce qu'il aimerait alors avoir accompli ? Comment voudrait-il que l'on se souvienne de lui ?

Il n'y a rien de tel qu'une question de ce genre pour aider le client à faire la part des choses et à décider comment il veut mener sa vie.

À vous de jouer

- Réfléchissez à votre propre vie et faites la liste des problématiques qui vous concernent vous, ainsi que les gens de votre connaissance.
- Expérimentez certaines des idées suggérées dans ce chapitre pour faciliter le changement.
- Lorsque vous commencerez à coacher vos propres clients, vous noterez les thèmes que vous serez amené à aborder avec eux.
- Notez les similitudes et les différences entre les clients pour chaque problématique, ainsi que les méthodes employées pour les aider à les résoudre.

15 Faire progresser le client

Dans ce chapitre, vous apprendrez :

- comment créer un climat qui stimule le changement ;
- pourquoi les objectifs suscitent énergie et motivation ;
- pourquoi la responsabilisation du client fait avancer les choses ;
- comment utiliser trois techniques d'intervention pour aider le client à progresser ;
- comment contrôler les progrès réalisés ;
- comment inciter le client à aller plus loin qu'il ne pensait pouvoir le faire.

Le coaching implique un changement

Imaginez qu'à la fin d'une relation de coaching, votre client soit exactement le même qu'au début. Comment le ressentiriez-vous ? Si une entreprise avait financé votre intervention, qu'en penserait-elle ? Et qu'en serait-il du client ? Vraisemblablement, toutes les personnes impliquées concluraient que ce coaching n'a été qu'une perte de temps, d'efforts et d'argent.

Le but du coaching est de susciter un changement – c'est-à-dire que le client apprenne, s'améliore ou progresse d'une manière ou d'une autre. Dès le début de la relation de coaching, votre rôle est de créer un climat qui permette à votre client d'atteindre le but souhaité.

Pour l'instant, cela peut vous sembler un véritable défi. Mais lorsque vous aurez assimilé les méthodes permettant de fixer un objectif et de responsabiliser le client, et que vous saurez l'interrompre, lui soumettre une demande d'action ou un défi et l'inciter à aller au fond du problème, vous aurez davantage confiance en vous.

De l'intérêt de fixer des objectifs

Vous avez appris au chapitre 11 comment aider vos clients à fixer leurs objectifs. Certains s'adresseront à vous en sachant déjà quel est leur but. D'autres auront atteint une étape de leur vie ou de leur carrière où ils ne savent plus ce qui est important pour eux et ce qu'ils doivent faire. Il suffit parfois qu'ils parviennent à déterminer clairement leurs objectifs pour être capables de redémarrer.

La plupart des gens auront à la fois des objectifs à court, à moyen et à long terme. Certains objectifs seront facilement atteints dans les quinze jours qui suivent. D'autres, plus complexes, demanderont davantage de temps. Enfin, les plus conséquents se réaliseront bien au-delà de la relation de coaching.

Mais pourquoi faut-il nécessairement se fixer des objectifs ? Pourquoi ne peut-on simplement commencer à coacher et observer ce qui se passe ? Certes, cette technique est envisageable. Toutefois, la plupart des gens s'aperçoivent qu'un objectif précis et mesurable leur offre une voie à suivre, tout en leur procurant une motivation et une énergie qui les propulsent en avant. Le simple fait d'avoir un objectif clairement exprimé favorise le changement, car le client réfléchit davantage à ce qu'il veut et à la manière dont il peut l'obtenir.

Responsabiliser le client

Une personne responsable honore les engagements qu'elle a contractés auprès d'autrui. Si vous vous êtes engagé à venir me chercher à 19 h 30, vous devez le faire. Si vous n'assumez pas cette responsabilité, j'aurai tout lieu de me plaindre.

Pratiquée par certains coachs, la responsabilisation du client présente toutefois certains inconvénients : peu de gens acceptent les reproches d'une personne qui joue le rôle du professeur sévère et le client n'apprend pas à se responsabiliser par lui-même.

Néanmoins, la responsabilisation est un élément essentiel du coaching car elle permet de faire avancer les choses. Nous avons tous une liste de tâches qui attendent depuis des années. L'une des raisons pour lesquelles nous ne les avons toujours pas accomplies est que nous n'en avons parlé à personne.

Lorsque vous vous engagez auprès de quelqu'un, vous avez davantage de chances de tenir vos promesses. Cependant, il est important de faire comprendre au client qu'il n'exécute pas la tâche pour plaire à son coach. Il le fait pour lui-même.

Durant l'entretien préliminaire, le client convient généralement avec le coach jusqu'à quel point il souhaite être responsabilisé. Le plus souvent, ils se mettent d'accord sur le fait que le coach demande à chaque fois au client s'il a réalisé ce dont il avait parlé à la séance précédente – en témoignant toutefois de sa curiosité et de sa compassion plutôt que de sa désapprobation lorsque celui-ci n'a pas rempli ses engagements. Ce qui permet au client d'approfondir le problème avec le coach sans craindre de se voir sanctionné.

Il est important que le client n'ait pas l'impression de subir une chasse aux sorcières, ce qui induirait une réaction défensive de sa part. Le coaching consiste davantage à soulever les couches successives de la conscience qu'à pousser le client à agir. Votre but est d'examiner objectivement ce qui s'est passé. Si un client affirme vouloir entreprendre quelque chose mais qu'il ne donne pas suite, cela peut être parce qu'il a changé d'idée, qu'il ne le souhaitait pas vraiment ou que le projet ne cadre pas avec ses valeurs ou son but ultime.

Toutefois, vous devez dès le départ attendre du client qu'il honore ses résolutions. La plupart commencent par s'acquitter de leurs engagements avec enthousiasme, puis se mettent à tester votre rigueur lorsqu'ils n'ont pas fait leurs devoirs. La meilleure façon de gérer la situation consiste à rappeler au client votre accord initial relatif à ses responsabilités. Lorsqu'il aura compris qu'il n'est plus à l'école et qu'il est responsable de lui-même, il acquerra davantage d'indépendance et de confiance en lui.

Ce type de responsabilisation peut être difficile à instaurer si vous coachez un membre de votre équipe. En tant que supérieur, vous êtes en droit d'attendre certaines choses de votre subalterne et pouvez recourir à des sanctions disciplinaires s'il n'obtempère pas. Vous devrez alors distinguer clairement les demandes légitimes que vous lui adressez de celles qui relèvent de la relation de coaching.

Comment instaurer la responsabilisation

Les trois questions suivantes vous permettront de structurer la responsabilisation du client.

Qu'allez-vous faire ?

L'objectif à atteindre doit être formulé avec précision.

Quand le ferez-vous ?

Un objectif sans échéance ne restera qu'un vœu pieux. Un calendrier d'exécution lui donnera davantage de poids et impliquera un engagement.

Comment le saurons-nous ?

En décrivant avec précision comment le coach et le client pourront juger des résultats obtenus, il sera possible de contrôler si l'engagement a été rempli.

Certains clients ont tendance à être trop ambitieux dans leurs engagements, notamment en ce qui concerne les échéances. S'ils vous semblent trop optimistes, questionnez-les.

Les comptes-rendus pourront être délivrés par tous les moyens imaginables, y compris par courrier électronique, par fax ou par messagerie vocale. Toutefois, de nombreux coachs le font en début de séance en demandant à leur client de faire le point sur les progrès effectués depuis l'entretien précédent. C'est une bonne occasion de vérifier les actions que le client s'est engagé à entreprendre.

Cela peut sembler simple en théorie. Mais il n'est pas rare que le client se lance tout de suite sur le sujet qui le préoccupe.

L'occasion est alors perdue, car il est également important de respecter le rythme du client. Si, au fil de la conversation, l'occasion ne se présente pas naturellement de parler de ses engagements, vous pourrez soulever la question vers la fin de la séance. Procédez alors avec précaution. Si votre client a consacré beaucoup de temps et d'efforts à remplir sa tâche et que vous ne lui laissez que cinq petites minutes pour en parler, il pourrait prendre votre attitude pour du mépris et ne se sentira pas encouragé à tenir ses promesses la fois suivante.

Une relation de coaching est-elle envisageable sans responsabilisation du client ? La réponse est incontestablement « oui, mais ». Certains clients demanderont à n'être tenus à aucun engagement, ce qui est parfaitement leur droit. Si votre client est déjà très sûr de lui, privilégie sa liberté ou préfère simplement garder la maîtrise des choses, il ne pourra supporter une telle contrainte. Vous rencontrerez également le cas où l'objectif du coaching est moins de réaliser quelque chose que d'aider la personne dans son développement personnel. Certains clients ne verront pas la nécessité que le coach leur rappelle ce qu'ils se sont promis de faire.

L'inconvénient de cette approche est que le client peut bien plus facilement occulter les problèmes qu'il veut éviter ou qu'il n'est pas prêt à affronter.

Trois techniques d'intervention pour faire avancer les choses

Vous avez à votre disposition trois techniques simples mais efficaces pour aider vos clients à progresser :

1. Demande d'action.
2. Interruption.
3. Approfondissement du problème.

Demande d'action

Demander directement à votre client de s'engager à entreprendre une action est l'un des moyens les plus efficaces pour accélérer l'évolution du coaching. En vous basant sur votre connaissance de la personne et de son programme, vous l'invitez à s'engager à atteindre un objectif spécifique et mesurable.

Le client a trois possibilités :

1. Accepter la demande.
2. Refuser la demande.
3. Proposer une alternative.

Votre responsabilité en tant que coach est d'être prêt à abandonner votre demande si le client la refuse. L'idée qui vous semblait pouvoir lui être utile ne lui convient manifestement pas à ce moment précis. Si vous travaillez véritablement à partir du programme de votre client, vous n'aurez aucun mal à vous détacher de cette demande.

En présentant explicitement votre requête comme une « demande d'action », vous marquez qu'elle revêt une importance particulière. Si bien que le client acceptera le plus souvent. Il est alors de sa responsabilité de la respecter ou non. Mais puisqu'il s'y est engagé de manière catégorique, il y a davantage de chances qu'il le fasse.

Pour que cette demande soit efficace, il faut toutefois qu'elle soit précise et mesurable. Si elle est vague, le résultat risque d'être tout aussi confus. En revanche, un projet bien calibré est déjà à moitié réalisé.

Si le client refuse votre demande, invitez-le à suggérer autre chose. Il trouvera généralement une contre-proposition qui lui conviendra davantage, et pour laquelle il sera prêt à déployer toute son énergie.

Exemple de dialogue

Client Je n'ai vraiment pas envie de rattraper mon retard de travail le week-end prochain. J'ai promis à des amis de leur rendre visite, je ne peux pas annuler une nouvelle fois.

Coach J'ai une demande à vous faire. Je voudrais que vous vous engagiez à finir tout votre travail pour vendredi midi. Ainsi, vous aurez le temps de décompresser.

Client Je n'y arriverai jamais. J'ai tellement de choses à faire !

Coach À quoi pouvez-vous vous engager ?

Client Je travaillerai une heure de plus tous les jours de cette semaine et je bouclerai tout avant 18 h vendredi.

Coach Cela me semble parfait. Passez un bon week-end !

Interruption

S'il peut paraître impoli d'interrompre un client pendant qu'il parle, cette intervention est souvent profitable et parfois nécessaire. Lorsque votre client se met à décrire ce qui lui arrive dans les moindres détails, la séance risque de passer sans qu'aucun progrès n'ait été accompli. Lors de l'entretien préliminaire, vous l'aurez prévenu qu'il peut vous arriver de l'interrompre afin d'utiliser au mieux la durée de la séance. Si bien que le jour où vous le ferez, il sera d'abord surpris, mais il comprendra rapidement pourquoi vous agissez ainsi.

Vous pouvez d'ailleurs expliciter ce que vous faites en disant : « Puis-je vous interrompre un instant ? ».

Interrompre le client est particulièrement utile dans les cas suivants :

- lorsque celui-ci s'écarte du sujet, se laisse distraire par une nouvelle pensée, ou part dans une totale digression ;
- lorsqu'il se complaît à raconter des histoires qui n'en finissent jamais ;
- lorsqu'il décrit tout dans les moindres détails ;
- lorsqu'il semble parler de choses sans intérêt afin de ne pas aborder un problème qu'il a du mal à affronter ;

À force de se voir interrompu – en espérant que cela ne soit pas à chaque fois qu'il ouvre la bouche –, le client apprendra vite à être plus concis, limitant ainsi les occasions que vous aurez de lui couper la parole. En général, vous ferez suivre votre interruption d'une nouvelle question, d'un retour d'information ou d'une demande d'action, ce qui fait que votre intervention s'insérera naturellement dans le processus de coaching.

Exemple de dialogue

Client — Le problème avec David, c'est qu'il ne sait pas diriger les gens. Vous ne me croirez pas si je vous raconte ce qu'il a fait l'autre jour… [*Il se lance dans une anecdote semblable à celles qu'il avait déjà rapportées lors des séances précédentes à propos du même manager.*]

Coach — Excusez-moi de vous interrompre. Votre histoire est tout à fait intéressante, mais je préférerais optimiser le temps qui nous est imparti. Qu'avez-vous l'intention de faire pour améliorer la situation ?

Client — Eh bien, il faudrait que je lui parle, car son comportement affecte toute mon équipe.

Approfondissement du problème

Cette intervention s'apparente à l'interruption, dans les cas où le client se met à parler pour ne rien dire, voire à perdre le fil de son discours. Toutefois, elle se fait dans un but différent. Si l'interruption fait l'effet d'une grenade paralysante qui le fige sur-le-champ, cette seconde technique consiste à se frayer un chemin à la machette à travers la jungle de son histoire afin d'aller au cœur du problème.

Parfois, vous devrez interrompre le client avant de l'inciter à aller à l'essentiel. Mais dans la plupart des cas, il vous suffira de poser une question de ce type :

- Qu'est-ce qui sous-tend tout cela ?
- Quel est le véritable problème ?

Ces questions peuvent être extrêmement efficaces. Vous saurez que vous avez mis dans le mille si le client reste silencieux et réfléchit un moment avant de répondre. Vous l'aurez alors conduit à un niveau de conscience plus profond, ce qui aura un effet radical sur sa manière de voir les choses.

Une autre manière de mener le client à l'essentiel consiste à lui résumer ce qu'il vous a dit. En faisant cela, vous devez vérifier avec lui que vous avez bien saisi son propos.

Exemple de dialogue

Client — *[Il parle assez longuement.]* …J'étais vraiment déçu par la manière dont il s'était comporté. C'était tellement injuste de sa part…

Coach — Vous étiez dépité et furieux. Je ne me trompe pas ?

Surveiller l'évolution du client

Il est important de mettre en place un système qui vous permette, ainsi qu'à votre client, d'observer les progrès effectués. Tout d'abord, vous pouvez tous les deux constater que les choses avancent de manière satisfaisante. Ainsi, vous n'attendrez pas la dernière séance pour vous apercevoir que rien de significatif ne s'est produit. En outre pour le client, le fait de se rendre compte de ce qu'il a accompli jusque-là peut l'encourager à viser plus haut encore.

Vous pouvez prévoir ces mises au point à intervalles réguliers, par exemple toutes les trois à quatre séances, ou bien les laisser venir d'elles-mêmes. Leur planification présente l'avantage d'être sûr de ne pas les oublier, mais certains préféreront une approche plus souple.

Une bonne manière de démarrer consiste à demander au client de réfléchir au point où il se trouve par rapport à celui d'où il est parti. Il se rappellera sans doute quelques-uns des principaux objectifs qu'il s'était fixés au départ, et pourra évaluer s'il s'en est rapproché. Vous pouvez également reprendre la liste des objectifs que vous avez établie lors de l'entretien préliminaire et cocher ceux qui ont été atteints. En même temps, vous ajouterez ceux qui sont apparus en cours de route.

Lorsque le client n'a pas conscience des progrès qu'il a réalisés dans certains domaines, le coach est là pour le lui faire remarquer. La mise au point permet en outre de savoir quand il est temps de mettre un terme à une relation de coaching, si sa durée n'a pas été déterminée a priori. C'est le cas lorsqu'il n'y a plus d'objectif à atteindre ou que le client n'a plus de progrès significatifs à faire.

Voici quelques exemples de questions à poser pour faire le point sur l'évolution du client :

- En quoi les choses ont-elles avancé pour vous ?
- Où vous situez-vous maintenant par rapport au début de notre travail ?

Relever la barre

Quand les athlètes s'entraînent pour les Jeux olympiques, leur but est de s'améliorer constamment. Pour cela, avec l'aide de leur coach, ils se fixent des objectifs sans cesse plus ambitieux. Vos clients sont capables d'aller au-delà de ce qu'ils réussissent actuellement – et souvent bien plus loin. Votre rôle en tant que coach est de les aider à optimiser leur potentiel.

Avoir de l'estime pour son client

Il est important que vous éprouviez de l'estime pour votre client. En portant votre attention non pas sur la personne qui est devant vous, mais sur son potentiel, vous insufflez à votre client la confiance nécessaire pour qu'il prenne des risques et ose tenter de réaliser ses rêves – ce qui favorise ensuite le changement et l'action. Si vous êtes convaincu que votre client est capable d'accomplir de grandes choses, celui-ci percevra que vous croyez en lui sans que vous ayez besoin de le formuler explicitement. Ce que vous pensez de votre interlocuteur ressort dans tout ce que vous faites ou dites. Observez par exemple ces deux questions :

- Pensez-vous être capable de courir ce marathon ?
- Comment vous sentirez-vous après avoir réussi ce marathon ?

La première laisse entendre que vous doutez de sa capacité à courir le marathon, tandis que la seconde suppose qu'il y parviendra. Si vous croyez en votre client, vous ferez monter les enchères et l'inciterez à aller plus loin qu'il ne l'aurait fait sinon.

Lancer un défi

Le défi se situe un cran au-dessus de la demande d'action. Il consiste à pousser le client à sortir de sa zone de confort. Lorsque vous lui demandez de réaliser une action, il s'agit en général de quelque chose de raisonnable et d'accessible – ce qui n'est pas le cas du défi. Le principal but du défi est de faire monter les enchères par le biais de la provocation. Votre injonction doit aller au-delà de ce dont le client pense être capable. S'il répond allègrement « Très bien, je le ferai » sans sourciller, ce n'est pas un véritable défi.

Par conséquent, ne soyez pas surpris s'il refuse le défi que vous lui lancez. À dire vrai, celui-ci devrait être quasiment impossible à accepter. Mais le plus souvent, une fois revenu sur terre, le client fera une contre-proposition plus accessible, qui sera néanmoins plus ambitieuse que si vous aviez simplement fait une demande d'action. C'est une excellente manière de relever la barre tout en laissant au client le choix de la hauteur à atteindre. Bien sûr, lancer un défi suppose que vous ayez une grande estime de votre client. À condition que vous lui proposiez ce défi de façon congruente, en y croyant réellement et non pour rire, le client retiendra votre foi en son potentiel, ce qui aura pour effet d'accroître sa propre conviction. Toutefois, cette technique du défi devra être utilisée avec modération. Si vous la servez à votre client à chaque séance, elle perdra toute son efficacité.

Exemple de dialogue

Comparez cette discussion avec celle qui illustre la demande d'action (p. 168).

Client Je ne veux pas avoir à rattraper mon retard de travail le week-end prochain. J'ai promis à des amis d'aller les voir, je ne peux pas leur faire faux bond à nouveau.

Coach Vous avez déjà parlé de ce problème auparavant. Voici le défi que je vous lance : régler toutes les affaires importantes avant jeudi midi et prendre votre vendredi afin de passer un long week-end chez vos amis.

Client Vous êtes complètement fou ! J'ai tellement de travail, c'est impossible.

Coach Qu'allez-vous faire ?

Client Eh bien, en jonglant un peu et en travaillant tard mardi et mercredi, j'arriverai peut-être à liquider les dossiers les plus urgents avant vendredi midi.

Coach Et alors ?

Client Alors, je pourrai prendre mon après-midi et arriver chez mes amis le jour-même.

Coach Excellente idée ! Passez un bon week-end !

Trouver le bon équilibre

Quelle que soit la technique choisie, veillez à ne pas pousser votre client trop loin. Si vous lui demandez une nouvelle chose alors qu'il n'en peut déjà plus, vous risquez de le faire craquer. Il n'y a pas de règle simple. C'est à vous d'évaluer où en est le client. Certains coachs y arrivent naturellement, tandis que d'autres doivent travailler cette aptitude. L'essentiel est d'avoir conscience de ce qui arrive au client et de ce qu'il peut ressentir. Pour développer cette compétence, le meilleur moyen est de pratiquer et d'observer ce qui fonctionne ou pas.

À vous de jouer

- Servez-vous des objectifs déterminés avec votre client pour l'aider à avancer.
- Respectez la manière dont votre client souhaite que vous le responsabilisiez.
- Expliquez-lui clairement les différentes techniques d'intervention.
- Pour chaque client, mettez en place le système qui lui convient le mieux pour contrôler son évolution.
- Ayez confiance en votre client et incitez-le à donner le meilleur de lui-même.

16

Les pièges à éviter

Dans ce chapitre, vous apprendrez :

- quelles sont les erreurs de coaching les plus courantes et comment les éviter ;
- comment la culture d'entreprise peut parfois poser problème ;
- comment faire lorsque le client ne s'implique pas dans la relation.

Le coaching n'est pas un long fleuve tranquille

Comme vous l'avez sans doute déjà observé au fil de ces pages, le coaching n'est pas de tout repos. De temps à autre, vous rencontrerez une mer agitée qui fera tanguer votre bateau. Parfois, l'équipage s'en prendra au capitaine et menacera de se mutiner. Au premier abord, le coaching peut paraître facile. Et dans une certaine mesure, il l'est. Mais il n'est pas toujours aisé de le pratiquer correctement. Bien des pièges attendent le coach non averti, qui risque fort de ne pas retrouver la terre ferme.

Quand le problème vient du coach

Parfois c'est le coach qui fait chavirer la barque, pour toutes sortes de raisons. Si vous voulez aider votre client à progresser, voici un certain nombre d'erreurs que vous devez éviter. Ne vous laissez pas impressionner par leur nombre, car elles sont toutes réparables. Il suffit que vous preniez conscience de ces erreurs et que vous décidiez d'y remédier.

Vous ne pouvez vous empêcher de vous poser en expert

Une erreur courante, notamment chez les coachs qui viennent du conseil ou de la formation, consiste à se conduire en expert. Cette habitude est si profondément ancrée dans leur psychisme qu'ils ont du mal à s'en débarrasser. Mais vous devez y parvenir. Avoir raison, impressionner le client et démontrer votre intelligence peut être utile dans bien des domaines, mais pas lorsque vous coachez. En effet, cette attitude égocentrique est totalement contre-productive. L'essence même du coaching est de « ne pas savoir ».

Vous donnez des conseils

Pour la plupart des coachs, le plus difficile est de renoncer à conseiller son client. Dans la vie de tous les jours, c'est ce que nous faisons tous – en particulier les hommes – face à une personne qui nous expose son problème. Toutefois, cette réaction ne convient nullement en coaching. Votre but est d'encourager le client et de lui donner la force de trouver lui-même la solution. Vous aurez beaucoup de mal à vous retenir de le conseiller si vous connaissez bien le sujet abordé ou si vous l'avez déjà rencontré à plusieurs reprises dans votre pratique du coaching. Si vous devez absolument lui faire part de votre expérience, dites-lui clairement que vous sortez temporairement du cadre de la relation de coaching.

Vous posez un diagnostic

Une fois que vous aurez acquis un peu d'expérience en tant que coach, vous aurez sans doute la tentation de penser en psychologue amateur. Lorsqu'un nouveau client commencera à vous exposer sa situation ou lorsque vous examinerez son questionnaire préalable, vous diagnostiquerez aussitôt son problème : « Elle manque d'amour-propre » ou « Il n'arrive pas à gérer son temps ». Or ce n'est pas à vous de décider ce qui ne va pas chez cette personne. Si vous le faites, vous orienterez inconsciemment vos questions en fonction de votre point de vue et vous ne suivrez plus le programme du client.

Vous voulez remettre le client sur les rails

Ayant diagnostiqué le problème de leur client, certains coachs – heureusement assez rares – éprouvent le besoin de remettre celui-ci sur la bonne voie. Ils vont trop loin. Aucun client n'est sur la mauvaise voie, mais il fait simplement du mieux qu'il peut avec son expérience et ses possibilités. Le rôle du coach est de l'aider à parvenir au résultat qu'il souhaite.

Vous coachez tous vos clients de la même manière

Une autre erreur courante consiste à adopter la même approche du coaching, à suivre la même procédure avec chacun de vos clients. Cela ne peut pas fonctionner. Chaque client est unique et vous devez adapter vos séances en fonction de chacun. Il se peut que vous ayez certaines techniques de prédilection ou des questions que vous aimez poser, mais vous devez les accorder aux besoins de chaque client.

Vous voulez changer les choses

La volonté d'être coach vient souvent du désir de changer les choses, de voir progresser les gens. Ce but est louable, mais il ne doit pas vous amener à faire des efforts démesurés pour aider votre client. Celui-ci ressentirait alors la pression de votre exigence, ce qui, paradoxalement, l'empêcherait de « faire une découverte » ou d'« atteindre ses objectifs ». En outre, il serait mal à l'aise de ne pas répondre à vos attentes. En revanche, si vous le laissez tranquille et que vous lui faites confiance, il trouvera le moyen d'y parvenir.

Vous sous-estimez votre client

Jusqu'où votre client peut-il aller ? Vous ne le savez pas vraiment. Mais si vous n'y prenez garde, vous risquez de le limiter en le sous-estimant car, dans une certaine mesure, il prend exemple sur vous. Peut-être est-il prêt à faire un pas de géant. Il est donc important de croire qu'il a la capacité de réaliser tout ce qu'il décide d'entreprendre.

Vous voulez absolument responsabiliser votre client

Certains coachs sont mécontents lorsque leurs clients ne font pas ce qu'ils avaient envisagé ou n'acceptent pas de leur rendre des comptes. Or, tout le monde ne souhaite pas travailler ainsi. Certains clients refusent d'avoir des devoirs à faire entre les séances ou de s'engager à mener à bien certaines actions. Le coach doit respecter et accepter ce choix, sans le considérer comme un manque d'engagement.

Vous attendez du client qu'il adopte vos croyances et vos valeurs

Vous possédez vos propres croyances et vos propres valeurs, et votre client les siennes, qui seront souvent différentes. Certains coachs n'arrivent pas à l'accepter. Ils pensent être plus avancés que la personne coachée et s'attendent, consciemment ou non, à ce qu'elle adopte leurs principes.

Vous monopolisez la conversation

Extravertis, enthousiastes et débordant d'énergie, certains coachs parlent beaucoup trop. Ce qui est rarement opportun. Vous devez offrir à votre client un espace dans lequel il puisse penser et s'exprimer – ce qui est impossible si vous bavardez sans cesse. Sauf raison particulière, le coach ne doit pas parler plus de 30 % de la durée de la séance, et idéalement moins. Ne monopolisez pas la conversation. Posez des questions courtes qui demandent des réponses longues et faites des commentaires aussi brefs et pertinents que possible.

Vous imposez vos dernières découvertes

Un autre travers apparaît souvent lorsque vous découvrez de nouvelles connaissances. Par exemple, si vous venez de lire un livre passionnant sur la thérapie cognitivo-comportementale, vous serez tenté d'introduire certains de ses principes dans votre coaching. Il n'y a pas de mal à cela, car il est essentiel que vous poursuiviez votre propre développement. Toutefois, les connaissances récemment acquises doivent être utilisées à bon escient. Veillez à ne pas imposer vos dernières trouvailles à un client crédule.

Vous suivez votre programme personnel

Vous avez beau dire que vous allez respecter le fil de votre client et le laisser suivre son programme, le faire est une autre paire de manches. Souvent, la « quête » du coach – ce qui lui tient le plus à cœur – met en péril ses bonnes résolutions. Cette quête peut consister à trouver un objectif mesurable, ou à mettre la situation parfaitement au clair. Ces buts sont parfaitement justifiables, à condition qu'ils correspondent au souhait du client.

Vous vous laissez happer par l'histoire du client

Bien souvent, la vie, les difficultés et les projets de votre client vous fascineront, à l'instar d'une série TV que vous suivez assidûment semaine après semaine. Toutefois, vous ne devez pas vous laisser prendre par son histoire. Un bon coach prête davantage attention au processus qu'au contenu de ce que son client lui raconte, en notant les thèmes et les schémas récurrents et en allant plus loin que les faits bruts. Si vous vous surprenez à attendre avec impatience l'épisode suivant, c'est que vous avez perdu le fil.

Vous n'êtes pas prêt à lancer des défis

Pour coacher efficacement, vous devez être capable de lancer des défis à votre client, afin qu'il exploite au mieux son potentiel et qu'il atteigne ses objectifs. Sinon, vous ne remplirez pas votre rôle. Ceci est particulièrement important en coaching de dirigeants, où vous serez jugé autant sur la rentabilité de votre intervention pour l'entreprise que sur le développement personnel du client. Ne tombez pas dans le piège qui consiste à dire au coaché ce que, selon vous, il veut entendre. Un coach faible et gentil ne vaut rien.

Vous ne prenez pas soin de vous

Un coach sérieux fait attention à sa santé et à son bien-être. Si vous travaillez trop, que vous abusez du tabac, de l'alcool ou de la drogue, ou que vous ne dormez pas suffisamment, vous n'aurez pas l'énergie nécessaire pour venir en aide à vos clients. Prenez soin de vous afin d'être en bonne condition pour vous occuper d'eux.

Vous cherchez à résoudre vos propres problèmes

Être coach ne vous dispense pas d'avoir vos propres problèmes. Selon Michael Breen, consultant et formateur en PNL, « c'est presque un lieu commun en psychothérapie : la plupart des patients se voient guéris des problèmes de leur thérapeute ». La même chose peut se produire en coaching. Votre attention se dirige irrésistiblement vers les problèmes de votre client dont vous souffrez aussi. Comme si vous vous regardiez dans un miroir, une partie de vous-même espère tirer un bénéfice par procuration de votre discussion. Ne laissez jamais cela se faire. Résolvez le plus possible vos problèmes avant de devenir coach, et surveillez-vous attentivement afin de ne pas vous laisser entraîner lorsque vous reconnaissez l'un de vos démons chez un client.

Vous pensez pouvoir tout résoudre

En coachant une personne, vous verrez parfois un sérieux problème sous-jacent faire surface. Au bout d'un certain temps, vous vous rendrez compte que vous n'êtes pas qualifié pour l'aider à le résoudre – par exemple, si elle souffre d'un problème psychologique. Ne prétendez jamais pouvoir y remédier. Il est important que vous sachiez reconnaître votre incompétence en la matière et que vous orientiez le client vers un professionnel approprié.

Quand le problème vient du client

Parfois, le problème ne vient pas tant du coach que du client. Il se peut que celui-ci ne soit pas impliqué dans le processus, qu'il se soit mépris sur les implications du coaching ou qu'il ne soit tout simplement pas prêt à changer. L'une de ces trois raisons peut faire obstacle à la relation de coaching et doit être abordée par le coach une fois identifiée.

Toutefois, avant de décider que c'est le client qui pose problème, observez de près votre propre comportement. En quoi pourriez-vous contribuer au résultat constaté ? Passez à nouveau en revue la liste précédente, puis rappelez-vous comment vous avez établi le contrat initial. Si vous n'avez toujours pas trouvé la réponse, consultez la liste ci-dessous pour découvrir ce qui pourrait pécher.

Le client recherche des conseils ou une thérapie

Le coaching étant une profession relativement récente, bien des gens ne saisissent pas ce qu'elle implique et ce qu'elle peut apporter. Certains croient qu'un coach fait le même travail qu'un thérapeute ou un conseiller et que, d'un coup de baguette magique, il va résoudre leurs problèmes à leur place.

La même chose peut se produire en coaching de dirigeants. Le client s'imagine parfois que le coach, tel un consultant, va mettre le pied dans son entreprise et lui donner les solutions à tous ses problèmes.

Pour éviter ce malentendu, expliquez clairement sur votre site Internet, dans votre plaquette et lors de vos conversations ce que signifie exactement le coaching. Toutefois, vous remarquerez dès la première séance, voire la deuxième, que le client s'attend à ce que vous fassiez tout le travail. Si cela se produit, cherchez à comprendre ce qu'il recherche. Si cela ne correspond pas à ce que vous pouvez lui offrir, vous n'aurez pas d'autre solution que de mettre fin à la relation, en lui suggérant éventuellement de s'adresser à un autre professionnel – thérapeute ou consultant.

Le client cherche seulement un peu de réconfort

La plupart des gens qui se tournent vers le coaching souhaitent sincèrement changer et sont prêts à s'engager dans le processus difficile et souvent inconfortable qui leur permettra d'évoluer. Cependant, certains clients ne sont pas véritablement partants. Ils sont heureux de parler de leurs problèmes – qu'ils exposent en général fort longuement –, mais sont moins enclins à tenter d'y remédier.

Si vous avez le sentiment qu'un client cherche seulement un peu de réconfort, vous avez deux possibilités. Soit vous lui dites que ce n'est pas ce que vous voulez lui proposer et vous le laissez partir, soit vous continuez à travailler avec lui dans l'espoir que la part de lui-même qui souhaite le changement et qui l'a amené jusqu'à vous, fasse le nécessaire.

Au bout d'un certain temps, cette résistance au changement peut disparaître quand le client prend conscience qu'il a d'autres possibilités à sa disposition. Mais parfois, son système de protection reste solidement verrouillé afin qu'il n'ait pas à affronter la vérité sur lui-même, qu'il n'est sans doute pas prêt à supporter.

Avec votre soutien, il y parviendra probablement et sera capable de procéder au changement souhaité.

Quand le problème vient de la relation

Parfois, ce n'est pas uniquement le coach ou le client qui pose problème, mais la relation qu'ils entretiennent. Voici trois pièges qu'avec un peu d'attention, vous pourrez éviter.

Vous n'êtes pas à la hauteur des attentes du client

En coaching de vie, ce piège est l'un des plus courants. Il est facile de faire une publicité tapageuse sur votre site Internet et dans vos courriels promotionnels, en promettant une amélioration tangible dès la première séance et une transformation radicale avant la fin du programme, tous les objectifs du client étant atteints et sa vie métamorphosée.

Si le client prend vos prétentions au pied de la lettre, il sera déçu et frustré de s'apercevoir que vous n'êtes pas à la hauteur. Bien sûr, vous voulez gagner votre vie et ce n'est pas en annonçant que vous n'êtes « pas mauvais dans l'ensemble » que vous y arriverez. Cependant, vous devez vous montrer réaliste et promettre uniquement ce que vous êtes capable d'offrir.

Lorsque des clients potentiels vous demandent si vous avez une expérience dans un domaine particulier – comme l'entrepreneuriat ou l'évolution de carrière –, répondez toujours en toute sincérité. S'ils surestiment vos connaissances, vous allez tout droit vers le conflit.

Projection et transfert

Toute personne travaillant en face-à-face avec ses clients sur une longue période doit avoir conscience des phénomènes de transfert et de projection. Ils sont bien connus des psychothérapeutes, qui les ont intégrés lors de leur formation, mais ce n'est pas toujours le cas pour les coachs.

À la base du premier mécanisme se trouve le fait que nous projetons tous inconsciemment sur autrui nos propres défauts – par exemple, l'étourderie ou la procrastination. Les choses que nous critiquons chez les autres sont souvent celles que nous aimons le moins chez nous. En les déplaçant « là-bas », nous nous dispensons de les affronter en nous.

Le transfert est un mécanisme par lequel un sentiment ou un comportement, initialement éprouvé durant l'enfance, réapparaît dans une relation actuelle. Par exemple, au bout d'un certain temps, le client se met à percevoir le coach comme son père ou sa mère, ce qui peut, dans les cas extrêmes, conduire à la dépendance et à la soumission, ou bien à la rébellion et au sabotage. À son tour, le coach peut opérer un contre-transfert lorsqu'il projette certains de ses sentiments sur le client.

La projection et le transfert ne posent généralement pas de gros problèmes dans les relations de coaching courtes – tel le programme classique de six séances. Mais dans le cas d'une relation plus longue, d'une douzaine de séances ou davantage, il sera bon de vous demander si l'un de ces deux phénomènes se produit. Si cela arrive, faites appel à un superviseur pour vous aider à identifier et à résoudre les problèmes concernés.

Incompatibilité entre le client et le coach

Il peut arriver que vous n'accrochiez pas avec un client, pour une raison que vous ne parvenez même pas à déterminer. L'alchimie ne se fait pas et, par conséquent, la relation ne fonctionne pas. Néanmoins, cela se produit assez rarement. Lors des premiers échanges, vous comme lui détectez généralement le problème. Mais parfois, vous l'ignorez tous deux et poursuivez la relation. Plus tard, il pointe à nouveau le bout de son nez. Ne croyez pas que vous puissiez coacher tout le monde. Même avec les meilleures intentions du monde, cela ne fonctionne pas systématiquement. Faites confiance à votre intuition. Si vous avez l'impression qu'une relation va poser problème, pour quelque raison que ce soit, ne la poursuivez pas.

Quand le problème vient de l'entreprise

Parfois, une tierce partie intervient dans la relation de coaching : l'entreprise commanditaire. Cela peut entraîner certaines complications qu'il convient de connaître.

Le client ne s'implique pas

Lorsqu'il débourse beaucoup d'argent pour être coaché, le client s'investit généralement dans le processus. Mais si la démarche lui a été imposée par son entreprise dans le cadre d'un programme de changement, ou si son patron lui a dit qu'il en avait besoin pour résoudre un problème particulier, il se peut qu'il ne se montre pas aussi coopératif.

Si vous êtes un manager qui coache lui-même son équipe, vous saurez vite repérer les signes de défiance ou de résistance. Si vous êtes un coach de dirigeants, la hiérarchie vous aura sans doute averti préalablement et vous saurez donc à quoi vous attendre.

Quelle que soit la situation, guettez les signes de résistance tels que le fait de ne pas proposer de solution, de répondre brièvement ou de ne pas beaucoup participer à la discussion. Toutefois, si vous menez correctement votre entretien préliminaire, vous vous rendrez aussitôt compte de ce type de problème.

Si vous intervenez en tant que coach externe, vous devriez pouvoir résoudre le problème assez facilement. En effet, vous serez perçu comme un tiers neutre et, du fait de l'accord de confidentialité, le client vous confiera le plus souvent ce qu'il pense.

Si vous coachez en interne, vous devrez créer l'espace et le climat adéquats pour que votre client puisse dire ce qu'il ressent vraiment. Dans les deux cas de figure, une fois le problème exprimé ouvertement, vous trouverez le plus souvent un moyen d'avancer ensemble – qui ait une véritable valeur pour la personne coachée et qui corresponde aux objectifs de l'entreprise. Une fois la confiance instaurée, le scepticisme s'estompera.

Cependant, si le client refuse totalement l'idée du coaching, ce serait une perte de temps de continuer, pour vous comme pour lui.

La culture d'entreprise freine le client

Que vous coachiez en interne ou en externe, vous devez adopter une approche holistique et vous demander si votre client est freiné par la culture de son entreprise.

Bien qu'il souhaite changer, il se peut qu'il ne l'ose pas de peur d'entrer en conflit avec les habitudes de l'entreprise. Le fait qu'une entreprise impose une identité et une vision commune à tous ses membres peut être utile, mais présente aussi certains inconvénients. Si votre client se plaint souvent du système que constitue son entreprise, il y a fort à parier que vous deviez tenir compte de sa culture pour l'aider à progresser.

Exemple de dialogue

Client Cela ne sert absolument à rien de me suggérer des idées nouvelles. Mon entreprise ne fonctionne tout simplement pas ainsi. Toute instruction doit venir d'en haut.

Coach Que se passerait-il si vous faisiez une exception et tentiez votre chance ?

Client Ce serait une perte de temps. Ma proposition irait directement à la poubelle.

Coach Qui d'autre pourrait être intéressé par votre idée ?

Client Le directeur financier. Il serait ravi de faire des économies.

Coach Parfait. Qui pourriez-vous encore convaincre ?

À ce stade, la roue du travail pourrait également être utile. Elle permettrait à votre client d'appréhender les relations qui existent entre les différents éléments de la vie en entreprise (voir chapitre 8).

Après chaque séance, passez en revue tous les pièges énumérés dans ce chapitre. Cette liste est loin d'être exhaustive, mais elle vous fournira une bonne base si le baromètre de votre coaching commence à piquer du nez.

À vous de jouer

- Après chaque séance, récapitulez comment celle-ci s'est déroulée, tout en essayant de repérer les erreurs que vous avez pu commettre.
- Établissez la propre liste des pièges dans lesquels vous avez tendance à tomber.
- Discutez de vos progrès avec d'autres coachs ou avec votre superviseur.

17

Mener la relation à son terme

Dans ce chapitre, vous apprendrez :

- comment mettre un terme à la relation de coaching ;
- comment vérifier que la relation touche à sa fin ;
- quand il convient de prolonger la relation ;
- comment faire si le client veut poursuivre la relation indéfiniment ;
- que faire au cours de la dernière séance ;
- comment confirmer les acquisitions du client ;
- comment faire le point avec le client sur les changements et les progrès accomplis ;
- comment aider le client à passer à l'étape suivante ;
- comment mettre un terme à la relation avec le commanditaire ou un collaborateur.

La fin de la relation

Toutes les bonnes choses ont une fin. C'est également vrai pour le coaching. Il est rare qu'une relation de coaching se poursuive pendant des années. D'ailleurs, son terme est généralement défini dès le départ, si vous vous êtes engagé pour un nombre de séances déterminé.

La séance finale – le plus souvent la sixième – permet d'amener la relation de coaching à sa conclusion de manière satisfaisante. Si vous vous contentiez de vous dire adieu à l'issue d'une séance ordinaire, le client trouverait cela étrange, tout comme vous. Vous devez mettre un terme à la relation de façon appropriée, comme lorsque vous tracez un point à la fin d'une phrase.

Il n'y a pas de check-list à respecter pour la dernière séance. Les points que vous allez aborder dépendront de vous et de votre client. Mais, en règle générale, vous regarderez à la fois en arrière et en avant, réfléchissant à ce que les choses étaient au début ainsi qu'aux prochaines étapes à franchir. C'est également l'occasion de récapituler les progrès accomplis et de célébrer les réussites.

La relation est-elle vraiment terminée ?

Bien sûr, il se peut que la relation ne soit pas réellement parvenue à son terme. Ce n'est pas parce que vous avez signé pour un certain nombre de séances que vous êtes obligé de vous arrêter là. Peut-être le client souhaitera-t-il continuer ? En tout cas, vous devrez en parler avec lui avant la dernière séance. Selon l'état d'avancement de ses problèmes et sur ce qui reste encore à accomplir, il voudra éventuellement prolonger le contrat. Vous vous mettrez alors d'accord sur trois ou six séances supplémentaires. Ou bien vous déciderez d'ajouter une séance à chaque fois, si la conclusion de la relation est imminente ou si le client préfère procéder ainsi.

Pour certains clients ou entreprises commanditaires, le coût de vos prestations entrera également en ligne de compte. Il se peut qu'ils n'aient pas le budget ou les moyens nécessaires pour poursuivre la relation. Dans ce cas, vous devrez y mettre fin même s'il reste encore du travail. Vous veillerez alors à conclure de la meilleure manière possible.

Et si votre client veut poursuivre la relation indéfiniment ?

Si votre client ou son entreprise en a les moyens, pourquoi pas ? À condition que vous ayez tous deux le sentiment que les séances ont leur utilité, et uniquement si vous êtes certain que le client ne devient pas dépendant. Certains coachs ont des clients avec qui ils travaillent durant des années. Nous connaissons un chef d'entreprise qui considère son coach comme un entraîneur personnel. À raison d'une séance par quinzaine, il lui permet de maintenir sa vie personnelle et professionnelle à un niveau optimal.

Pour cette raison, certaines entreprises offrent à leurs cadres supérieurs un « coach pour la vie ». Toutefois, les coachs de dirigeants et d'affaires doivent avoir conscience que les responsables des ressources humaines cherchent à satisfaire deux objectifs – celui de la personne coachée et celui de l'entreprise. Ce qui explique qu'ils puissent rechigner à s'engager sur une durée indéterminée, car ils ont du mal à en évaluer les bénéfices pour l'entreprise. En outre, ils voudront éviter que leurs cadres ne deviennent dépendants de leur coach.

Mais qui a dit qu'une relation de coaching ne devait pas dépasser une certaine durée ? Les athlètes, les équipes de foot et les artistes gardent souvent leur coach très longtemps. L'avantage est que le coach finit par bien connaître son client, tissant ainsi des liens solides. Dans le cadre d'une relation longue, le coaching tend à être bien plus approfondi du fait de la compréhension qui s'instaure entre les deux parties.

Cependant, cette familiarité présente aussi des inconvénients. Le coach risque de s'habituer aux comportements, aux croyances et aux modes de pensée de son client, au point de l'accepter tel qu'il est au lieu de l'inciter à évoluer. La relation devient alors confortable et se transforme en plaisant bavardage, mais le coach n'apporte plus grand chose à son client.

Voilà pourquoi certains hommes d'affaires choisissent d'avoir un coach en permanence, mais d'en changer régulièrement afin de bénéficier d'une énergie nouvelle et d'une nouvelle vision des choses. L'inconvénient est qu'à chaque nouveau coach, le client doit recommencer au début et expliquer sur quelles problématiques il travaille.

Si jamais votre client en arrive à anticiper vos questions et à y répondre avant même que vous les ayez posées, il est temps qu'il passe à autre chose. En définitive, c'est au coach qu'il revient de repérer si le client devient dépendant, et c'est lui qui doit y remédier.

Le but ultime de tout coach devrait être de se voir remercier. Le client doit parvenir au stade où il est capable de voler de ses propres ailes. Ce que cela signifie pour chaque personne dépendra de ses problèmes particuliers. Mais en tout cas, celle-ci aura une meilleure conscience de soi, possédera davantage de ressources et sera capable de continuer à progresser par elle-même.

La dernière séance

Vous devez donc laisser votre client dans un état où sa capacité accrue à réfléchir sur lui-même, ainsi que sa plus grande souplesse de comportement, lui permettront d'avoir davantage de solutions à sa disposition lorsqu'un problème surviendra par la suite. Cependant, certains clients ne seront pas tout à fait prêts à prendre leur envol. S'ils n'ont pas d'autre choix que de mettre fin à la relation de coaching par manque de financement, vous devrez les préparer du mieux que vous pourrez à aborder la phase suivante de leur vie.

Préparez le terrain

Après avoir convenu avec votre client que la prochaine séance serait la dernière, vous devez l'avertir – comme vous l'avez fait au début de l'entretien préliminaire – que celle-ci sera différente des autres, plus structurée. Expliquez-lui que vous allez faire le bilan du coaching avec lui, avant de prévoir les étapes à venir. Cela lui permettra de se préparer mentalement à la séance.

Audrey suggère parfois à ses clients, avant la séance finale, de prendre le temps de noter ce qu'ils ont retiré de leur coaching. Ainsi, le moment venu, ils parviendront mieux à se réjouir des succès remportés et à se projeter dans l'avenir. Elle se rappelle une cliente qui lui a envoyé un courriel énumérant 24 réussites personnelles qu'elle attribuait au coaching, dont la durée n'avait pas dépassé trois mois. Celles-ci allaient depuis « Je cède de moins en moins à la procrastination. J'agis, ou bien j'établis des priorités et je décide quand je passerai à l'action » jusqu'à « J'ai maintenant conscience qu'en étant présente, j'accède à un état de fluidité mentale qui me permet d'exploiter encore davantage ma créativité et mon intuition, dans mon travail comme dans d'autres domaines de ma vie ».

Vous devez également vous préparer pour cette dernière séance en y consacrant sans doute un peu plus de temps que d'habitude. Revoyez toutes les notes que vous avez prises jusque-là et faites-en mentalement la synthèse. Comment ce coaching s'est-il passé selon vous ? Quels succès le client a-t-il remportés ? Quels défis a-t-il relevés ?

Gérez le déroulement de la séance

En pratique, il n'est pas indispensable que la dernière séance soit consacrée uniquement à clore la relation. Vous aurez peut-être à discuter de problèmes que vous avez abordés à la séance précédente. Ou bien le client voudra vous faire part de ses dernières expériences avant de mettre un terme à la relation. C'est à vous qu'il revient de gérer le temps de la séance. Laissez un espace suffisant à votre client pour qu'il puisse traiter correctement une question importante à ses yeux, tout en laissant de la place à la conclusion de la relation sans que celle-ci ne paraisse précipitée. Ce numéro d'équilibrisme est parfois assez délicat.

Laissez votre client en bonne position

C'est l'une des choses les plus importantes que vous ayez à faire, afin que le client aborde l'avenir en toute confiance. En outre, il doit avoir le sentiment que cette relation lui a été utile – à condition qu'elle l'ait été. Le client ou son entreprise a sans doute dépensé une somme conséquente pour ce coaching. Il est essentiel de leur en donner pour leur argent, si vous voulez qu'ils vous recommandent auprès d'autres clients.

Aidez le client à faire le point

Vous aiderez également votre client à confirmer ses acquisitions en vous assurant qu'il est conscient de ce qu'il a appris de manière inconsciente. Certains progrès sont flagrants, mais de nombreux coachs s'aperçoivent que leurs clients n'ont même plus conscience de certains petits changements. Pour lancer la discussion sur ce sujet, vous pourrez lui poser une question ouverte en recourant à la métaphore.

Exemple de dialogue

Coach En considérant les cinq dernières séances que nous avons passées ensemble, de quel genre de périple diriez-vous qu'il s'est agi ?

Client Eh bien, laissez-moi réfléchir. [*Il s'interrompt.*] Je ne sais pas vraiment. [*Il s'arrête à nouveau.*] Je crois que je le décrirai comme un voyage enchanté.

Coach [*Il sourit.*] Comment cela ?

Client Il y a tant de surprises qui ont surgi tout le long du chemin ! Je ne savais jamais vraiment où j'allais. L'orientation générale, si, bien sûr. Mais certains chemins de traverse m'ont conduit à des endroits tout à fait inattendus. Je crois que je me suis également surpris moi-même…

Coach De quelle manière ?

Client Par bien des manières, en fait. Je me voyais comme quelqu'un de peu efficace. Un procrastinateur, en quelque sorte. Perpétuellement dans la confusion.

Coach Et comment vous percevez-vous, maintenant ?

Client [*Il rit.*] Je me comporte encore parfois ainsi, mais beaucoup moins souvent. J'ai cessé de remettre les choses à plus tard. Je m'y mets tout de suite.

Coach Qu'avez-vous fait pour cela ?

Client J'ai compris comment je procédais pour créer le fouillis et l'inefficacité, et j'ai décidé de changer. Tout bêtement.

Coach Cela paraît simple une fois que vous l'avez fait. Qu'y a-t-il encore eu de magique et de mystérieux durant ces trois derniers mois ?

Client Je connais bien mieux certains aspects de ma personnalité, dont je n'avais que très vaguement conscience auparavant.

Coach Comme par exemple ?

Client Eh bien, j'ai toujours manqué de confiance en moi dans mes relations de travail. Parfois, je laissais mes collègues bafouer mes croyances et mes valeurs parce que je n'avais pas suffisamment d'assurance. Lors de la troisième séance, j'ai découvert qu'une part de moi était capable de se défendre lorsqu'un principe crucial était enfreint.

Coach Je me souviens que cette séance a été très importante pour vous. Quel effet cela a-t-il eu sur votre vie ?

Client Je ne laisse plus les gens me marcher sur les pieds. S'ils essaient, je leur lance un regard qui dit : « Ne t'avise pas de m'énerver ! » En général, ils font aussitôt machine arrière.

Une fois lancé, le client décrit en général spontanément comment il a changé au fil de la relation de coaching. S'il se trouve à court d'idées ou qu'il n'arrive pas à commencer, vous pourrez revenir aux matériaux que vous avez employés lors de l'entretien préliminaire, comme par exemple le questionnaire préalable, la roue de la vie, celle du travail ou la liste des thèmes de l'objectif principal. Vous pourrez l'inviter à remplir à nouveau la roue et à commenter les différences observées, ou à déterminer les thèmes de l'objectif principal qui sont toujours en vigueur. Ensuite, donnez votre point de vue sur la relation de coaching. Quel genre de voyage a-t-elle représenté pour vous, en tant que coach ? À cette occasion, citez les changements que vous avez constatés chez votre client, ainsi que les succès que vous l'avez vu remporter.

Changements et progrès

Si le client a peu progressé

Toutes les relations de coaching n'occasionnent pas de changements spectaculaires. Parfois, le client fait peu de progrès. Très rarement, il n'en fait quasiment pas. Et si jamais cela vous arrivait ? Prétendriez-vous que tout s'est passé à merveille, que votre client s'est littéralement métamorphosé ? Bien sûr que non. Non seulement ce serait ridicule, mais vous manqueriez alors totalement de professionnalisme. Vous devez reconnaître comment les choses se sont vraiment déroulées, et non les transformer en ce que vous auriez aimé qu'elles fussent.

Faites en sorte que les progrès perdurent

Quel que soit le degré de changement, d'amélioration ou de développement obtenu, vous devez veiller à ce que ceux-ci perdurent – afin qu'ils ne s'étiolent pas, telles les fleurs à la fin du printemps, une fois le coaching terminé. Lors de la séance finale, vous avez donc intérêt à parler avec votre client des moyens à employer pour que les progrès identifiés durent encore longtemps. Peut-être avez-vous déjà travaillé là-dessus au cours de la relation ? Le moment est venu de rassembler tous les morceaux de sorte que tous les comportements, les valeurs, les pensées, les croyances et les com pétences nouvellement acquis fassent dorénavant partie naturellement de la vie du client. En envisageant avec lui les situations dans lesquelles il se retrouvera à l'avenir, ainsi que les différentes manières dont il les gérera (ce processus est connu en PNL sous le nom de « pont vers le futur »), vous l'aiderez à déclencher automatiquement les réflexes acquis chaque fois qu'il en aura besoin, ceci sans la moindre intervention consciente.

Passer à l'étape suivante

Vous devez en outre tenir compte des thèmes de l'objectif principal qui restent encore à atteindre. Même dans le cas d'une relation de coaching de longue durée, il est rare que le client parvienne à rayer tous les thèmes de la liste. Si cela vous arrive un jour, vous aurez réellement terminé votre travail ! Ce qui se passe généralement, c'est qu'au cours de la relation, le client ajoute des thèmes dont il n'avait pas conscience au début. Cela veut dire qu'à la fin des six séances, vous pouvez vous retrouver avec davantage d'objectifs qu'au départ. Si bien que, lors de la séance finale, il restera toujours du pain sur la planche. Que pouvez-vous faire ?

Dans la plupart des cas, votre client se retrouvera soudain sans coach – transition qui peut s'avérer difficile. En effet, on s'habitue vite à avoir quelqu'un à ses côtés pour nous aider à résoudre nos problèmes. Une fois le coach disparu, le client devra compter davantage sur ses propres ressources. Heureusement, si vous avez été un coach efficace, vous lui aurez permis d'accroître sa confiance en lui. Il sera alors mieux armé pour faire face à la situation.

Par conséquent, il sera judicieux, au cours de la dernière séance, d'identifier les problèmes sur lesquels le client aura encore à travailler et de déterminer comment il parviendra à les résoudre de son propre chef. Vous pourrez le faire de diverses manières, en fonction du client et de la manière dont il veut évoluer. Certains préfèreront discuter en termes généraux et prendre ensuite eux-mêmes les rênes pour passer à l'action. D'autres apprécieront d'avoir un plan de développement personnel plus structuré et détaillé. Dans ce cas, vous devrez consacrer une partie de la séance finale à l'aider à formuler ce plan.

Établir un plan de développement personnel

Il n'y a pas de bonne ou de mauvaise manière d'élaborer un plan de développement personnel. L'essentiel est qu'il fonctionne pour la personne à qui il est destiné. La méthode la plus simple consiste à prendre une feuille A4 sur laquelle vous tracerez une colonne pour les objectifs du client, une autre pour l'échéance à respecter, et une troisième pour les ressources et actions qui seront nécessaires pour y parvenir.

Là encore, vous veillerez à ce que l'objectif soit formulé de manière positive et à ce que son délai d'exécution soit déterminé avec précision. Étant donné tout ce que vous avez déjà à traiter au cours de la séance finale, vous n'aurez sans doute pas le temps de mettre au point un plan détaillé. Cela pourra faire l'objet du dernier « devoir à la maison » de votre client ou de la première étape de son plan d'action.

Objectif	Échéance	Ressources et actions
Être plus souvent à l'heure	Trois mois	Mieux m'organiser. Partir plus tôt. Demander à un ami de me gendarmer
Parler en public avec aisance	Six mois	M'exercer. Susciter un feed-back. M'inscrire à un stage
Accroître mon revenu de 10 %	Fin de l'année	Demander une promotion. Parler à mon patron
Cesser d'interrompre les gens	Un mois	M'efforcer d'écouter davantage mes interlocuteurs

Figure 5. Un plan simple de développement personnel.

Le client devient son propre coach

Vous pouvez également suggérer à votre client de se coacher lui-même. Vous ayant vu agir pendant un certain nombre de séances, il aura une idée de ce que cela représente. En outre, il trouvera de nombreux livres pour l'y aider. Par ailleurs, tenir un journal lui permettra d'entretenir la perception qu'il a de lui-même et des autres. Il peut également envisager de suivre un stage de développement personnel correspondant à l'orientation qu'il veut prendre.

Rappelez à votre client que, pour évoluer de manière continue, il doit à tout moment être prêt à prendre des risques et à surmonter sa peur d'entreprendre quelque chose de nouveau. Dans son ouvrage *Fearless Living* (2001), Rhonda Britten écrit : « Il s'agit de se mouiller, de trouver le courage de prendre des risques, de changer et de continuer à avancer, même si parfois l'on faiblit. »

Prenez des nouvelles

Afin de continuer à soutenir votre client une fois le coaching terminé, vous pouvez l'appeler ou lui envoyer un courriel quelques semaines plus tard en lui demandant si tout va bien. Cela sera en outre bénéfique d'un point de vue commercial. Sachant que vous vous préoccupez de lui, le client sera plus enclin à vous recontacter lorsqu'il aura à nouveau besoin d'un coach. En outre, il vous recommandera plus volontiers à ses amis et collègues.

Faire le point avec le commanditaire

Une fois le coaching terminé, le coach de dirigeants rencontrera généralement le responsable qui a commandité et financé son intervention auprès de son collaborateur. Le contenu des séances de coaching étant confidentiel, l'accent sera mis sur leur efficacité par rapport aux motifs pour lesquels votre prestation a été initialement sollicitée.

Laissez au commanditaire le temps de donner son point de vue sur les résultats obtenus, en le laissant de préférence parler en premier. Les changements qu'aura occasionnés le coaching chez le client se seront vraisemblablement reflétés dans son comportement de tous les jours et auront sans doute été remarqués par ses collègues et par ses supérieurs. Un tel retour d'information permettra au coach, ainsi qu'au client, de savoir comment l'entreprise a perçu les effets du coaching.

Enfin, le client voudra certainement faire son propre bilan sur le coaching dont il a bénéficié. Pour mettre un terme à la relation, il est important que chacun se soit exprimé.

Mettre fin à une relation de coaching avec son propre collaborateur

Un manager qui coache un membre de son équipe peut continuer à travailler avec lui pendant des années, jusqu'à ce que l'un des deux change de service ou quitte l'entreprise. La situation est donc différente, mais il sera toutefois utile de rappeler les progrès accomplis et les objectifs atteints.

Sinon, vous n'aurez jamais l'occasion de célébrer le succès obtenu ou de goûter la satisfaction d'avoir atteint le but que vous vous étiez fixés. Et vous passerez à l'objectif suivant, indéfiniment.

À vous de jouer

- À chaque séance, prenez des notes qui vous serviront à faire le bilan à la fin de la relation de coaching.
- Prenez le temps de préparer soigneusement la dernière séance.
- Notez les bonnes idées qui vous viennent. Elles pourront à nouveau vous servir pour les dernières séances de vos prochains coachings.

18 Développer ses compétences de coach

Dans ce chapitre, vous apprendrez :

- pourquoi il est important de pratiquer ;
- comment évaluer vos compétences en coaching ;
- comment poursuivre votre évolution professionnelle.

Affinez vos compétences

Si vous n'évoluez pas, vous resterez à la traîne. Tout coach digne de ce nom sait à quel point il est important d'améliorer ses compétences et d'accroître son expérience. Dans ce chapitre, vous apprendrez quelques-uns des secrets utilisés par les meilleurs coachs pour parfaire leur pratique :

- susciter un feed-back,
- mettre en place un cercle de coaching,
- suivre des formations,
- faire appel à un superviseur,
- se documenter sur le coaching et autres sujets connexes,
- se faire coacher soi-même,
- partager son expérience avec d'autres coachs,
- obtenir une certification,
- pratiquer beaucoup.

Vous serez ainsi plus efficace et réussirez d'autant mieux dans la profession.

Pratiquez, pratiquez, pratiquez

Certes, l'accroissement de vos connaissances et de vos compétences est important. Mais c'est votre expérience en tant que coach qui fera toute la différence. Plus vous coacherez, meilleur vous serez. C'est aussi simple que cela. Plus vous accumulerez de séances, mieux vous saurez ce qui fonctionne ou pas.

Si vous ne pratiquez pas très régulièrement, vous perdrez la main et finirez par manquer d'assurance, qualité essentielle pour bien coacher. Vos clients apprennent à marcher sur une corde raide. Ils ont besoin du soutien d'une personne qui leur donne l'impression qu'ils ne tomberont pas – ou du moins qu'elle sera là pour les rattraper. Par conséquent, vous devez pratiquer de manière active. Comme dit le proverbe, c'est en forgeant qu'on devient forgeron.

Évaluez vos compétences actuelles

Afin de savoir quelles lacunes il vous reste à combler, il vous faut tout d'abord déterminer où vous en êtes. Pour cela, vous devez vous fournir à vous-même un feed-back et remettre en question vos propres performances. Ce qui revient à vous coacher vous-même.

Commencez par réfléchir à votre manière de coacher. Comment puis-je améliorer mon coaching ? Dans quels domaines suis-je le plus compétent ? Dans lesquels ai-je encore des progrès à faire ? Comment puis-je élargir l'éventail de mes questions ? Quels sont les outils et techniques auxquels je recours le plus souvent ? Quels sont ceux que j'utilise rarement ?

Vous vous apercevrez peut-être que vous recourez toujours aux mêmes techniques – celles que vous maîtrisez le mieux – si bien que votre coaching stagne. Ou bien vous vous rendrez compte que vous ne lancez pas suffisamment de défis à vos clients, que vous avez tendance à être trop tendre avec eux. Ou encore, que vous ne variez pas suffisamment vos questions, vous cantonnant à celles que vous préférez.

La meilleure méthode consiste à établir une liste des compétences en coaching – comme celle proposée ci-dessous – et de vous évaluer pour chacune d'elles sur une échelle de 1 à 10.

- Créer et maintenir le lien avec le client.
- Décider sur le moment de la conduite à tenir.
- Responsabiliser le client.
- Demander l'accord du client avant de lui proposer des idées.
- Écouter réellement.
- Poser des questions efficaces.
- Écouter son intuition.
- Relever la barre.
- Mentionner les succès obtenus.
- Lancer des défis au client.
- Croire au potentiel du client.

Enregistrez vos séances

Il ne suffit pas d'évaluer vos compétences dans l'abstrait pour avoir une véritable idée de ce que vous valez. Vous avez également besoin d'un point de vue extérieur objectif, que vous offrira un enregistrement sonore ou vidéo.

Demandez à un ou plusieurs clients de vous autoriser à enregistrer ou à filmer une séance. Précisez-leur que vous utiliserez ces documents uniquement pour votre propre développement professionnel. Il sera d'ailleurs préférable de leur faire signer un accord écrit. En écoutant ou en visionnant ensuite l'enregistrement, notez ce que vous effectuez correctement et ce qui mériterait d'être amélioré – en vous évaluant à chaque fois sur une échelle de 1 à 10.

Demandez un retour à vos clients

Quelle que soit la rigueur avez laquelle vous vous jugez, votre propre point de vue ne suffira pas pour prendre conscience de vos « zones d'ombre ». Rien ne vaut un avis extérieur, a fortiori celui d'un client.

Pour la plupart, vos clients ne connaîtront pas grand-chose à l'aspect technique du coaching – à moins que l'un d'eux soit coach ou qu'il ait lu un bon ouvrage sur le sujet. Néanmoins, ils pourront vous dire si ce que vous faites fonctionne et vous indiquer les aspects de votre travail qui leur paraissent meilleurs que d'autres.

Une fois le coaching terminé, de nombreux coachs expérimentés envoient un formulaire de feed-back à leurs clients. Un tel document peut leur fournir des informations précieuses, car les clients qui y répondent n'ont aucune raison de fausser leur point de vue.

Recourez au coaching mutuel

Une autre façon d'obtenir un feed-back consiste à s'adresser à d'autres coachs – par exemple en procédant à un coaching mutuel.

Vous vous coachez l'un l'autre de manière classique et périodiquement – toutes les trois séances environ –, vous fournissez votre feed-back à l'autre et réciproquement. L'avantage de cette méthode est que le coaché en sait plus sur le coaching qu'un client ordinaire, si bien que son retour d'information sera beaucoup plus détaillé.

Avoir un coach pour client vous permet en outre d'essayer différentes approches, de prendre des risques et de tester de nouvelles idées en toute sécurité.

Avec ce type d'arrangement, il n'y a généralement pas d'échange d'argent. Il s'agit simplement d'une occasion unique pour les deux parties d'apprendre leur métier. Qui plus est, lorsque vous tenez le rôle du client vous pouvez travailler sur les problèmes personnels auxquels vous êtes confronté ou bien accélérer la réalisation d'un objectif – tout comme n'importe quelle personne coachée.

Participez à un cercle de coaching

Si vous vous coachez mutuellement à deux, la relation risque d'être confuse. Il est de loin préférable, si vous le pouvez, de créer ou rejoindre un petit groupe – ou cercle de coaching (voir figure 6).

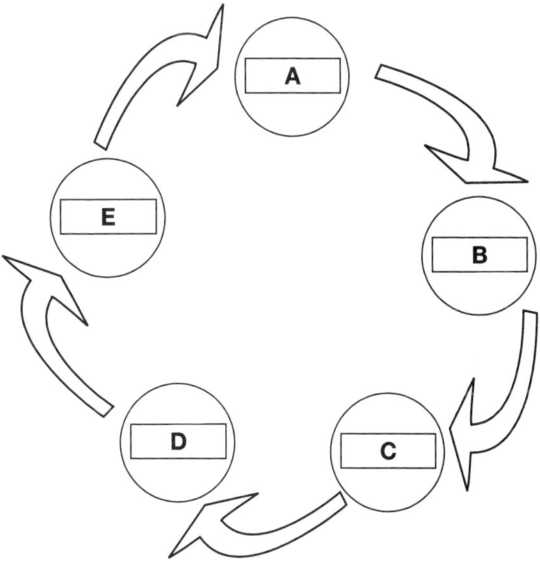

Figure 6. Le cercle de coaching est constitué d'un individu A qui coache l'individu B, lequel coache C, qui à son tour coache D, lequel coache E, qui enfin coache A.

Généralement, chaque membre du groupe change de coach et de client tous les trois mois. En tournant ainsi, chaque personne bénéficie du feed-back de quatre coachs en un an.

Outre le précieux retour d'information et le fait d'être coaché toute une année durant, vous verrez ainsi agir plusieurs coachs, ce qui vous donnera des idées pour améliorer votre propre pratique.

Améliorez vos compétences

Faites appel à un superviseur

Si vous en avez les moyens, la supervision par un autre coach est la solution idéale pour améliorer vos compétences. Cette pratique est bien implantée dans les domaines du conseil, du travail social et de la psychologie clinique, mais relativement nouvelle en matière de coaching. Elle permet au coach d'évoluer continuellement et l'aide à traiter les situations difficiles ou complexes qui se présentent. Quelle que soit leur ancienneté, les coachs reconnaissent l'intérêt de travailler de manière suivie avec un collègue aussi expérimenté, voire davantage.

Les méthodes de supervision employées en coaching vont de la formation en face-à-face jusqu'au mentorat. Le concept de supervision étant issu du travail social et de la psychologie clinique, ses techniques s'inspirent de ces deux domaines. Par exemple, dans son livre *Supervision in Social Work* (1976), Alfred Kadushin décrit ainsi les fonctions de la supervision :

- **Pédagogie.** La supervision permet au coach de développer ses compétences et connaissances.
- **Soutien.** Le superviseur aide le coach à appréhender son rôle et à gérer les pressions qu'il implique.
- **Encadrement.** Avec l'aide du superviseur, le coach met en place les bonnes pratiques du métier.

Quant à Peter Hawkins et Robin Shohet, ils décrivent dans leur ouvrage *Supervision in the Helping Professions* (2000) le modèle des « sept yeux de la supervision » qui comprend :

1. **Le client.** Le temps consacré à la situation du client, la manière dont il gère les problèmes, les décisions qu'il prend, son objectif, etc.
2. **Les interventions de coaching.** La manière dont le coach travaille avec son client et envisage les autres interventions possibles.
3. **La relation de coaching.** Il s'agit d'examiner la dynamique entre le coach et le client, ainsi que les aspects conscients et inconscients de la relation.
4. **Le coach.** Il acquiert une meilleure conscience de soi en faisant appel à son expérience et son intuition concernant ce qui se passe dans le monde intérieur du client.
5. **Le processus parallèle.** Il permet au coach de comprendre comment la dynamique de la relation avec le client joue aussi un rôle dans la relation de supervision.
6. **La réflexion du superviseur.** Celui-ci fait part de ses opinions sur la relation de coaching.
7. **Le contexte élargi.** Il s'agit de discuter des aspects éthique, culturel et organisationnel de la relation de coaching.

Quel que soit le modèle utilisé, les séances de supervision se déroulent seul à seul ou en groupe, en face-à-face, par téléphone ou par courrier électronique. Certains superviseurs demandent à leurs coachs d'enregistrer un entretien avec l'un de leurs clients, après avoir recueilli leur autorisation écrite.

Le coach et le superviseur l'écoutent ensemble, puis le second fournit son feed-back. Le coach peut demander au superviseur d'insister sur les aspects qu'il souhaite particulièrement améliorer. Toutefois, il est préférable que le superviseur relève lui-même ce qu'il juge le plus important.

Pour être accrédité comme coach auprès de certains organismes comme l'ICF (International Coach Federation), la supervision est impérative. Le superviseur doit alors vous attribuer une note globale. Pour plus d'informations, consultez le site Internet de l'ICF et reportez-vous à la section « Pour aller plus loin ».

Comment choisir un superviseur

Vous pouvez commencer par vous adresser à des associations professionnelles telles que la Société française de coaching, le Conseil européen pour le mentoring et le coaching, l'Association européenne de coaching, la Société internationale des coachs PNL ou l'International Coach Federation. Assurez-vous que le superviseur possède un niveau de savoir-faire correspondant à vos besoins. Idéalement, il s'agira d'un coach établi qui dispose d'une expérience en supervision. Examinez ses qualifications, et vérifiez surtout que son approche du coaching est en accord avec la vôtre.

Faites-vous coacher

Pour améliorer votre capacité à coacher, il n'y a rien de mieux que de prendre la place du client. Ainsi, vous comprendrez rapidement ce qui fonctionne ou non.

Si vous choisissez un coach qui pratique depuis un certain nombre d'années, il connaîtra sans doute un large éventail de questions à poser en fonction des diverses situations. D'ailleurs, si au fil du temps vous faites appel à différents coachs, vous acquerrez de la souplesse dans votre approche et améliorerez sensiblement les bénéfices que retireront les clients de votre coaching.

Il serait trop facile d'entrer dans une routine et de faire exactement la même chose avec chaque client – et de toute façon, cela ne marcherait pas. Le coaching doit s'adapter aux besoins de chaque individu. Par conséquent, le coach doit être aussi bien solide et énergique que calme et silencieux, pressant, stimulant, encourageant et compréhensif.

Changez de coach

Si vous avez trouvé un coach qui vous convient, vous pouvez retourner le voir lorsque le besoin s'en fait à nouveau sentir.

Audrey a trouvé un coach qui lui convient tout à fait. De temps en temps, elle fait à nouveau appel à lui. Elle a constaté qu'ils partageaient les mêmes valeurs et le même intérêt pour l'évolution spirituelle. En outre, elle le trouve extrêmement pratique. Grâce à lui, elle a progressé bien plus rapidement dans le cadre de nombreux objectifs personnels et professionnels. Le fait de recourir elle-même à un coach lui permet d'être confrontée en direct avec un style de coaching différent, mais complémentaire du sien. Ensuite, elle réutilise dans son propre coaching ce qu'elle a appris avec lui.

Au bout de quelques mois, Thomas préfère changer de coach. Pour lui, il est trop facile de choisir un coach en sachant inconsciemment que celui-ci vous laissera esquiver vos zones d'ombre. Thomas ne veut pas qu'on lui lâche la bride.

Apprenez des autres coachs

Vous apprendrez beaucoup sur le coaching en observant l'excellence chez les autres coachs. Si vous avez l'occasion de les voir à l'action, vous découvrirez de nombreuses ficelles du métier.

Lorsque Audrey a commencé à se former au coaching, elle a assisté à des séminaires dirigés par des coachs renommés. De cette manière, non seulement elle a appris comment ces coachs procédaient, mais elle a aussi compris ce qui est important pour eux – les valeurs et croyances qui les motivent.

Exercice

Si vous en avez l'opportunité, discutez avec des coachs chevronnés. Interrogez-les sur leur perception du coaching :

- Qu'est-ce qui vous tient à cœur lorsque vous coachez ?
- Quelles sont vos croyances concernant le coaching ?
- Qu'est-ce qui fait la différence dans votre manière de coacher ?
- Comment vous sentez-vous intérieurement pendant que vous coachez ?
- Quelle est la plus grande gageure que vous ayez jamais rencontrée ? Comment y avez-vous fait face ?

Continuez à évoluer

Lisez des ouvrages de développement personnel

Un moyen évident mais efficace d'améliorer votre compréhension des gens et de la manière dont ils fonctionnent consiste à dévorer les livres de développement personnel.

Avec les centaines de titres qui occupent les étagères des librairies, vous avez l'embarras du choix. Si vous coachez souvent sur des problèmes de relations personnelles, vous trouverez des informations intéressantes dans l'ouvrage de John Gray, *Les hommes viennent de Mars, les femmes viennent de Vénus* (1997) et les titres *Mars et Vénus* qui ont suivi. Ou bien, comme source d'inspiration plus générale, vous consulterez quelques livres du style *Comment devenir un bon coach de vie*, qui vous fourniront plein d'idées pour stimuler votre coaching.

Suivez une formation

Pour étoffer vos compétences, vous pouvez également suivre une formation universitaire – par exemple un master de psychologie par correspondance, ou un diplôme en développement personnel à l'université.

Si vous n'avez pas envie de retourner sur les bancs de la fac, vous pouvez vous inscrire à des formations plus courtes consacrées à la programmation neuro-linguistique ou à la thérapie cognitivo-comportementale. Les sujets de ce type vous permettront d'étendre vos connaissances et vous fourniront des outils supplémentaires pour le coaching.

Enfin, vous trouverez sur Internet divers forums consacrés à des sujets connexes. En vous inscrivant sur une liste de discussion, vous pourrez intervenir, poser des questions et bénéficier des réponses et commentaires des autres membres. Il existe des forums dédiés spécifiquement au coaching (reportez-vous la section « Pour aller plus loin »).

Améliorez votre connaissance du monde des affaires

Si vous êtes coach de dirigeants ou d'affaires, vous devez vous tenir informé de l'évolution du monde économique afin d'être crédible face à vos clients. Pour cela, vous lirez régulièrement des revues telles que le *Nouvel Économiste* ou *Entreprendre*, un quotidien tel que *Les Échos*, ainsi que les derniers ouvrages parus dans les domaines de la gestion du changement, du leadership et du marketing – sans parler des grands classiques tels que *La cinquième discipline* de Peter Senge (1991).

Si vous n'avez aucune expérience du monde de l'entreprise et souhaitez coacher dans ce milieu, vous aurez tout intérêt à passer un MBA – diplôme très prisé des hommes d'affaires.

Et pour ajouter une corde supplémentaire à votre arc, vous pourrez vous former à un outil psychométrique tel que MBTI ou Firo-B. Bien qu'ils soient essentiellement utilisés dans le cadre de l'entreprise, ils offriront des perspectives intéressantes en coaching de vie, pour les clients qui sont prêts à supporter ce coût.

Faites-vous accréditer

Afin de promouvoir vos compétences de coach, vous pouvez en outre demander une accréditation auprès d'une association ou d'une fédération reconnue. Pour cela, vous devrez sans doute suivre une formation spécifique, payer un certain nombre d'heures de coaching et faire appel à un superviseur.

Tirez parti de votre authenticité

La manière dont vous coachez doit être en harmonie avec votre identité et votre but dans la vie. Vos clients le ressentiront.

En nous basant sur les cours de coaching que nous avons suivis et donnés, nous pouvons dire que la pratique du coach commence vraiment à prendre vie lorsque le coach est en phase avec ce qui lui tient à cœur. Il ne se contente plus de recourir à des techniques, mais il communique avec ses clients à un niveau bien plus profond.

Thomas a un côté espiègle, légèrement provocateur qu'il a soigneusement dissimulé à ses débuts, pensant que ce trait de caractère serait malvenu de la part d'un coach. Mais par la suite, il s'est rendu compte qu'il était plus à l'aise pour coacher lorsqu'il restait lui-même. D'ailleurs, son style taquin s'est avéré efficace dans certaines situations. En outre, ses clients le perçoivent comme plus authentique.

Avant tout, les coachs ont le désir d'être toujours plus efficaces dans ce qu'ils font. Ils sont fiers de leur profession et veulent continuer à offrir à leurs clients le meilleur d'eux-mêmes.

À vous de jouer

- Rejoignez ou créez un cercle de coaching et commencez à pratiquer.
- Établissez un formulaire de feed-back à envoyer à vos clients.
- Cherchez un superviseur doté des compétences adéquates pour vous aider à progresser en tant que coach.
- Notez dans un carnet toutes les idées utiles pour améliorer votre coaching.

19

S'installer comme coach

Dans ce chapitre, vous apprendrez :

- comment vous installer en indépendant ou créer votre entreprise ;
- comment tenir une comptabilité ;
- comment vous faire connaître, entrer en relation avec la clientèle et promouvoir vos services ;
- comment évaluer votre prospection et tester vos stratégies marketing ;
- comment obtenir de gros contrats auprès des entreprises.

Se mettre à son compte

La motivation profonde de bien des coachs indépendants est de changer la vie des gens. En revanche, faire en sorte que les affaires marchent ne fait pas toujours partie de leurs priorités. Or, si vous voulez gagner votre vie grâce au coaching, vous devez apprendre à créer votre cabinet et à le faire prospérer. Toutefois, ce n'est pas aussi simple que cela peut en avoir l'air, car un coach n'a pas toujours l'expérience et les compétences nécessaires pour se vendre ou tenir sa comptabilité.

Sachez que vous allez devoir partager votre temps entre le coaching, la prospection de clientèle et la gestion pratique de votre activité. Ce qui peut s'avérer assez acrobatique.

En vous installant à votre compte, vous risquez de voir votre niveau de vie baisser – du moins dans un premier temps. En effet, vous ne serez pas payé pendant vos vacances, ni lorsque vous tomberez malade. Toutefois, si vous avez bien fait vos calculs, cela peut en valoir la peine. Si 60 % des nouveaux créateurs d'entreprise reconnaissent que l'aventure est stressante, 90 % d'entre eux ne regrettent pas de l'avoir fait.

Ce chapitre vous permettra de réfléchir aux principaux éléments à prendre en compte si vous voulez réussir dans votre entreprise :

- choisir votre statut juridique,
- installer un bureau à votre domicile,
- mettre de l'argent de côté pour les charges,
- ouvrir un compte bancaire professionnel,
- établir une stratégie marketing,
- rester en relation avec votre clientèle,
- rédiger une proposition de services et briguer de nouveaux contrats.

Choisir un nom pour son entreprise

Vous avez la possibilité de baptiser votre cabinet de votre propre nom, suivi de « Coaching ». Ou d'opter pour un nom totalement différent, comme « Potentiel infini ». Choisissez-le avec le plus grand soin, car il influencera la manière dont votre entreprise sera perçue. Consacrez-y le temps qu'il faudra. Utiliser votre propre nom peut fonctionner pour le coaching de vie, car il vous rend plus accessible. Cependant, il fait aussi clairement savoir que vous travaillez en solo. Ce qui peut poser un problème si vous participez à un appel d'offres avec un gros contrat à la clé. Le donneur d'ordre pourrait vous trouver trop fragile. En outre, renseignez-vous auprès du registre du commerce et des sociétés pour savoir si le nom souhaité n'a pas déjà été choisi par un concurrent. Enfin, vérifiez sur Internet que le nom de domaine correspondant est disponible (http://www.afnic.fr).

Choisir un statut juridique

En premier lieu, vous devez décider du type d'entreprise que vous souhaitez créer – en indépendant ou bien sous forme d'EURL (entreprise unipersonnelle à responsabilité limitée), de SNC (société en nom collectif), de SARL (société anonyme à responsabilité limitée) ou de SA (société anonyme). Le mieux sera d'en parler avec un expert-comptable ou un avocat fiscaliste. Si vous n'en connaissez aucun, choisissez-le de préférence sur la base d'une recommandation.

La plupart des coachs de vie optent pour le statut d'indépendant, qui leur offre davantage de liberté. Toutefois si vous n'aimez pas travailler seul, vous pouvez envisager de vous associer avec un collègue qui a la même approche du coaching que vous ou qui possède un bagage commercial lui permettant d'avoir un rôle complémentaire dans votre future entreprise. Néanmoins, une telle collaboration peut poser des problèmes si l'un des associés investit davantage de temps et d'efforts. Ce qui peut mener à des conflits, lesquels seront nécessairement préjudiciables à la bonne marche du cabinet. Quelles que soient vos relations au départ, il est important de signer un contrat devant un notaire afin de déterminer le mode de répartition des bénéfices et de prévoir le cas où l'un de vous décéderait ou déciderait de quitter l'entreprise.

La création d'une EURL, d'une SARL ou d'une SA vous permettra en outre de ne pas être responsable sur vos biens propres en cas de faillite – ce qui n'est pas le cas pour la SNC. Vous avez peu de chances d'en arriver là dans le domaine du coaching, car vous n'avez pas de marchandise à stocker hormis votre temps. Toutefois, il est préférable de prendre cette précaution lorsque plusieurs personnes sont impliquées.

Portage salarial

Pour démarrer votre activité, le portage salarial est également une excellente solution. Il vous permet de percevoir un salaire de la société de portage, laquelle facture vos clients et encaisse les honoraires. Pour plus d'informations, adressez-vous au syndicat des entreprises de portage salarial (SEPS, www.portagesalarial.org).

Tenir une comptabilité

Si vous vous installez à votre compte, vous devez impérativement tenir un registre. Il peut s'agir d'un simple livre de caisse à partir duquel votre comptable pourra établir les comptes définitifs. Si vous préférez saisir vos chiffres sur ordinateur, vous pouvez utiliser un logiciel de comptabilité.

Gardez tous vos reçus, factures et notes de frais pendant la durée prévue par la loi. Votre comptable vous indiquera les dépenses que vous pouvez imputer à vos frais professionnels.

Si vous travaillez en indépendant, vous n'êtes pas obligé d'ouvrir un compte bancaire distinct pour votre activité professionnelle. Néanmoins, cela sera plus pratique. Les banques perçoivent des frais qui sont pour partie proportionnels aux sorties. Certaines d'entre elles accordent une réduction aux jeunes créateurs d'entreprise.

Si vous prévoyez de coacher à plein temps, il sera judicieux d'établir un plan de développement (*business plan*). Pour cela, demandez conseil à votre comptable. Vous pouvez également utiliser le logiciel gratuit fourni sur le site http://eco.mbp.montpellier-agglo.com. S'il n'est pas indispensable, ce plan vous aidera à anticiper vos revenus et vos dépenses, vous permettant ainsi d'évaluer vos rentrées nettes. Nous vous conseillons en outre de surveiller de près votre trésorerie car, si celle-ci devenait négative, votre activité encore fragile pourrait être tuée dans l'œuf. Pour ce faire, il vous suffit de porter dans un tableau les dates et les montants des dépenses et recettes attendues. Prévoyez également une réserve pour les impôts. Si votre activité démarre bien, ceux-ci risquent de devenir conséquents.

Exercer à son domicile

Demandez à votre comptable si vous devez avertir votre banque ou votre compagnie d'assurance du changement d'affectation d'une partie de votre logement.

Par ailleurs, vous avez intérêt à contracter une assurance responsabilité civile professionnelle au cas où un client porterait plainte contre vous ou s'il subissait un accident lors de sa visite. Plusieurs associations de coachs recommandent à leurs membres de le faire.

Outre l'espace dans lequel vous recevrez vos clients, vous aurez également besoin d'un bureau, qui pourra se trouver dans la même pièce. Il vous faudra suffisamment de place pour disposer une table, une chaise, une armoire, un ordinateur, une imprimante, un téléphone, un répondeur, etc.

Donner une image professionnelle

Il vous faut rassurer vos futurs clients en leur montrant qu'ils seront entre de bonnes mains. Pour cela, vous devez paraître aussi crédible que professionnel dans tout ce que vous faites.

- **Faites concevoir et imprimer votre papier à en-tête par un professionnel.** Si vous le réalisez de manière artisanale, cela se verra. Il s'agit d'un investissement et non d'un coût.
- **Équipez-vous des logiciels indispensables.** Ainsi, votre communication et vos procédures administratives se feront sans accroc.
- **Créez votre nom de domaine sur Internet.** Cela ne représente pas un gros investissement. Les courriers électroniques provenant d'un compte gratuit comme Hotmail ou Yahoo vous feraient paraître quelque peu amateur.
- **Créez votre site Internet.** Faites-le dès que possible. Il donnera l'impression que vous êtes déjà bien établi et que vous avez les épaules solides.
- **Créez des plaquettes et des tracts.** Ils doivent refléter la qualité de vos prestations et correspondre au public visé. S'ils comportent beaucoup de blancs, ils paraîtront d'autant plus haut de gamme.
- **Dotez-vous d'un répondeur.** Afin de recevoir les messages téléphoniques lorsque vous êtes absent ou en entretien, vous devez au minimum avoir une ligne dédiée, équipée d'un répondeur ou d'un assistant virtuel.

Prévoir des frais supplémentaires

En passant au statut d'indépendant ou à celui d'entrepreneur, vous aurez des frais supplémentaires à prendre en compte. Vous pouvez envisager de contracter une retraite complémentaire, ainsi qu'une mutuelle santé, voire une assurance pour couvrir l'éventualité d'une invalidité ou d'une longue maladie.

En outre, si vous devez souvent vous déplacer chez vos clients, vous aurez peut-être besoin d'acquérir une voiture. Si votre cabinet n'a pas suffisamment de liquidités pour l'acheter comptant, vous pourrez recourir au leasing.

Savoir se vendre

Vous devez faire savoir à vos clients potentiels que vous existez et leur présenter ce que vous faites. La première étape consiste à identifier votre cible. Quels sont les clients visés ? Si vous êtes coach de dirigeants, vous pouvez choisir un secteur particulier comme la vente, la finance ou les produits pharmaceutiques. Si vous êtes coach de vie, il se peut que vous soyez prêt à accepter n'importe quel client ou que vous préfériez vous spécialiser dans certains domaines, par exemple les relations familiales.

Définissez la clientèle visée avec la plus grande précision possible. Les coachs de vie devront se concentrer sur le type de personnes qu'ils visent : classe d'âge, statut matrimonial, situation économique, etc. Les coachs de dirigeants devront quant à eux se renseigner sur la localisation des entreprises ciblées, leur nombre d'employés, leur politique en matière d'externalisation, etc.

Après avoir déterminé votre clientèle cible, vous devrez préciser ce que vous avez à lui offrir. Avec la concurrence qui sévit, il faut impérativement vous démarquer. Qu'est-ce qui vous fait sortir du lot ? Quels avantages pouvez-vous apporter aux clients ?

Proposer des avantages plutôt que des caractéristiques

Énumérez toutes les caractéristiques de ce que vous avez à offrir. Puis, mettez-vous à la place du client potentiel. Qu'est-ce qui est important à ses yeux ? Mettez en cause chacune de vos réponses en vous demandant : « Mais encore ? ». Transformez ainsi chaque caractéristique en avantage. Le client achète un service pour trois raisons principales :

- pour satisfaire un besoin,
- pour résoudre un problème,
- pour se sentir mieux.

Déterminez ce que le client peut trouver dans chacune de vos caractéristiques.

Vendre une caractéristique

Coach spécialisé dans la fortune : « J'ai travaillé pendant vingt ans comme conseiller financier. »

Vendre un avantage

Coach spécialisé dans la fortune : « De par mon expérience dans le secteur financier, je peux aider mes clients à gérer leur argent de manière plus efficace. »

Vendre une caractéristique

Cabinet de coaching de dirigeants : « Tous nos coachs sont diplômés en psychologie. »

Vendre un avantage

Cabinet de coaching de dirigeants : « Tous nos coachs étant diplômés en psychologie, ils sont à même d'aider leurs clients à voir la vie du bon côté et à se motiver pour atteindre les objectifs qu'ils se sont fixés. »

Se faire connaître

Il existe toutes sortes de manières de se faire connaître. Nous présentons ici celles qui conviennent le mieux à un coach qui s'installe tout juste dans le métier.

Relations publiques

C'est l'un des meilleurs moyens pour faire connaître ce que vous faites. Si vous êtes coach de vie, contactez la radio locale et proposez de faire une intervention sur votre métier, ou bien envoyez un communiqué de presse aux journaux locaux pour leur faire savoir que vous existez. Un coach de dirigeants pourra s'adresser aux revues spécialisées dans le secteur qu'il vise. Le grand avantage des relations publiques, c'est qu'elles ne vous coûteront rien, hormis un timbre ou un coup de téléphone. Et son impact est bien plus fort que celui de la publicité. Un entrefilet de 100 mots dans un journal vaut autant qu'une pleine page de publicité, car le lecteur accorde davantage de crédit à un article publié qu'à une annonce publicitaire. Une fois que vous êtes en relation avec un rédacteur en chef, proposez-lui de rédiger des articles ou même de contribuer régulièrement à son journal.

Publicité

Pour qu'elle porte ses fruits, la publicité doit être poursuivie sur une longue période, ce qui peut revenir cher. Si vous êtes coach de vie, vous pouvez publier un encart dans les Pages jaunes. Toutefois, il existe certainement d'autres modes de publicité plus efficaces, comme par exemple le réseau de relations. Quoiqu'il en soit, ne faites pas paraître une publicité dans la presse locale. L'expérience montre que les retours compensent rarement l'argent investi.

Prospection téléphonique

Si vous êtes coach de dirigeants, vous passerez sans doute du temps à démarcher par téléphone. Vous sélectionnerez les numéros de vos interlocuteurs dans l'annuaire local, les Pages jaunes ou sur Internet. En général, cette méthode n'est pas conseillée pour les coachs de vie, sauf à leurs débuts lorsqu'ils appellent leurs clients potentiels après leur avoir envoyé un courrier.

Par ailleurs, lorsque vous rencontrez une personne qui semble intéressée par le coaching, n'oubliez pas de la recontacter par téléphone ou par courrier électronique.

Conférences

Les coachs de vie comme les coachs de dirigeants ont tout intérêt à donner gratuitement des conférences sur le coaching dans des organismes locaux tels que la chambre de commerce ou le Rotary Club. Nombre de ces institutions recherchent activement ce type d'intervenants, si bien que vous n'aurez aucun mal à vous placer. La bibliothèque municipale peut également vous permettre de trouver un public.

Cadeaux publicitaires

Pour attirer la clientèle, vous pouvez distribuer gratuitement un CD ou un DVD sur lequel vous présentez votre approche du coaching. Assez peu onéreuse de nos jours, cette méthode peut avoir beaucoup d'impact.

Promotion sur Internet

Avoir son site Internet est aujourd'hui incontournable. Si vous êtes doué en informatique, vous pouvez le créer vous-même. Sinon, faites appel à un prestataire pour concevoir et héberger votre site. Veillez à ce que celui-ci apparaisse en bonne place lorsque l'internaute entre sa requête dans un moteur de recherche. Un bon créateur de sites saura vous dire comment obtenir les meilleurs résultats.

En outre, il importe que les internautes reviennent souvent consulter votre site. Pour cela, mettez-le régulièrement à jour et agrémentez-le d'articles. Vous pouvez également envoyer par courrier électronique une newsletter trimestrielle contenant des informations sur le développement personnel. Prévoyez une inscription volontaire du destinataire lorsque vous envoyez une newsletter à des entreprises. Sinon, elle sera considérée comme un spam. Pour l'envoyer à des personnes privées, vous devrez d'abord obtenir leur autorisation.

En outre, dans tous vos courriers électroniques à la suite de votre signature, ajoutez un message publicitaire ou tout simplement vos coordonnées – site Internet, logo, adresse et numéro de téléphone.

Plaquettes promotionnelles

Certains coachs fournissent toutes leurs informations sur leur site Internet et ne produisent aucune plaquette. Cependant, il y a beaucoup de lieux où vous pouvez toucher des publics très différents en y déposant vos prospectus – par exemple dans la salle d'attente d'un médecin ou la bibliothèque de votre quartier. En outre, vous pouvez insérer votre carte de visite ou votre plaquette dans tous vos courriers, ou les laisser dans les endroits où vous passez – aéroport, salle de sport, hôtel, restaurant, etc.

Réseau de relations

Afin de rencontrer les membres du public que vous visez, participez aux événements auxquels ils se rendent. Le coaching est une chose tellement personnelle que les gens préfèrent souvent s'adresser à une personne qu'ils ont déjà rencontrée. La plupart des coachs expérimentés – de vie comme de dirigeants – affirment que les relations personnelles sont leur principale source de clientèle. Pour optimiser vos rencontres, préparez un discours expliquant ce que vous faites, de manière à pouvoir le prononcer le temps que l'ascenseur monte du rez-de-chaussée au cinquième étage. Vous devez être capable de présenter cinq ou six façons d'aider votre client, afin de choisir celle qui correspond le mieux aux besoins de votre interlocuteur.

Se faire référencer sur les sites Internet dédiés au coaching

Sur Internet, vous pouvez vous faire référencer dans les répertoires de coachs proposés par des associations comme la Société française de coaching ou de l'International Coach Federation. Pour cela, vous devrez parfois adhérer, ou bien vous acquitter d'une participation.

Recommandations et témoignages

Pour développer votre clientèle, le moyen le plus efficace est de vous faire recommander par d'anciens clients. Lorsque ces derniers font votre éloge auprès de leurs amis et connaissances, vous êtes certains de voir arriver de nouveaux contrats. Si vous êtes coach de vie, vous pouvez même leur proposer une première séance gratuite.

Vous avez également intérêt à recueillir autant de témoignages que vous pouvez, afin de les insérer dans votre matériel promotionnel. Ils vous aideront à convaincre vos prospects d'essayer le coaching.

Conserver vos clients

Bien que les clients ne fassent généralement que passer – notamment en coaching de vie –, il est important de soigner votre relation avec eux si vous voulez les fidéliser et vous faire recommander. S'ils ont un bon souvenir de vos prestations, ils reviendront vers vous lorsqu'ils auront à nouveau besoin d'être coachés. Car il faut savoir que trouver un nouveau client coûte deux fois plus cher que d'en conserver un ancien.

Ce sont les petits gestes qui feront toute la différence. Avez-vous l'intention de proposer un verre à votre client à son arrivée ? Souvenez-vous de sa boisson préférée et préparez-la sans lui demander à chaque fois ce qu'il souhaite. Ou encore, passez-lui un article de presse susceptible de l'intéresser. Il s'agit tout simplement d'anticiper et d'avoir une attention particulière pour chaque client.

C'est un état d'esprit. Ne négligez pas les choses que le client remarquera inévitablement. Le coaching étant une affaire de personne, vous devez joindre le geste à la parole.

Évaluer votre prospection

Établissez une base de données dans laquelle vous consignerez tous les échanges que vous aurez avec chaque client potentiel ou existant. Fixez-vous chaque jour des objectifs et évaluez vos progrès. Lorsque vous atteignez votre objectif mensuel, accordez-vous une récompense – même s'il s'agit simplement de vous offrir un massage. Le plan de prospection fourni en annexe vous donnera une idée de la manière de procéder.

Prospecter en continu

Si vous voulez que votre affaire tourne, vous devez constamment poursuivre votre recherche de clientèle. Si vous en arrivez au point d'avoir absolument besoin de nouveaux contrats, parce que vous n'avez plus de travail – ou d'argent –, c'est que vous avez déjà trop tardé. Pour éviter de jongler entre l'abondance et la famine, vous devez équilibrer votre activité entre la prospection et le coaching proprement dit. En outre, ne vous laissez pas entraîner par la routine. Variez les techniques employées. Consacrez-vous un temps aux relations publiques, puis procédez à un publipostage. Mettez à jour votre site Internet, puis donnez quelques conférences.

Tester chaque technique de prospection

À chaque fois que vous expérimentez une nouvelle forme de marketing, testez-la d'abord à petite échelle pour vérifier son efficacité. Vous économiserez ainsi beaucoup d'efforts, de temps et d'argent. Par exemple, si vous voulez adresser un publipostage à 1 000 clients potentiels pour vous faire connaître en tant que coach de dirigeants, commencez par envoyer 100 lettres.

Déterminez des critères de réussite tels que le nombre X d'appels pour demande d'informations, ou le nombre Y de contrats signés après avoir téléphoné aux personnes contactées par courrier. Si les résultats sont satisfaisants, vous pouvez envoyer les 900 lettres restantes. Sinon, changez le contenu de la lettre et essayez à nouveau, ou bien tentez une autre méthode de communication comme la newsletter par courrier électronique. À chaque fois, évaluez l'efficacité de vos nouvelles démarches.

Décrocher des contrats auprès des entreprises

Si vous êtes un coach de dirigeants qui travaille en indépendant, les clients potentiels vous demanderont parfois les grandes lignes de votre approche du coaching, une courte biographie ainsi que vos tarifs. Pour des contrats plus importants – notamment lorsque plusieurs coachs sont impliqués –, vous devrez rédiger une proposition détaillée. Si vous travaillez en relation avec d'autres coachs, vous serez capable de mettre rapidement une équipe sur pied.

Bien formuler son offre

Il existe diverses manières de structurer une offre de service. Nous vous présentons ici celle qui a toujours fonctionné pour nous, mais veillez à répondre précisément à la demande du client. S'il souhaite une présentation d'une page avec vos tarifs, n'en faites pas plus.

- **Contexte-Introduction**. Décrivez la situation à laquelle votre client est confronté.
- **Votre approche du coaching.** Expliquez comment vous pratiquez et mentionnez les avantages que vous avez à lui offrir. Vous devez permettre au client de se faire une idée de ce que pourra être votre collaboration.
- **Biographies des coachs.** Insérez une courte biographie des coachs que vous proposez au client.
- **Tarifs**. Mentionnez tous les coûts à prévoir, y compris la TVA et les frais de déplacement.
- **Témoignages.** Ajoutez une série de témoignages positifs fournis par vos précédents clients.

Présenter son offre oralement

Pour certains contrats importants, le client vous demandera de vous présenter avec votre équipe, et vous mettra en concurrence avec d'autres cabinets de coaching.

Sept secrets pour réussir votre présentation

1. **Choisissez votre équipe avec soin.** Le plus souvent, vous présenterez votre offre avec un ou plusieurs des coachs dont vous proposez les services. Identifiez les points forts et les faiblesses de chacun, et décidez ce qu'il dira. Tous les membres de votre équipe doivent intervenir, et l'un d'entre vous doit être désigné pour mener la réunion.
2. **Tenez compte du client.** Quelle expérience a-t-il du coaching ? Quelles sont ses préoccupations ? Qu'attend-il ?
3. **Préparez bien votre intervention.** Quel problème le client souhaite-t-il résoudre ? Énumérez tous les moyens dont vous disposez pour l'y aider. Choisissez ceux qu'il est susceptible de préférer.
4. **Structurez votre présentation.** Réfléchissez à son déroulement. Mettez en avant ce qui vous différencie de la concurrence. Rendez les idées abstraites tangibles.
5. **Limitez les supports visuels.** Si vous devez y avoir recours, assurez-vous qu'ils sont pertinents et réduisez le nombre de mots au minimum.
6. **Anticipez les questions du client.** Imaginez au moins six questions délicates que le client pourrait vous poser, et préparez vos réponses.
7. **Exercez-vous.** En répétant à voix haute ce que vous allez dire, vous prendrez davantage confiance en vous. Par ailleurs, décidez comment vous ferez la transition entre les interventions des différents membres de l'équipe.

Se faire payer

Tant que vos honoraires ne sont pas arrivés sur votre compte en banque, le travail n'est pas terminé. Ce sera relativement simple si vous êtes coach de vie, car vous vous ferez généralement régler à la fin de chaque séance, ou à l'avance par virement bancaire si vous avez convenu d'un paiement mensuel.

Si vous êtes coach de dirigeants, cela peut s'avérer plus compliqué. Même si vous envoyez rapidement votre demande de paiement, il se peut que deux mois plus tard, vous ne soyez toujours pas réglé. Veillez à mentionner sur votre facture « Payable le », et passez un coup de fil dès que cette date est dépassée. Toutefois, ne réclamez pas auprès de la personne qui vous a commandé la prestation, mais auprès de la comptabilité de l'entreprise. Au sein de ce service, essayez d'entrer en relation avec une personne précise. Cela peut mettre de l'huile dans les rouages. Si au bout de trois ou quatre appels vous n'obtenez toujours rien, envoyez une lettre officielle. Si le client n'obtempère pas, adressez une demande d'injonction de payer au tribunal de commerce.

À vous de jouer

- Demandez conseil à des coachs qui sont déjà installés.
- Rédigez un plan de prospection pour consigner vos idées.
- Évaluez vos réussites et réjouissez-vous de chaque succès.

20 Se former

Dans ce chapitre, vous apprendrez :

- comment trouver la formation qui correspond à vos besoins.

Choisir une formation

Les livres ne vous apprendront pas tout. Si vous souhaitez vraiment vous consacrer au coaching, vous devrez suivre une formation pratique. Mais comment choisir parmi toutes celles qui sont proposées ? Pourquoi préférer tel organisme à tel autre ? Cela dépendra pour une large part de vos préférences en matière d'apprentissage. Néanmoins, il y a quelques critères importants à prendre en compte avant de débourser l'argent que vous avez durement gagné.

L'organisme existe-t-il depuis longtemps ?

Une certaine ancienneté peut inspirer confiance. Si ses formations ne présentaient pas une certaine qualité, l'organisme aurait déjà mis la clef sous la porte. D'un autre côté, toute formation a été nouvelle un jour et il peut aussi être intéressant de découvrir de nouvelles approches.

Combien d'élèves participent à la formation ?

Certains apprennent plus facilement en groupe restreint, car ils bénéficient d'une plus grande attention et d'un retour individualisé. D'autres préfèrent la variété et la stimulation d'un groupe important. Les cours de coaching peuvent s'adresser à six personnes comme à une centaine. Les classes nombreuses présentent l'avantage de pouvoir coacher et être coaché par une grande variété de gens.

Quelles sont les occasions de pratiquer en face-à-face et de recevoir un feed-back ?

Nous vous recommandons vivement de choisir une formation qui vous permette de vous exercer en face-à-face. C'est le moyen le plus efficace pour apprendre à coacher. En outre, le retour d'information est très important, car il vous permet d'accroître vos compétences beaucoup plus rapidement.

L'organisme propose-t-il une formation à distance ?

Certains organismes proposent des formations à distance avec des cours prodigués sous forme de conférences téléphoniques. Ce type d'enseignement ne convient pas à tout le monde, mais il peut être intéressant pour ceux qui ont un emploi du temps très chargé ou pour ceux qui sont éloignés géographiquement.

Quels sont les autres services proposés par l'organisme ?

Certains organismes offrent aux futurs coachs toutes sortes de ressources accessibles sur leur site Internet et par le biais de newsletters. En outre, il est bon de savoir s'ils proposent un soutien administratif pour répondre à toutes vos questions.

La formation vous permet-elle d'obtenir une accréditation ?

S'il est important pour vous d'obtenir une accréditation auprès d'une association de coaching, choisissez une formation qui soit reconnue par celle-ci.

Le programme proposé inclut-il la PNL ?

La PNL (programmation neuro-linguistique) n'est certes pas indispensable au coaching, mais elle sera un atout supplémentaire dans votre travail. Certains organismes y initient les futurs coachs dans le cadre de leur formation, tandis que d'autres exigent que ceux-ci la maîtrisent déjà.

Quel est le coût de la formation ?

Le rapport qualité-prix est toujours à prendre en compte, notamment lorsque la pratique est si essentielle. La quantité n'étant pas toujours gage de qualité, il vaudra la peine de comparer les offres des différents organismes.

La formation correspond-elle à son intitulé ?

Si vous souhaitez devenir coach de vie, vous n'avez pas besoin que les cours soient basés sur le monde des affaires. Inversement si vous vous destinez au coaching de dirigeants, vous voulez que votre formation corresponde aux besoins de vos futurs clients. Vérifiez que le contenu de la formation envisagée répond bien à ce que vous recherchez.

À vous de jouer

- Afin d'accroître vos compétences, choisissez une formation qui corresponde à vos besoins, à votre manière d'apprendre ainsi qu'à votre budget.

Cet ouvrage fourmille d'informations qui vous aideront à devenir un coach hors pair. Mais il reste toujours d'autres choses à découvrir. Ce chapitre vous indique un large éventail de ressources qui vous permettront de pousser encore plus loin votre voyage.

Organismes de formation

Parmi les innombrables organismes qui proposent des formations au coaching, voici les plus renommés. Par ailleurs, certaines universités et écoles de commerce proposent des cursus de coaching.

Accrédités par la SF Coach (Société française de coaching)

Centre d'analyse des pratiques professionnelles

www.groupecapp-coaching.fr

Ifod

www.coaching-ifod.com

Mediat-Coaching

www.mediat-coaching.fr

Accrédités par l'ICFF (International Coach Federation France)

Coaches Training Institute

www.thecoaches.com

International Mozaik

www.mozaik.fr

Metasysteme Coach Academy

www.metasysteme.fr

Autres organismes reconnus

Institut Coach-Up

www.coachup-institut.com

Transformance

www.transformance.fr

CD

Shelle Rose Charvet, connue pour son travail sur le langage et les métaprogrammes, a réalisé une série de 9 CD intitulée *Communication Motivation Efficacité – Maîtriser le langage d'influence*. Il s'agit de l'enregistrement de conférences sur le recours au coaching informel dans la vie quotidienne.

Pour plus d'informations, voir les sites
http://www.boutiquescanada.com/Magasin/cqpnl/c377967670 p17010014.1.html
et
www.successtrategies.com/success-store/audio/communication-motivation-efficacite.php

Fédérations et associations

De nombreuses associations et fédérations s'attachent à promouvoir le coaching. Pour en savoir plus sur leurs objectifs et les services qu'elles offrent, consultez leur site Internet. À la suite du nom de chacune, nous avons indiqué entre parenthèses si son site propose un annuaire de coachs (A), une lettre d'informations (L) ou un forum de discussion (F). Étant donné l'inévitable isolement du coach, les forums vous permettront d'entrer en relation avec vos pairs, de rester au fait de l'évolution du coaching et d'influer sur son avenir. Ils vous seront en outre d'un grand secours lorsque vous aurez besoin de l'avis de vos confrères sur certaines situations délicates. Quant aux lettres d'informations, ou newsletters, certains organismes vous les enverront gratuitement par mail sans exiger d'adhésion. Bien que leur principal objectif soit de vous inciter à acheter leurs produits et services, leurs publications contiennent souvent des informations très intéressantes. Enfin, les annuaires de coachs vous aideront à vous faire connaître auprès des clients.

International Coach Federation France (A, L, F)

www.coachfederation.fr

Société française de coaching (A)

www.sfcoach.org

Association européenne de coaching (A)

www.aecoaching.eu

Fédération francophone de coachs professionnels (A)

www.ffcpro.org

Société internationale des coachs PNL (A)

www.sicpnl.org

Conseil européen pour le mentoring et le coaching (L, F, en anglais)

www.emccouncil.org

International Association of Coaching (A, L, en anglais)

www.certifiedcoach.org

Coaching Avenue (A, L)

www.coachingavenue.com

La Compagnie des coachs

www.ciedescoachs.com

Création d'entreprise

Pour connaître toutes les démarches à effectuer, renseignez-vous auprès de l'APCE (Agence pour la création d'entreprises, **www.apce.com**).

Bibliographie

Pour approfondir vos connaissances en coaching

Bavister, Steve et Vickers, Amanda, *Coach. Be Your Best and Beyond*, Hodder & Stoughton, Londres, 2003.

Britten, Rhonda, *Fearless Living*, Hodder & Stoughton, Londres, 2001.

Downey, Myles, *Effective Coaching*, Texere Publishing, New York, 2001.

Egan, Gerard, *Communication dans la relation d'aide*, trad. Françoise Forest, Maloine, Paris, 1987.

Essex, Arielle, *Compassionate Coaching*, Random House, Londres, 2004.

Flaherty, James, *Coaching. Evoking Excellence in Others*, Butterworth-Heinemann, Londres, 1999.

Forster, Mark, *Get Everything Done and Still Have Time to Play*, Hodder & Stoughton, Londres, 2000.

Gallwey, Timothy, *La dynamique interne du travail. Le rôle du mental*, trad. Sabine Rolland, Village Mondial, Paris, 2000.

Gee, Arianna et Gregory, Mary, *Be Your Own Love Coach*, New Holland, Londres, 2005.

Harrold, Fiona, *Be Your Own Life Coach*, Hodder & Stoughton, Londres, 2000.

Landsberg, Max, *The Tao of Coaching*, HarperCollins, New York, 1996.

McLeod, Angus, Ph.D., *Performance Coaching*, Crown House Publishing, Carmarthen, Royaume-Uni, 2003.

Neenan, Michael et Dryden, Windy, *Life Coaching: A Cognitive-Behavioural Approach*, Routledge, New York/Londres, 2002.

O'Connor, Joseph et Lages, Andrea, *Coaching With NLP*, HarperCollins, New York, 2004.

Peterson, David B., Ph.D. et Hicks, Mary Dee, Ph.D., *Leader As Coach*, Personnel Decisions International, Minneapolis, 1996.

Starr, Julie, *The Coaching Manual*, Pearson Education, Harlow, Essex, Royaume-Uni, 2003.

Whitmore, sir John, *Le guide du coaching*, trad. Stéphane Carn, Stéphane Derville et Bénédicte Dambly, Maxima, Paris, 2008.

Whitworth, Laura, Kimsey-House, Henry et Sandhal, Phil, *Co-Active Coaching: New Skills for Coaching People Toward Success in Work and Life*, Davies-Black Publishing, Mountain View, Californie, 1998.

Zeus, Perry et Skiffington, Suzanne, *The Complete Guide to Coaching at Work*, McGraw Hill, 2001.

Pour créer votre entreprise et la développer

Adair, John, *Effective Team Building: How to Make a Winning Team*, Pan, Londres, 2002.

Ashton, Robert, *The Entrepreneur's Book of Checklists*, Pearson Prentice Hall, 2002.

Belbin, R. Meredith, *Management Teams: Why They Succeed or Fail*, Butterworth-Heinemann, Londres, 2003.

Covey, Stephen R., *L'étoffe des leaders*, trad. Catherine Cullen, First, Paris, 1996, réimpr. 2006.

Franks, Lynne, *The Seed Handbook*, HarperCollins, New York, 2000.

Gerber, Michael E., *The E-Myth Revisited*, HarperCollins, New York, 1994.

Kouzes, James et Posner, Barry, *Le défi du leadership*, trad. Monique Sperry, Afnor, Paris-La Défense, 1991.

Reuvid, Jonathan et Millar, Roderick, *Start Up and Run Your Own Business*, Kogan Page, Londres, 2004.

Reuvid, Jonathan et Golzen, Godfrey, *A Guide to Working for Yourself*, Kogan Page, Londres, 2004.

Schiffman, Stephan, *Cold Calling Techniques That Really Work*, Adams Media, Cincinnati, États-Unis, 2003.

Southon, Mike et West, Chris, *The Beermat Entrepreneur*, Pearson Education, Harlow, Essex, Royaume-Uni, 2002.

Pour stimuler votre esprit

Battino, Rubin, *Metaphoria*, Crown House Publishing, Carmarthen, Royaume-Uni, 2002.

Bavister, Steve et Vickers, Amanda, *Teach Yourself NLP*, Hodder Headline, Londres, 2004.

Beck, Aaron, *Cognitive Therapy and the Emotional Disorders*, International Universities Press, Madison, Connecticut, États-Unis, 1976.

Carson, Richard D., *Halte aux autosabotages. Déjouez votre saboteur intérieur*, trad. Marie-France Muller, Jouvence, Genève, 2006.

Chopra, Deepak, *Les sept lois spirituelles du succès*, trad. Marie-Odile Hermand, G. Trédaniel, Paris, 2006.

Covey, Stephen R., *Les 7 habitudes de ceux qui réalisent tout ce qu'ils entreprennent*, trad. Magali Guenette, First, Paris, 2005.

Covey, Stephen R., Merrill, Roger et Merrill, Rebecca, *Priorité aux priorités. Vivre, aimer, apprendre et transmettre*, trad. Catherine Cullen, First, Paris, 1998.

Gawain, Shakti, *Techniques de visualisation créatrice*, Courrier du livre, Paris, 2006

Goleman, Daniel, *Vital Lies, Simple Truths*, Bloomsbury, Londres, 1998.

Holden, Robert, *Happiness Now*, Hodder Mobius, 1999.

Jeffers, Susan, *Tremblez mais osez!*, Alleur, Belgique / Marabout, Paris, 2001.

Kelly, George, *A Theory of Personality. The Psychology of Personal Constructs*, Norton, New York, 1963.

Kline, Nancy, *Time to Think*, Cassell Illustrated, Londres, 1998.

Lawley, James et Tompkins, Penny, *Des métaphores dans la tête. Transformation par la modélisation symbolique et le clean language*, trad. A. Boucherle, S. de Bryas, J. de Gandt *et alii*, InterÉditions, Paris, 2006.

Mitchell, Jack, *Hug Your Customers*, Penguin, Londres, 2003.

Robbins, Anthony, *L'éveil de votre puissance intérieure*, trad. Marie-Josée Chrétien et Louise Drolet, Inter, Genève/Le Jour, Québec, 1993.

Robbins, Anthony, *Pouvoir illimité*, trad. Marie-Hélène Dumas, Le Grand livre du mois, Paris, 2001.

Senge, Peter, *La cinquième discipline. L'art et la manière des organisations qui apprennent*, trad. Hervé Plagnol, First, Paris, 1991.

Outils psychométriques

Pour obtenir des contrats en tant que coach de dirigeants, vous aurez intérêt à maîtriser un test de personnalité. Parmi tous ceux qui existent sur le marché, vous devrez trouver celui qui correspond à votre objectif. La formation et l'habilitation pouvant être assez onéreuses, il vaut mieux en choisir un qui vous servira dans de nombreuses situations. Ne regardez pas uniquement le coût de l'habilitation, mais également celui du matériel dont vous aurez besoin par la suite.

Les tests **MBTI** et **Firo-B** sont commercialisés par la société Opp (**www.opp.eu.com**). À titre d'exemple, la formation qualifiante MBTI de niveau I coûte près de 3000 €. Pour plus d'informations sur l'outil MBTI, consultez également le site **http://16types.free.fr**. Concernant l'outil Extended DISC, reportez-vous au site www.extdisc.com.

Contactez-nous !

Le coaching constitue pour nous, auteurs, une part extrêmement enrichissante de nos vies. Nous avons pu constater la différence notable qu'il opérait chez les autres et remercions nos professeurs et nos clients pour tout ce qu'ils nous ont enseigné si généreusement. Nous savons que vos compétences en coaching continueront à évoluer et nous vous sommes heureux que notre ouvrage ait pu y contribuer.

Si vous avez des questions à poser sur le coaching ou des commentaires à faire sur ce livre, vous pouvez nous écrire en anglais à l'une des adresses suivantes :
info@speakfirst.co.uk
mailto:coaching@infinitepotential.co.uk.

À vous de jouer

- Choisissez chaque mois un livre parmi la liste que nous vous recommandons.
- Inscrivez-vous sur un forum et contribuez à l'essor du coaching.
- Mettez-vous en relation avec d'autres coachs.

Note de l'éditeur

L'éditeur a fait tout son possible pour vérifier que les adresses des sites Internet mentionnés dans ce chapitre étaient valides au moment de la publication de cet ouvrage. Cependant, il ne peut garantir que ces sites resteront actifs, ni qu'ils seront toujours conformes aux informations rapportées par les auteurs.

Aller à l'essentiel Le coach incite son client à la concision en lui donnant lui-même l'exemple et en recourant à des questions qui le mènent à l'essentiel.

Alliance Relation de coaching que les deux parties s'engagent à faire aboutir.

Approche directive Approche du coaching par laquelle le coach se comporte comme un expert en conseillant le client sur ce qu'il doit faire.

Approche non-directive En écoutant et en questionnant son client, le coach l'aide à mieux se connaître et à optimiser son potentiel de manière à être capable de continuer à se découvrir et à apprendre.

Authenticité Le coach se comporte en harmonie avec ses croyances et valeurs fondamentales.

Autosaboteur Voix intérieure ou « critique interne » qui cherche à aider la personne, mais qui s'avère contre-productive.

Coach d'affaires Il travaille avec des entrepreneurs sur les problèmes liés à la gestion de leur société, parmi lesquels figurent la stratégie et la planification.

Coach de carrière Il travaille avec des clients qui souhaitent trouver un travail épanouissant qui corresponde à leur personnalité, leur expérience et leurs aspirations.

Coach de dirigeants Il aide les cadres supérieurs à clarifier leurs objectifs et à les réaliser.

Coach de vie Il aide le client à améliorer un aspect de sa vie, voire sa vie dans son ensemble.

Coaching Collaboration permettant au client de clarifier ce qu'il souhaite et d'atteindre ses objectifs par le biais de l'écoute active et du questionnement.

Coaching conversationnel Coaching informel pratiqué dans la vie de tous les jours en faisant appel aux compétences du coaching.

Coaching en entreprise Entretiens en face-à-face menés par les cadres d'une entreprise ou d'autres coachs internes avec des clients qui appartiennent à la même société.

Conseiller Il aide son interlocuteur à surmonter un problème ancien qui a ses racines dans le passé.

Croyance limitante Généralisation qu'une personne fait à partir des principes qu'elle tient pour vrais, et qui l'empêche de réaliser ce qu'elle souhaite.

Croyances Ce sont les idées générales, le plus souvent acquises, que nous tenons pour vraies ; les principes qui guident notre vie.

Curiosité État d'esprit de la personne ou du coach qui cherche à en savoir davantage sur une situation ou un problème.

Dernière séance Le dernier entretien entre le coach et son client met un terme à la relation de coaching. Il consiste à confirmer les acquisitions, à récapituler les succès remportés et à convenir des actions à venir.

Écoute approfondie Le coach prête attention non seulement aux mots que son client prononce, mais aussi à la manière dont il les dit, à l'émotion, l'énergie et l'insistance qu'il y met. Également qualifiée d'écoute active.

Empathie Le coach est capable de se mettre à la place du client, d'imaginer ce qu'il ressent.

Entretien préliminaire Première rencontre au cours de laquelle le coach explique au client comment fonctionne le coaching et ce qu'il peut en attendre.

Équilibre travail-vie privée Le client cherche à répartir équitablement ses efforts et son temps entre son activité professionnelle et sa vie privée.

Expérience Technique issue de la gestalt-thérapie, qui consiste pour le client à essayer à titre provisoire d'adopter un nouveau comportement ou d'engager une action.

Extended DISC Outil psychométrique permettant une compréhension plus approfondie du comportement d'un individu et/ou d'une équipe.

Firo-B Outil psychométrique permettant d'évaluer les relations d'une personne avec son entourage.

Formateur Il transmet un savoir et des compétences à un groupe, ou parfois à un seul élève.

GROW Modèle créé par sir John Whitmore, qui relève d'une approche structurée du coaching.

Indicateur typologique de Myers-Briggs (MBTI) Outil psychométrique permettant de cerner la personnalité du client et de comprendre comment celle-ci influe sur ses relations avec les autres.

Intégrité Le coach se comporte en accord avec les valeurs et les principes qui lui sont chers. Il fait ce qu'il dit.

Interruption Afin d'écourter une description qui traîne en longueur, il peut arriver au coach d'interrompre son client.

Intuition Lorsqu'une intuition lui vient, le coach doit s'y fier et en faire part à son client.

Mentor Plus expérimenté que son client, il transmet à celui-ci ses connaissances et lui prodigue des conseils.

Métaphore Procédé qui consiste à penser ou décrire une situation en recourant à un symbole ou un autre type de représentation impliquant une comparaison.

Objectif But que le client s'est fixé, direction dans laquelle il met son énergie pour parvenir à un résultat. Il s'agit de l'une des étapes du modèle GROW.

Objectif bien formulé Afin de parvenir au résultat souhaité, vous devez formuler votre objectif en termes positifs sur la base de critères sensoriels. En outre, celui-ci doit être réalisable au vu de vos capacités, et correspondre réellement à ce que vous désirez.

Options Solutions que le client peut envisager pour résoudre un problème ou atteindre son objectif. Il s'agit de l'une des étapes du modèle GROW.

Positions perceptives Technique consistant à observer une situation en adoptant différents points de vue : le sien propre (première position), celui de l'autre protagoniste (seconde position) ou celui d'une personne extérieure (troisième position).

Présupposé Toute question repose sur un ou plusieurs présupposés, ou idées préconçues. Si bien que, selon la manière dont il interroge son client, le coach peut orienter celui-ci vers un type de réponse ou vers un autre.

Procrastination Tendance à ajourner, à remettre au lendemain certaines actions. Le procrastinateur n'arriva pas à se « mettre au travail », surtout s'il n'en retire pas de gratification immédiate.

Programmation neuro-linguistique (PNL) Étude de la structure de l'expérience subjective, ou encore de la programmation créée par les interactions entre le cerveau/système nerveux (neuro) et le langage (linguistique). Elle a été fondée par John Grinder et Richard Bandler en 1975 avec leur ouvrage *The Structure of Magic*.

Psychothérapie Méthode visant à traiter des troubles psychologiques ou sociaux, la psychothérapie se déroule généralement sous forme de séances en face-à-face s'étalant sur plusieurs mois.

Qu'allez-vous faire ? Cette étape du modèle GROW consiste à déterminer les actions à entreprendre pour atteindre l'objectif fixé.

Questionnaire préalable Questionnaire rempli par le client avant le premier entretien, visant à stimuler sa conscience de lui-même.

Questions fermées Elles appellent une réponse en un mot, comme « oui » ou « non ». Il vaut mieux les éviter en coaching, à moins qu'une confirmation soit nécessaire.

Questions ouvertes Elles permettent à l'interlocuteur de choisir le contenu de sa réponse et l'orientation de la conversation.

Réalité Situation actuelle du client, que celui-ci doit explorer afin d'identifier les obstacles et clarifier le problème. Il s'agit de l'une des étapes du modèle GROW.

Relation de coaching Collaboration entre un coach et un client, qui évolue en fonction du feed-back. Parfois qualifiée d'alliance.

Responsabilisation Le coach demande au client de s'engager à accomplir ce qu'il dit vouloir faire. À la séance suivante, il vérifie comment le client a progressé sur ce point.

SCORE Conçu en 1987 par Robert Dilts et Todd Epstein, ce modèle est connu pour offrir davantage de souplesse que le modèle GROW. Le sigle représente les termes Symptômes, Causes, Objectifs, Ressources et Effets.

Skilled Helper Élaboré par Gerard Egan, ce modèle d'aide axé sur la résolution de problèmes comporte trois phases : identifier le problème ; choisir le résultat souhaité ; et déterminer l'action à entreprendre.

SMART Ce sont les critères « astucieux » qui permettent de définir un objectif. Celui-ci doit être Spécifique, Mesurable, Accessible, Réaliste et Temporellement défini.

Technique de l'entonnoir Le coach commence par des questions assez générales pour les affiner ensuite, tout en laissant le client orienter la discussion.

Transfert Mécanisme psychologique par lequel une expérience vécue initialement durant l'enfance se reproduit dans le cadre d'une relation actuelle.

Valeurs Ce sont les choses qu'une personne juge primordiales pour elle. Elles constituent la motivation première de nos comportements.

Visualisation Processus consistant à former par la pensée des images, des sons et des sentiments.

annexe

Les documents proposés dans cette annexe vous seront très utiles dans votre pratique du coaching.

Documents préliminaires

Modèle de contrat

Nom du client :

Nom du coach :

Le présent contrat établi entre le coach et le client ci-dessus mentionnés prendra effet le .... Il durera au minimum trois mois, chaque séance ayant une durée comprise entre 1 h 30 et 2 h. Au cours de cette période, les séances de coaching seront espacées d'environ deux semaines, à moins que le coach et le client ne conviennent d'une autre fréquence.

Les honoraires correspondant à ces séances sont payables le dernier jour de chaque mois calendaire durant toute la période de coaching.

Les prestations fournies par le coach au client le seront sous la forme d'entretiens en face-à-face ou par téléphone, selon ce qu'ils auront convenu ensemble. Le coaching, qui n'est ni du conseil (bien que le coach puisse émettre des suggestions) ni une psychothérapie, pourra aborder les projets personnels du client, sa réussite dans le monde des affaires, ou des problèmes généraux liés à sa vie ou à son travail. D'autres prestations de coaching pourront être proposées, comme la clarification des valeurs, l'identification des plans d'action ou le recours aux questions de précision et aux requêtes incitant le client à se mobiliser.

La dernière séance permettra de mettre un terme à la relation de coaching et de passer en revue les progrès effectués. À ce stade, le client pourra demander au coach de prolonger la relation séance par séance.

Le coach s'engage à ne divulguer à personne les informations qui lui seront communiquées par le client, y compris aux représentants de l'entreprise commanditaire.

Tout au long de la relation, le coach conversera de manière directe et personnelle avec le client, et s'engage à faire preuve de franchise dans ses questions et ses demandes d'action. Le client reconnaît que l'efficacité de la relation de coaching repose sur lui, et il s'engage à faire tout son possible pour qu'elle aboutisse au mieux. Si le client pense que la relation de coaching ne fonctionne pas, il en fera part au coach et prendra les mesures nécessaires pour y remédier.

Par leur signature, les deux parties affirment qu'elles comprennent parfaitement les informations exposées ci-dessus, et qu'elles les acceptent.

Client .... Date ....

Coach .... Date ....

Questionnaire préalable – Coaching de vie

Veuillez prendre le temps de répondre aux questions suivantes. Certaines vous amèneront à cerner votre situation actuelle, tandis que d'autres vous permettront de réfléchir à ce que vous attendez de ce coaching. Constituant une bonne base pour la relation, ces informations vous permettront, ainsi qu'au coach, d'avancer plus rapidement par la suite.

Merci de retourner au coach un exemplaire de ce questionnaire avant le premier entretien.

Informations générales

Nom ____________________________________

Adresse __________________________________

Téléphone ________________________________

Adresse électronique ________________________

Date de naissance __________________________

Nom de l'époux(se) ou du compagnon(de la compagne)

____

Noms des enfants __________________________

Coaching

Que souhaitez-vous absolument retirer de ces séances de coaching ? Quel est votre objectif principal en recourant au coaching ? Identifiez les domaines sur lesquels vous souhaitez vous concentrer. Décrivez avec précision ce que vous recherchez, ainsi que la manière dont vous pourrez mesurer votre succès.

Objectif principal

1.
2.
3.

Comment saurez-vous que vous êtes parvenu au résultat souhaité ?

Qu'attendez-vous de la vie ?

Qu'est-ce qui vous tient le plus à cœur dans la vie ?

Quelles sont les activités qui ont le plus d'importance pour vous ?

Lorsque vous vous retrouvez au pied du mur, que faites-vous ?

Questionnaire préalable – Coaching de dirigeants

Veuillez prendre le temps de répondre aux questions suivantes. Certaines vous amèneront à cerner votre situation actuelle, tandis que d'autres vous permettront de réfléchir à ce que vous attendez de ce coaching. Constituant une bonne base pour la relation, ces informations vous permettront, ainsi qu'au coach, d'avancer plus rapidement par la suite.

Merci de retourner ce questionnaire au coach par courrier électronique avant le premier entretien.

Informations générales

Nom ____

Adresse professionnelle ____________________________

____

Tél. professionnel ___________________________

Fax ____

Adresse électronique _________________________

Fonction ____________________________________

Brève description de votre poste actuel _____________

____

Depuis combien de temps occupez-vous ce poste ?

____

Quelle est votre ancienneté dans l'entreprise ?

____

Coaching

Que souhaitez-vous absolument retirer de ces séances de coaching ? Quel est votre objectif principal en recourant au coaching ? Identifiez les domaines sur lesquels vous souhaitez vous concentrer. Décrivez avec précision ce que vous recherchez, ainsi que la manière dont vous pourrez mesurer votre succès.

Objectif principal

Comment saurez-vous que vous êtes parvenu au résultat souhaité ?

Qu'attendez-vous de votre travail/carrière ?

Qu'est-ce qui vous tient le plus à cœur dans votre travail ?

Dans le cadre de votre travail, quelles sont les activités qui ont le plus d'importance pour vous ?

Lorsque vous vous retrouvez au pied du mur, que faites-vous ?

Roue de la vie

Chaque secteur du disque représente un domaine de votre vie : environnement physique, développement personnel, argent, famille et amis, conjoint, plaisir et loisirs, travail et carrière, forme et santé.

1. Sur la roue vierge ci-contre, inscrivez dans chaque cartouche un domaine de votre vie qui est important pour vous.
2. Le centre du disque représente une satisfaction moindre ou inexistante dans le domaine concerné (1), tandis que sa circonférence symbolise une satisfaction parfaite (10). Sur une échelle de 1 à 10, évaluez votre degré de satisfaction à l'heure actuelle pour un domaine donné.

Pour chacun des domaines, tracez une ligne en travers du secteur approprié au niveau qui correspond à votre degré de satisfaction.

Au cours de la première séance, nous discuterons ensemble de cette photographie instantanée de votre vie. Quel que soit le thème sur lequel vous souhaitiez travailler, cette roue constituera un bon point de départ, car elle nous permettra de mieux comprendre comment vous percevez votre vie.

Voici un exemple de roue de la vie

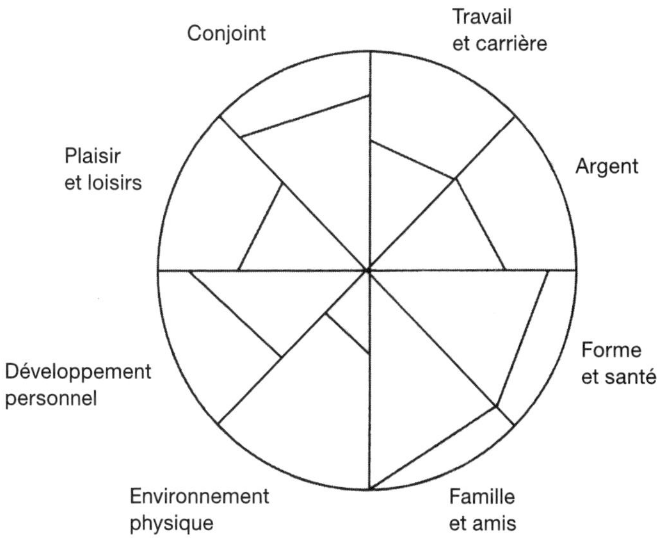

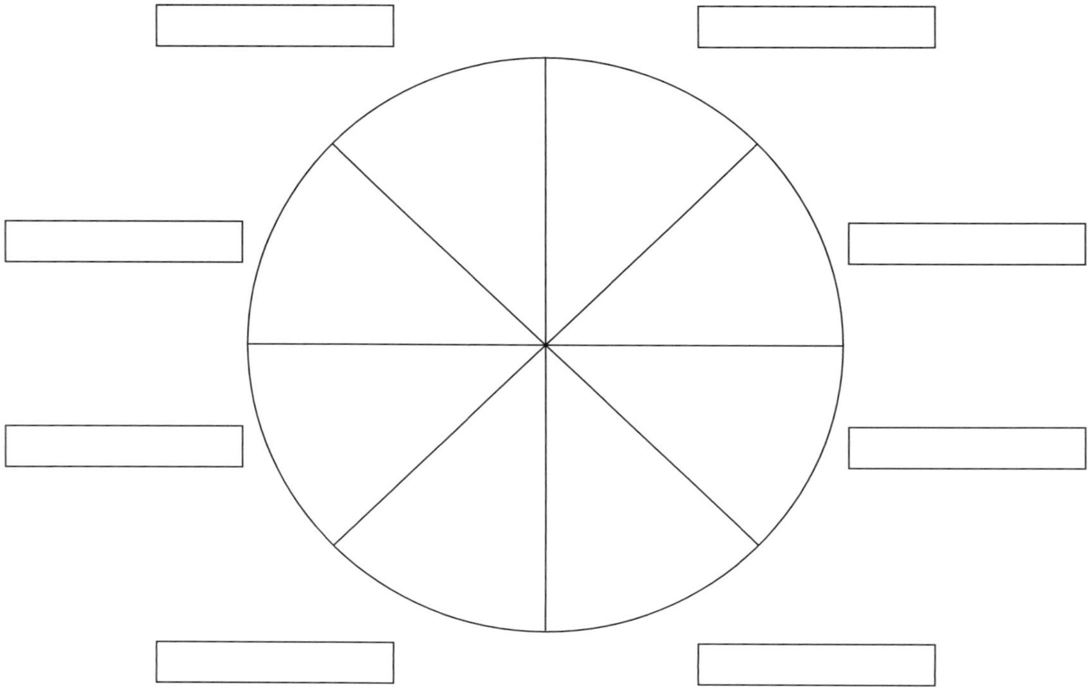

Roue du travail

Chaque secteur du disque représente un domaine de votre activité professionnelle : gestion du temps, leadership, délégation, travail en équipe, planning et budget, gestion du changement, communication et résolution de problèmes.

1. Sur la roue vierge ci-contre, inscrivez dans chaque cartouche un domaine de votre activité qui est important à vos yeux.
2. Le centre du disque représente une satisfaction moindre ou inexistante dans le domaine concerné (1), tandis que sa circonférence symbolise une satisfaction parfaite (10). Sur une échelle de 1 à 10, évaluez votre degré de satisfaction à l'heure actuelle pour un domaine donné.
3. Pour chacun des domaines, tracez une ligne en travers du secteur approprié au niveau qui correspond à votre degré de satisfaction.

Au cours de la première séance, nous discuterons ensemble de cette photographie instantanée de votre activité professionnelle. Quel que soit le thème sur lequel vous souhaitiez vous concentrer, cette roue constituera un bon point de départ, car elle nous permettra de mieux comprendre comment vous percevez votre travail.

Voici un exemple de roue du travail

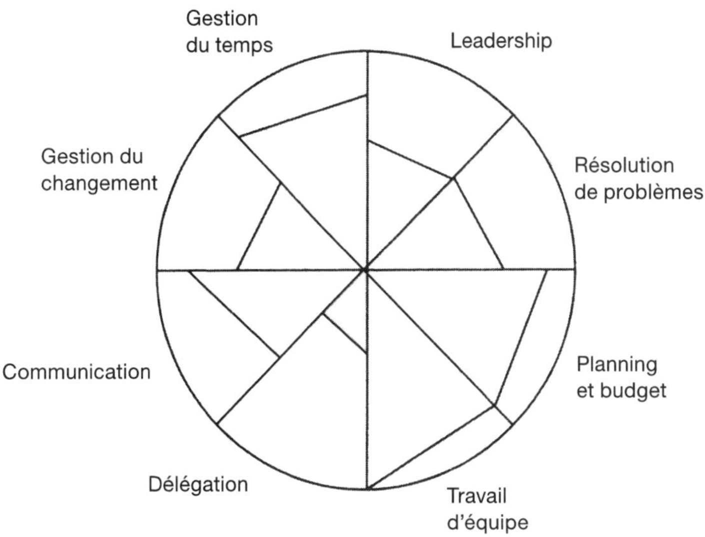

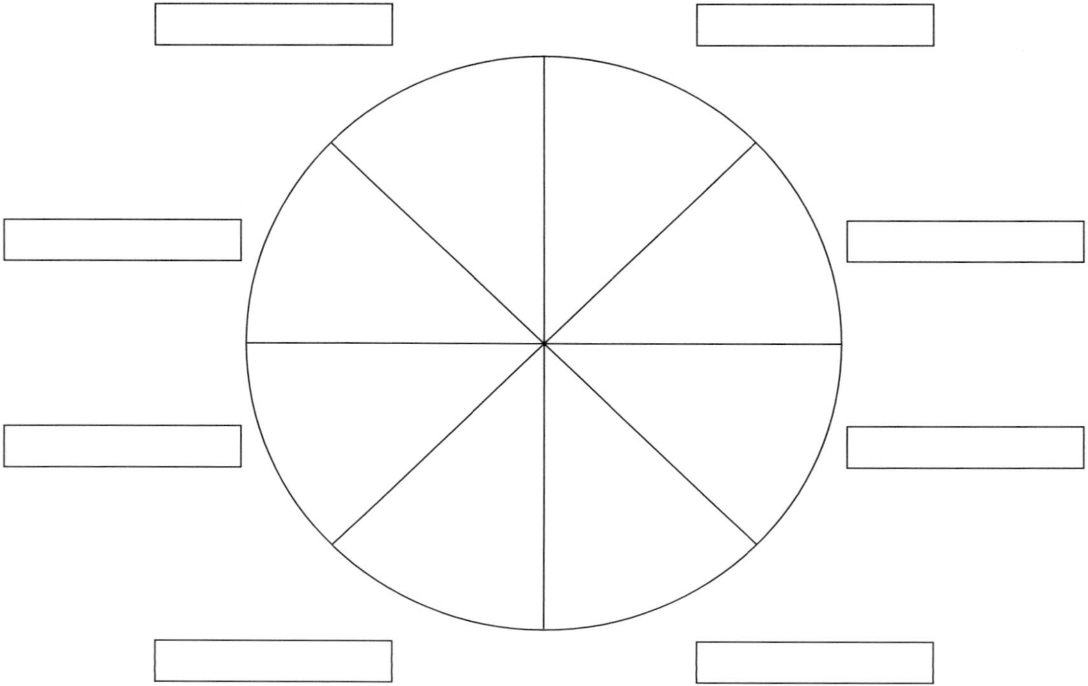

Clarification des valeurs – Exercice 1

Réfléchissez à ce qui vous tient le plus à cœur dans la vie et jetez vos pensées sur le papier. Notez ensuite les qualités que vous jugez importantes chez les autres et chez vous-même. Enfin, énumérez les choses que vous ne pouvez pas supporter.

Identifiez les cinq valeurs auxquelles vous tenez le plus et classez-les de 1 à 5, en commençant par la plus importante.

1.
2.
3.
4.
5.

Ensuite, définissez chacune de ces valeurs en vous basant sur le modèle suivant.

« Si j'adoptais cette valeur envers mon meilleur ami, je serais... »

Par exemple, si la valeur était la compassion, vous pourriez la définir ainsi :

« Si j'adoptais la compassion envers mon meilleur ami, je serais prêt à lui pardonner ses erreurs. »

Valeur	Définition

Clarification des valeurs – Exercice 2

Dans la liste ci-dessous, sélectionnez les cinq valeurs qui, **dans le cadre du travail**, sont « extrêmement importantes » à vos yeux, en cochant la case correspondante. Pour les valeurs qui ont très peu d'importance pour vous, cochez la dernière.

Pour vous, les valeurs suivantes sont	Très importantes	Peu importantes
Amitié		
Atteinte des objectifs		
Autonomie (instructions réduites au minimum)		
Avancement (progrès, promotion)		
Bienveillance (compassion, souci de l'autre)		
Changement/diversité (modification fréquente des responsabilités/de l'environnement)		
Compétitivité (désir de gagner, d'être le meilleur)		
Confiance (fiabilité, sérieux)		
Coopération (collaboration, travail d'équipe)		
Créativité (faire preuve d'imagination, d'inventivité, d'originalité)		
Défi (faisant appel à tout votre potentiel)		
Développement personnel (apprendre, s'améliorer, réaliser son potentiel)		
Engagement (s'impliquer dans un groupe)		
Fiabilité (faire ce que l'on a promis)		
Goût du risque et de la nouveauté		
Harmonie intérieure (être en paix avec soi-même et les autres)		

Pour vous, les valeurs suivantes sont	**Très importantes**	**Peu importantes**
Intégrité (se montrer honnête, défendre ses valeurs)		
Liberté (indépendance)		
Ordre (être organisé, structuré, méthodique)		
Plaisir (loisirs, bons moments)		
Pouvoir (influence, autorité)		
Prestige (être considéré comme un spécialiste dans son domaine)		
Prévenance (aider les autres, améliorer la société)		
Reconnaissance (respect, notoriété)		
Respect de soi (confiance en soi, amour-propre)		
Richesse		
Sagesse (connaissance, perspicacité)		
Savoir (acquis par le biais des études et de l'expérience)		
Sécurité financière (revenu régulier et suffisant)		

Classez les cinq valeurs auxquelles vous tenez le plus, en commençant par la plus importante.

1.

2.

3.

4.

5.

Ensuite, définissez chacune de ces cinq valeurs en vous basant sur le modèle suivant.

« Si j'adoptais cette valeur vis-à-vis de mon équipe, je ferais… »

Par exemple, si la valeur était l'autorité, vous pourriez la définir ainsi :

« Si j'adoptais l'autorité vis-à-vis de mon équipe, je contrôlerais ce que fait chaque manager se trouvant sous mes ordres. »

Valeur	**Définition**

Prospection

Modèle de lettre

Nous nous sommes inspirés de la lettre de prospection de Jane Smart, rédigée par Thomas Leonard, fondateur de Coach University (www.topten.org/janesmart.htm) ;tapez jane smart lettre sur Google.

Cher (Chère) ...,

J'ai le plaisir de vous faire savoir que je suis maintenant un coach *(de dirigeants/d'affaires/spécialisé).*

Vous savez sans doute que ces derniers temps, le coaching a beaucoup suscité l'attention des médias. Par exemple, cette profession naissante a fait l'objet *(d'un article/d'une émission télévisée/d'une émission radio).* Une telle couverture médiatique résulte des succès remportés par les clients qui ont eu recours à un coach. Voici ce que disent les médias du coaching :

[Insérer deux ou trois citations]

Les clients se tournent vers le coaching dans l'un, et souvent dans plusieurs des buts suivants :

- résoudre une situation difficile en un temps record,
- actualiser ou élargir la vision qu'ont les autres de ce qu'il est possible d'accomplir,
- opérer des changements personnels importants – par exemple, réduire leur stress ou simplifier leur style de vie,
- mieux diriger leur équipe.

Comme vous pouvez le constater, le coaching est destiné aux personnes et aux groupes qui perçoivent l'intérêt de recourir à un partenaire de confiance qui les aidera à élargir leur manière de pensée afin de parvenir à prendre des décisions plus judicieuses et à accroître leur productivité. En effet, le coaching s'est avéré une méthode de travail extrêmement efficace.

Combien coûte un coach ? La plupart facturent *xx* € de l'heure. Mon tarif est de *xx* €. Pour un coaching individuel, je vous offre la première séance. Celle-ci vous permettra non seulement d'avoir une idée de ce qu'est le coaching, mais également de savoir comment vous y réagissez. C'est un excellent moyen pour vous mettre en selle et déterminer votre objectif.

Vous trouverez ci-joint ma plaquette et ma carte de visite.

Dans l'attente de vous rencontrer,

Votre nom

Coach

Plan de prospection

Combien de clients ai-je aujourd'hui ?	10
Quel revenu mensuel me procurent-il en moyenne ?	1 500 €
Combien de clients souhaiterais-je avoir ?	20
Quel revenu aimerais-je percevoir chaque mois ?	3 000 €
Que m'apporterait ce revenu supplémentaire ?	Il me permettrait de couvrir mes frais généraux et d'investir l'argent restant dans la prospection.
Quel est mon objectif pour cette semaine ?	Trouver deux nouveaux clients.
Que vais-je entreprendre pour y parvenir ?	Envoyer 20 lettres de présentation. Participer au moins à un événement social. Appeler trente prospects suite à un envoi de courrier. Visualiser ma réussite dans la réalisation de cet objectif.

A

B

C

D

E

F

G

H

I

J-K

L

M

N

O

P

Q

R

T

U-Z

Dépôt légal : mars 2009
Imprimé par Rotolito, Piotello
302085/01-11007061 février 2009